光速交易

超高速演算法如何改變金融市場？

TRADING AT THE SPEED OF LIGHT

How Ultrafast Algorithms Are Transforming Financial Markets

唐納‧麥肯錫
Donald MacKenzie　著
蕭季瑄　譯

謝詞

　　在我為本書進行研究期間，我非常感謝所有與我交談過的人，其中許多人多次與我交談。幾乎所有人都喜歡匿名，但他們的意見是必不可少的。喬治·勒那（George Lerner）和尚·切爾林斯基·惠特莫爾（Jean Czerlinski Whitmore）在大大幫助了我找到可以與之交談的重要人物。泰勒·史畢爾斯（Taylor Spears）親切地製作了圖 1.3、1.4 和 4.1 中的地圖。弗朗西斯·伯吉斯（Frances Burgess）煞費苦心地處理了多個版本的章節的文字，並彙編了參考書目。埃斯傑·斯塔普頓（Esje Stapleton）和奈爾·馬切特（Neil Marchant）在他們之間轉錄了數百個採訪錄音，他們高品質的工作對研究至關重要。狄綸·卡薩（Dylan Cassar）、阿讓·范德海德（Arjen van der Heide）、朱利斯·科博（Julius Kob）和阿列克·羅斯（Alec Ross）在構建章節和圖表方面也提供了很大幫助。該研究得到了 ESRC（英國經濟和社會研究委員會：grant ES/R003173/1）和歐洲研究委員會（grant 291733，金融市場評估實踐）的財力支持，ESRC 也授予 RES-062-23-1958 贊助一些

最初的探索性實地考察。儘管所有錯誤仍然是我的責任，普林斯頓大學出版社的匿名審稿人給了我一些非常有幫助的建議，里歐·梅拉梅德（Leo Melamed）、克雷格·勞格林（Greg Laughlin）、麥可·佩西科（Mike Persico）、亞歷克斯·皮洛索夫（Alex Pilosov）、史蒂芬·泰奇（Stéphane Ty）以及一些需要匿名的受訪者也是如此。非常感謝大家。我撰寫本書的對像是一般讀者，而不僅僅是我的學術同事。因此，寫作風格比學術寫作中的正常寫作風格要少一些。我還將關於本書主題 HFT 的現有最直接相關學術文獻總結放在附錄中。我相信我的同事們會明白這個決定是出於我的風格，而不是我低估了他們的才智。本書的學術領域——「金融的社會研究」，換句話說，不是經濟學而是更廣泛的社會科學學科（在我的例子中，社會學和科學技術的社會研究）對金融市場的應用——是友好且分工合作的，這是一種祝福。

多年來，彼得·道爾蒂（Peter Dougherty）一直鼓勵我為普林斯頓大學出版社寫一本書。當我終於準備好時，莎拉·卡羅（Sarah Caro）、漢娜·保羅（Hannah Paul）和娜塔莉·班恩（Natalie Baan）以洞察力和效率處理了這本書，娜塔莉好心地允許我修正我在插圖中犯的錯誤。史蒂芬·克勞斯（Steven Krauss）非常富同理心地編輯了這本書。莫伊拉·福瑞斯特（Moyra Forrest）為我的大部分書籍編入了索引，我非常感謝她再次這樣做。在研究期間，我在學術文獻和倫敦書評中都寫過關於 HFT 和相關主題的文章，這裡都引用了這些文

章，尤其是麥肯錫（MacKenzie，2015、2017a&b、2018a&b、2019a,b,c,d&e）、麥肯錫和帕多—蓋拉（Pardo-Guerra）（2014），以及麥肯錫、哈迪（Hardie）、羅默斯基欽（Rommerskirchen）范德海德（2020）。我感謝版權所有者和我的合著者同意我完成這件事。

導言：HFT 高頻交易的世界

一個演算法針對股票指數期貨的訊號反應速度有多快（比如說針對價格變動做出反應的速度），即決定了該演算法將能獲利還是虧損。

沿著百老街（Broad Street）朝曼哈頓南端前進，沿途你會行經紐約證券交易所宏偉的新古典主義建築、警察設置的路障，以及正常情況下，在這裡拍照的觀光客們。綜觀整個二十世紀，這座擠滿商人的知名建築就是「金融」二字的代名詞。再往南多走個幾分鐘，你非常有可能經過「百老街五十號」卻未曾多瞄兩眼。這棟建築的外牆相當吸睛，內部整個翻新過，但撇開這些不談，其實它就是棟普通的曼哈頓辦公大樓（圖1.1）。一九九三年期間，百老街的這一路段荒廢雜亂，令《紐約時報》的記者不禁藉此來證實市中心的繁華已是過往雲煙[①]。然而，一九九〇至二〇〇〇年代早期，百老街五十號的所有一舉一動都足以大幅撼動全球金融市場，沒有其他地方能夠比擬。如今，尚有一絲蹤跡可看出它過往扮演的角色：臨街店面上方的石造外牆設有一塊寫著「島嶼（island）[②]」字樣的鑲板。（雖然此區域已經復甦，但這間店鋪多年來都是閒置狀態。）

　　島嶼成立於一九九六年，是美國股票的電子交易所。此處不是第一間處所，但卻史無前例地改變了金融體系。眾多會場中，有些倒閉；有些則是與時俱進融入了新的經營模式；其中幾間營運地算是成功，但卻始終無法居於主導地位。島嶼不同。它的計算機系統架設於百老街五十號的地下室，裡頭所有東西幾乎都是你在電腦專賣店能買到的便宜機器，但以當時一九九〇年代的標準來看，其效能可說是超高速。

　　我將我的受訪者稱作 AF，他告訴我，如果島嶼的系統收

圖 1.1：百老街五十號。作者攝。

到了收購股票的買價，同時間也有人開出相同價格出售同一支股票的話，那麼系統可以在幾毫秒之內（千分之一秒）執行一筆交易，速度遠比當時最能夠相提並論的主流電子系統「極訊」（Instinet）快上一千倍。肉眼看來，在島嶼進行交易不過是一眨眼的功夫。

與島嶼的速度同等重要的，是機器也開始在這裡進行交易。過去許多人投注了大量心力在自動交易這一塊，但大多都

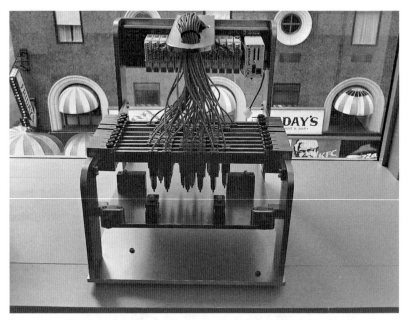

圖 1.2：雷曼兄弟（Lehman Brothers）的「Clackatron」（大約二〇〇二年）被用以破解 EBS（電子經紀服務 Electronic Broking Services）外匯交易小鍵盤的密鑰。照片由受訪者 FL 提供。

沒法順暢地運作。一九八〇與一九九〇年代，自動化交易系統與交易所的系統很難配合地天衣無縫，原因在於設計系統的前提，都是將交易者假設為人類、而非機器。再者，交易所早期的電子交易系統管理者，通常都會禁止電腦直接連接到他們，以保護人類使用者免於「不公平的」自動化競爭。對此，交易員會偷偷在辦公室中尋找規避這條禁令的方法——有時甚至會打造機械裝置來破解設計給人類交易員使用的終端密鑰（圖

1.2 為其中一個裝置）——但這麼做其實效率不高。[③] 相比之下，島嶼打從一開始就將機器納入考量。它的核心就是一套「訂單簿」：每支股票都有自己的電子檔案夾，用以存放考慮購入的股票買價以及欲售出的賣價。每當島嶼的電腦系統執行一筆交易、收到買價或賣價，或者是取消一筆訂單時，透過連續不斷的數據傳送，交易者即可以透過電腦隨時掌握島嶼訂單簿的最新狀況，同時間也能輕易透過電腦，以快速、簡潔、標準的電子格式發送買價與賣價給島嶼。

　　隨著在島嶼上進行交易的機器速度變得越來越快，倘若需要將訂單經由數百英哩的光纜傳送至曼哈頓下城，那麼在所難免的延遲問題將會變得相當明顯。二〇〇六年，堪薩斯城 HFT 公司 Tradebot（Trading Robot）創辦人戴夫・卡明斯（Dave Cummings）告訴《華爾街日報》，他發現從堪薩斯城傳送訊號至百老街五十號需要十毫秒的時間，而這導致他的公司面臨了一個劣勢：「我們因為光速而被排除在外了」〔盧切帝（Lucchetti）2006〕。大約自二〇〇二年開始，在島嶼進行機器交易的公司逐漸搬遷至百老街五十號，一開始只是非正式（讓 web 服務公司在大樓裡設有辦公室，用以放置電腦伺服器），而後島嶼與之達成付費協議——讓這些電腦伺服器置於島嶼位於大樓地下室的機房，就擺在島嶼的心臟、負責管理訂單與執行交易的「匹配引擎」旁邊。

　　這本書欲探討的主題即是出現（「出現」這個詞再恰當不過，因為這完全是計劃之外的事）在百老街五十號及其周圍的

系統：高頻交易，又名 HFT（high-frequency trading）。早在被正式命名之前，這項交易方式便已存在；就我所知，這個術語出現在二○○○年早期，由芝加哥對沖基金業者「城堡公司」（Citadel）首次提出。HFT 是「自營的」自動化交易，速度遠遠超過人類獨立操作，關於這點，交易的盈利能力本身就是取決於速度。④（自營交易的目標為直接獲利，而不是要，舉例來說，藉由代表他人進行交易賺取手續費。）雖然 HFT 公司雇用來設計與監督交易演算法的員工經常自稱是交易員，但負責交易的其實是計算機演算法。人類撰寫演算法（HFT 早期比較常見），有時候會在交易日當天調整參數，但最終決定買價及賣價的仍舊是機器，而非人類。

HFT 的演算法會和相同的、以及其他種類的演算法進行交易，比方說機構投資者——以及代表這些投資者的銀行和經紀人——使用的「執行演算法」，以此將買入或售出的大筆訂單拆成多筆較小、較低調的「孩童」訂單。⑤HFT 公司的演算法同時也會與人類手動下訂的訂單相互運作，後者包括那些被稱為「零售者」（散戶投資客）的市場參與者。然而，最終只有少數零售訂單會於紐約證券交易所這類地方進行交易。這類訂單通常都是由有時亦被稱作批發商（大多是 HFT 公司的分部）的機構直接執行，散戶投資客會將訂單發給他們，他們付費給代理人後透過這些代理人進行交易。⑥

總體來看，HFT 公司進行的是大規模的交易。舉例來說，如稍後第 4 章節會提到的，單單是二○一五年的其中兩個月，

八間 HFT 公司的交易總額就等同於七兆美元的美國國庫券（美國國庫券為美國財政部發行的公債。一兆等於一百萬乘以一百萬）。現今大多數交易都是匿名制，因此很難確定其中有多少金額是出自 HFT，不過據觀察家估算，在全球眾多最重要的市場中，HFT 大約佔了其半數以上的交易量。（梅耶（Meyer）與布拉克（Bullock），2017；梅耶、布拉克與芮尼森（Rennison），2018）。

負責如此大量交易的 HFT 公司通常都是最近才剛成立的小公司，只有極少數是創立於二〇〇〇年之前，但即便一間 HFT 公司的員工不超過幾十位，仍舊扮演了至關重要的角色。就以總部恰好在百老街五十號幾個街區外的 HFT 公司沃途金融（Virtu）為例。沃途的主要工作是「打做市場」——持續不斷地買入證券或其他金融工具，再以稍微高一點的價格賣出——透過在三十六個國家交易兩萬五千多種金融工具來達成目的。沃途掌管了大約五分之一的美國股票交易。[7] 根據我的受訪者所說，雖然員工不超過一百五十人，但沃途已經崛起至龍頭地位（由於收購了兩間勞動密集型公司，最近員工人數有增加）。[8]

在特定的利基市場中，公司的重要性並不取決於員工的多寡。一位受訪者相當平靜地告訴我，二〇一九年他任職的歐洲 HFT 小公司負責了印度全數股票交易的其中百分之五。過去有些大銀行相當積極於 HFT，但付出的心力幾乎全數付諸東流；對大型的官僚組織來說，要急速開發快速、高度專業化的軟體

系統有相當的難度。銀行依舊有憑藉其他類型的金融工具打做市場（包括之後於第 4 章節討論的外匯交易與政府的主權債券），然而，二〇〇八年銀行危機爆發限制了銀行自營交易，因此銀行不得繼續大規模採用 HFT 的策略，只得以使用以 HFT 的標準來看速度相對緩慢的系統。

　　我參訪過的 HFT 公司各不相同。有幾間辦公室位在普通、甚至是髒亂的大樓內；有些坐享極佳的視野可眺望密西根河、曼哈頓或者大倫敦地區。雖然我身在其中一間 HFT 公司的全新辦公室等待受訪者，眼前是即將被掛上的老闆私有藝術收藏品，但整體的裝潢卻很平淡乏味。那幾幅藝術品被包裹住且上頭沒有標籤，但看得出來相當貴重：說明老闆擁有極佳品味，這間公司非常成功。然而，較常見的情況是，HFT 的辦公場所常被誤認是一般的網路公司，而他們自己也安於身為一間軟體新創小企業。HFT 公司的員工普遍都是年輕人——至少最接近交易程序的人是如此——也大多是男性。就說說辦公室的廚房吧，裡面有好幾盒麥片，而這一般都被認為是年輕男性在吃的食物。但我非常樂意告訴大家，過去那些有損交易所外觀、帶有性別歧視意味的女郎畫報已經不復存在。HFT 公司內幾乎沒有人穿西裝——身為訪客的我，常常是唯一一個打領帶的人，為此也被指責穿得太過正式——至於在銀行大廳經常聽到的喊叫及咒罵聲，在 HFT 公司也相當罕見。當然了，可能是因為我在場的緣故，不過受訪者告訴我，那樣的行為在這裡確實不怎麼盛行。如下所述，我只有拜訪過位於美國及歐洲的公司，

那裡的員工白人佔大多數，雖然還有其他成員來自南亞、中國或其他地區，但非裔美籍的人相當少見。

我的受訪者們來自不同 HFT 公司內部的多個不同組織。其中一些組織整合成一體共同運作，沒有所謂傳統的個體損益（交易員的收益或損失，同時也是他／她的獎金的主要決定因子）；有間公司有個由電腦負責處理的「訊號庫」——一種有助於 HFT 演算法的數據模式的電子匯編——所有交易員與軟體開發者都可使用。然而，如同藍格（2016）所發現的，其他幾間 HFT 公司嚴格劃分了多個單獨的交易組，刻意阻礙了彼此之間的交流。舉例來說，有間公司在各組之間安排了一組行政人員，以人力實際將各組別區隔開來，主要辦公區域甚至會在每一組內播放白噪音，以防交談內容被別組的人聽見。另一間公司則是用白色簾幕分隔所有狹長的交易室，遮蔽住內部的工作內容。一位年輕的交易員（受訪者 AC）任職的公司就有這樣的劃分，他表示：「若你在隔壁房間跟不該與之交談的人講話，那就有麻煩了。」⑨

儘管如此，HFT 實際上並不是在這些交易室裡進行，而是在交易所和其他交易會場的計算機數據中心，這些地方通常都設有交易所的計算機系統，以及 HFT 公司、其他演算法交易員、銀行、通訊供應商等等的系統。⑩ 交易所的數據中心大多不是位於市中心，而是在房地產價格較低的郊區。HFT 重要的數據中心通常都是大型建築，舉例來說的話，看上去很像是有幾面窗戶的郊外倉庫。那裡頭擺滿了成千上萬台電腦伺服器，

圖 1.3：位於紐澤西的「股權金三角」。那斯達克和 NYSE（紐約證券交易所）的數據中心負責自己所屬的交易所；NY4 及 NY5 實際上是單一個數據中心，由芝加哥期貨交易所營運的第三大交易集團於此處進行交易。（這張與其他張地圖標示的只是大略位置。）

多數都放置於鐵絲網籠內的架子上（有些籠子的外牆是不透明的，防止交易公司的競爭對手看見裡頭運作的設備）。伺服器之間由一英哩又一英哩的纜線相互連接，從外人眼裡看來，橫跨架子上方錯綜複雜的纜線就像是難以言喻的電纜形狀義大利麵。那些伺服器總計會消耗非常大量的電力且會產生大量熱能，因此降溫系統也是必要配備。正常情況下很少有人會出現在數據中心，只有幾位安全與維修人員，或者是一些交易所、

交易公司或是通訊供應商的工程師，這些人可能是來處理問題或是裝設新的設備。

　　總共只有不超過二十多間數據中心負責了全球大多數的金融交易與 HFT。舉例來說，大部分的美國股市交易都是在紐澤西北部的四間數據中心進行（圖 1.3）。其中一間屬於現在的紐約證券交易所的母公司，洲際交易所集團。另一間則是由那斯達克承租，論及美國股票交易場所，傳統上那斯達克被視為 NYSE 的主要競爭對手。另兩間數據中心（NY4 及 NY5）內部設有多間交易所的系統，包括目前從屬於芝加哥期貨交易所的美國第三大證券交易所。NY4 與 NY5 關係密切，實際上是作為單一個數據中心在運行。正因如此，市場參與者經常將 NYSE 數據中心、那斯達克數據中心，以及 NY4/5 稱作「股權金三角」。（「股權」僅是「股份」的代名詞。）

　　美國所有重要的股票都是在這幾間數據中心進行交易。如此一來，一間數據中心進行的自動化交易，就成了另一間數據中心極其重要的演算法數據來源：市場從業員稱此為不可或缺的「訊號」種類。一個訊號就是一種數據模式，通知演算法開始進行交易，比如通知演算法下標購買股份或者開價出售，抑或是取消既有的買價或賣價。HFT 演算法使用的訊號一般來說都是非常短暫的訊息模式：二〇〇八年九月期間，此訊號通常都「不超過三至四秒」〔博嘉爾德（Brogaard）、亨德肖（Hendershott）及萊爾頓（Riodan）2014:2302〕。到了二〇一五年，一個訊號可能僅僅短暫閃爍十微秒——換句話說，也就

是百萬分之一秒〔阿基利納（Aquilina）、布迪許（Budish）及歐尼爾 2020:55〕。另一種對於美國股市演算法交易相當重要的訊號源，也被用在了股價指數期貨市場，這個訊號源不是在紐澤西，而是位於芝加哥郊外的一間數據中心；請見圖1.4。（「期貨」是種標準化、於交易所進行買賣的合約，經濟上來看相當於在未來特定的日期依據簽訂好的契約上的價格，由其中一方負責買入、另一方負責出售一定數量的標的資產。）第2章節將會探討，在紐澤西數據中心內的股票價格出現變動之前，芝加哥股價指數期貨的價格每秒鐘變化的幅度皆非常微小。

當初開始做研究時，我想像促使 HFT 演算法開始交易的數據模式肯定很複雜，相關的人員必須要學習操作精密的機器去找出那些模式。學習操作機器確實是其中一環（第6章節將有一些例子），但卻不如我想像得那麼重要。許多方面看來，對於 HFT 來說，最關鍵的訊號是如先前提到的那種相對較簡單的數據模式，而這些模式通常都是因應交易的組織與管理方法而生（下一章節會提到）。

那些模式在該領域中都只是基本，意思是，一個演算法針對股票指數期貨的訊號反應速度有多快（比如說針對價格變動做出反應的速度），即決定了該演算法將能獲利還是虧損。

HFT 的速度很快，且必須這麼快（下一段將會知道究竟有多快），因此數據中心之間的訊號傳輸速度極其關鍵。這使得數據中心間的「測地線」（geodesic）上成了通訊供應商的密集

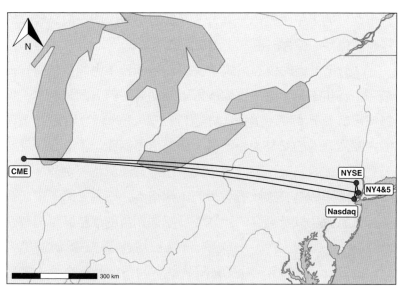

圖 1.4：芝加哥到紐澤西證券交易數據中心間的測地線。「CME」是芝加哥商品交易所的主要數據中心。

活動之處，原本的通訊設備採用的是光纜，現在則加入了無線電線路。〔測地線或稱「大圓」（great circle），指的是地表上兩點間的最短路徑。〕現今的美國股票交易運作過程可以被稱為是一個大型技術體系，由圖 1.3 與 1.4 標示的數據中心內部成千上萬台機器，以及數據中心之間那些橫跨球體表面的通訊線路組合而成——從未有人刻意為之，整體設計也毫無連貫性。大量電子訊息全在這個體系間流動（當務之急是要回報交易所訂單簿的變化）。市場數據處理公司 Exegy 持續計算流經 NY4 內公司所屬設備的訊息量；撰寫本書之時，二〇一八年七

月十九日的下午兩點三十九分，系統訊息量爆增，最高峰大約等同於每秒一億零五百三十萬筆訊息。⑪

自動化交易的核心系統在極少人為干預下也能持續運作。二〇二〇年三月，這項特點變得更為顯著。西方國家晚了一步封城，最終他們的金融市場見識到了肆虐的新冠病毒有多可怕。劇烈動盪的交易大量湧現，關鍵市場面臨慘重亂象，就連一直以來被視為最穩妥的安全資產市場國庫券也不例外，如前所述，國庫券為美國政府發行的主權債券。四月之時，由於石油需求量減少以及儲存的困難性，原油期貨的價格甚至短暫跌至負數。然而，儘管「市場的管線被堵住了」〔奧西波維奇（Osipovich）2020〕，這波動盪並沒有因為自動化交易的基礎建設遭遇重大挫敗而變本加厲。雖然自動化交易肯定存有風險（第 7 章節將詳述），但這項顯為人知的成就也該獲得認可。

〔物質〕政治經濟

本書屬於「金融的社會研究」，這個金融研究的統稱不只是運用在經濟學家身上，更包括了更廣泛的社會科學領域，例如人類學、社會學、政治學以及科學及科技的研究。過去二十年來這項研究迅速發展，其中一例便是 HFT。雖然我的研究是建立在許多同事的成就之上，但本書讀者並非全是專家，因此我將有關 HFT 的現有文獻（包括經濟學家的作品）都放在了書末的附錄。話雖如此，我還是需要說明此書分析 HFT 的方

法，我將之稱為「物質政治經濟」。這是個單一的概念，而非三個，但請容我依序解釋這三個詞：這三個字——「物質」、「政治」與「經濟」——相當重要。

「物質」為本書最主要的特點。先前的段落已經開始描繪了當今美國證券交易的物質安排。以下的章節（特別但不限於第 5 章）將在我的研究數據允許的範圍內重點討論 HFT 的物質性，討論深度與本書主題不相上下。人類的軀體是物質世界的一部分——若你懷疑人體屬於物質與否，等到你老了就知道了——此外，如同柏奇（Borch）、漢森（Hansen）和蘭格（Lange）（2015）所討論的，人體世俗的實質性對 HFT 來說很重要。考慮到人的肉眼和大腦能夠處理什麼，以及因為速度太快沒辦法處理什麼；其中一名交易者、受訪者 OG 稱此為「廁所測試」（你是否足夠相信一個演算法，在你離開去解決生理需求時能讓它不受監督自行運作？）；以及特別是在半夜的時候，你需要做點什麼才有辦法長時間保持清醒並集中精神，而這個時間點金融市場的活動通常都很少。

然而，以下章節所討論的物質並非人類形式，而是遠比人體更加重要的層面。HFT 是透過機器上的機器（交易公司的電腦伺服器和其他設備）進行交易：現代的交易所實際上都是計算機系統。機器的特性，以及隨著時間流逝那些特性有了哪些變化，對於 HFT 來說都是至關重要的。然而，物質性並非單指固態的物體。光和其他電磁輻射的形式也屬物質，就跟電纜與晶片一樣，是 HFT 不可或缺的一部分。本書書名提到的光

速是指 HFT 需要用盡可能最快的速度傳輸數據與訂單以進行買賣。

我認為 HFT 的物質性猶如「愛因斯坦的理論」。之所以提到這位著名物理學家，並非在暗示必須應用他的相對論來理解本書中的 HFT 內容，因為除了幾個有限的細節外，我不認為有必要那麼做。[12] 相反地，我援引的是物理學史家彼得·蓋里森（Peter Galison）描寫的那個愛因斯坦：那位愛因斯坦不僅是名理論物理學家，同時也是位職於瑞士伯恩專利局的視察員，相當熟稔測量技術以及確保不同空間位置時間同步性的實際問題——蓋里森（2003: 255）稱他是一位「專利局科學家」。（值得一提的是，時間同步性之於 HFT 的重要性，就和十九世末、二十世紀早期的鐵路網一樣至關重要。我的其中一位 HFT 受訪者，CQ，告訴我他公司的交易由於無法同步因而嚴重中斷。）根據蓋里森所言，愛因斯坦針對同步性這種實際、技術性的思考奠定了他狹義相對論的發展，其著名的假說為：真空中的光速是所有訊號中傳播速度最快的。

此限制是 HFT 最根本的物質約束。早年的 HFT，數據中心間的傳輸通常都是透過鐳射在光纜中產生的光脈衝，但（如第 5 章所述）那只能達到愛因斯坦的最快訊號速度的三分之二左右，因為這些電纜中的光脈衝受到纜線材質的影響而速度減慢，玻璃製的纜繩尤其如此。相對的，無線電訊號是經由地球的大氣層傳輸，速度幾乎與真空中的光速不分軒輊。然而，由於 HFT 的無線傳輸需要大量射頻、特製的無線電系統，以及

要在特定的位置裝設天線，因此遠比往常使用的光纜昂貴許多。的確如此，一位受訪者談及「無線電頻率」為多數人所避免：那些 HFT 公司都是在別無選擇的情況下，才使用經由大氣層傳輸的訊號。

其中一個測量 HFT 速度的方法是看 HFT 公司系統於多少時間內做出反應：收到「訊號」（一種通知演算法開始進行交易的數據模組）與做出行動之間推遲了多久——發送或取消一筆訂單——即是針對訊號做出回應。二〇一九年三月，一位受訪者告訴我，雖然他自己的系統速度不比大氣層傳輸，但做出反應的速度快到僅僅 42 奈秒。[13]1 奈秒等於十億分之一秒，即便是真空中的光速、或者大氣層中的無線訊號，在 1 奈秒之內移動的距離也不會超過 30 公分，也就是大約 1 英尺。

如此的奈秒之於 HFT 相當重要，使這個領域也採行了愛因斯坦的理論：對於 HFT 而言，沒有訊號的傳播速度可以快過真空中的光速，此為相當實際的限制，而不僅僅是理論方面的局限性。就算一則訊號的傳輸距離只有一公尺那麼短，所耗費的時間也會導致可觀的經濟損失，這使得 HFT 非常在意技術設備的準確位置以及數據中心之間的光纜或無線電線路測地線距離有多短。[14] 因此，HFT 的物質性，首重*空間*實質性。很容易聯想到的是，有時被稱作當今後現代性的概念涉及了縮小的時間和空間。[15] 但在愛因斯坦理論的領域中，一旦時間縮短了，空間則會變得更加重要。

身為 HFT 公司的計算機專家，其思想與行為方面都必須要

是唯物主義者。我在阿姆斯特丹一場交易員會議中中，趁著中間一杯咖啡的休息時間與這樣一位專家聊了下，他告訴我他不得不忘掉那些身為計算機科學專業的學生期間，自己無意間習得的態度。正如接受到的明確指導，他不能放任正在運行自己演算法、正精力充沛運作的硬體設備不管。從 HFT 的觀點來看，一台計算機並非抽象資訊的處理器，而是一部由塑膠、金屬以及矽零件組合而成的設備，電訊在其中流動，而盡可能快速地流動是相當重要的實際考量。書中提到的*演算法*，指的並不是計算機科學中佔領主導地位的用詞：以有限、精確的步驟達成目標或解決問題的「食譜」，這個食譜是抽象的，因為它可以在不同的機器上，以不同的程式語言運落實目的。與此不同——這裡我遵照我的受訪者的主要說法——此演算法是以特定程式語言寫成、在特定有型設備上操作的食譜，且對其他系統也有實質性的影響。[16]

　　我一開始研究 HFT 時並沒有考慮到物質經濟政治這個概念。此觀念隨著我的田野調查逐漸成形，對我而言，這似乎是架構研究以及獲取成果的好方法。然而，我並不打算嘗試在「物質」與「非物質」現象之間畫出一條本體論的界線，又或者是提倡我們應該排除其他、一味專注於經濟生活中的物質性。我也不認為「物質政治經濟」會使其他研究經濟現象的方法變得累贅多餘，比方說「文化經濟」〔杜・蓋伊（du Gay）與普萊克（Pryke）2002〕、「文化政治經濟」〔傑索普（Jessop）2009〕，或者是，舉例來說，政治界學者所追求的不同形式的

「國際政治經濟」。即便是 HFT 這種最典型的物質商業也會受到通常不被我們認為是「物質」的因素影響：信念、隱喻、認知上的權威、合理性等等。（最終，這些因素全都歸因於物質現象：紙本的或其他媒介的文字或圖像，以及有時候其他實體的物件；替口語內容編碼的聲波等等，包括人類大腦中神經活動的物質模式。儘管如此，雖然此種「文化」方面的物質性固然重要，但應該要注意的是，一味針對此眾所皆知且不需驗證的事實太過輕率。）

　　比如說，合理性必須得考量。正如我稍後會討論的內容，HFT 的歷史最為顯著的特色便是系統與交易執行者之間的衝突。諸多扼殺了執行者合理性的醜聞——比如第 3 章會提到的，一九九〇年代的那斯達克醜聞——於 HFT 製造興起機會時扮演相當重要的角色。同樣地，如之後第 6 章所說，HFT 內部中一個不容忽視的分歧即為「做市」策略（這點先前有提過，包括了持續不斷於其他人也可進行交易的訂單簿中發布買價與賣價）以及「流動性回吐」策略，其中涉及了執行已經存在於訂單簿中的交易。做市承襲了市場中傳統人類角色的合理性，我的一些受訪者——雖然絕非全部——認為這是種比流動性回吐更好，也更合乎道德的經濟活動。當然，如此偏好在多大程度上了形塑了特定的交易形式，而非僅是被提起好證明合理性，此點有待商榷。在一間 HFT 公司的其中一位領導人特別跟我強調其執行的活動屬於做市後，另一位受訪者（最近離開該公司）認為此描述的意象並非完全屬於「正當的」行為。然

而，合理性所扮演的角色一直如此模稜兩可也絕不代表應該被忽視。人類活動的物質性與信仰問題、專家的成就（或損失）等等密不可分，對此視而不見等同於追求一項內容相當匱乏的研究。

物質〔政治〕經濟

儘管如此，HFT 的物質性原則不容忽視，我所採用的方法很大一部分都是以一個名為行動者網路理論的觀點為基石，該理論近幾年來大幅度將物質性置於社會科學的核心位置。[17]（馬克思主義的主張最初也同為徹頭徹尾的唯物論——的確如此，馬克思《資本論》（Capital，1976）第一卷中令人難忘的有關器械的段落正是顯著的例子——但二十世紀的發展，比方說更具哲學導向的西方馬克思主義的興起，在實踐中反倒削弱了唯物論此重點。）[18] 約翰・羅（John Law）與安瑪麗・莫爾（Annemarie Mol）（2008）針對行動者網路理論做出了相當迷人的貢獻，討論了他們所謂的「物質政治」。這個構想本質上很簡單，且早先已有人率先提出——第 7 章開頭將會談及其中一位，是歷史學家馬克・布洛克（Marc Bloch）一九三〇年代進行的研究——但是是由莫爾以及羅巧妙地將其發揚光大。如兩人所爭論，以不同方式安排物質世界是可行的，至少，有時候其中幾種方法成真時有含蓋到政治層面。舉例而言，正如歷史學家露絲・史瓦茲・考萬（Ruth Schwartz Cowan, 1983）引

用了詩人羅伯特·佛羅斯特（Robert Frost）的詩句，指出科技的發展存有「未走之路」：那些本來可以有所發展、卻沒有發展出的科技，並非是因為它們的效率不及那些成功開發的選項，但有時候是涉及了階級、性別、種族分歧、國家政權等諸多因素。[19]

「物質政治」是 HFT 的關鍵層面。如前所述，該活動的歷史是以執行者―挑戰者的衝突為特徵，在此之間 HFT 傳統上都是扮演挑戰者的角色；其中有些衝突延續到了今日。被稱作場地論的社會學觀點強調了這種衝突，而其他方面，我認為行動者網路理論需要藉由場地論著重在此問題才得以完善，即便這兩種觀點之間偶有激烈的衝突。[20] 金融界中，執行者與挑戰者的衝突發生於多個層面，交易的物質安排當然是其中之一。舉例說明，在第 6 章我們將討論一種物質程序（「最後一眼（last look）」），這保護了現有的外匯交易公司免受 HFT 公司速度更快的系統所影響。

先前提過，「做市」與「流動性回吐」演算法之間的分歧助長了今日 HFT 的大部分物質政治。在多數引領世界的數位市場中，流動性回吐演算法所執行的現有買價與賣價通常都是由 HFT 做市演算法所提交，如此流動性回吐的獲利很大一部分都是以後者為代價。如第 6 章節所述，在交易群體、有時甚至是整間公司之間，不論他們執行的是做市或是流動性回吐，彼此之間都存在著一定程度的差異，而交易的物質安排能夠使競爭環境有利於其中一方。因此，這樣的安排便是物質政治的

一種形式。

更為常見的是，HFT 公司（儘管規模小且經常受到創辦人的密切管理）無法避免掉內部不合與辦公室政治。例如，即便設有隔間的 HFT 公司嚴格劃分了交易群體，但通常還是有個共用的技術與通訊基礎設施，而各群體間如何共享這項設施，正是受訪者 DC 所說的「一種……政治動態。」舉個例子，當他任職的公司開始租借無線帶寬，「這就是攸關誰使用了那條線的政治……供應量如此有限，人們便開始為此爭吵。」由於設有隔間的公司的交易群體擁有自己執行 HFT 的方法──或許非常不同──因此這類公司整體的交易活動有時會大幅度受到這種鬥爭的影響。

當然，「政治」與「政治的」都是相當靈活的字彙。在這本書中，我大多採用的是最廣義的釋義，指的是由執行者的權力地位、他們享有或未能擁有的階級與敬重、他們的經濟資源，以及其他因素所塑造出來的所有現象。然而，政黨、國會議員、國會委員會等此種狹義的政治，也參與了 HFT 的發展，特別是透過政治體系與金融法規之間的交互作用。（寫到狹義的政治時，為了更清楚表達，有時我會使用一般的術語「政治體系」，儘管「體系」這個詞所體現的是一種不存在的連貫性）。政治體系與金融法規之間的交互作用有多種不同形式，其一就是不同政黨間對於法規所抱持的態度的差異。比如說，在美國，民主黨更傾向較嚴謹的規範，而共和黨通常則是渴求不受規制約束。此外，政治家經常受到金融領域的利益遊說，

而來自金融領域的資金在政客們的競選獻金中佔了相當大的比例（第2章節將有針對此點的範例及後果）。

　　儘管如此，金融法規與政治體系之間緊密的聯繫並不應該被過分誇大。同樣地，社會學的場地論與其也有關聯。「政治」與「法規」（並且也確實延伸到了「交易」與「買賣」這兩點）都被包括在皮耶・布迪厄（Pierre Bourdieu）以及尼爾・弗利格斯坦（Neil Fligstein）在內的社會學家稱之為的「場地」中，或者芝加哥社會學家安德魯・阿伯特（Andrew Abbott）稱此為「生態」。換句話說，兩者都是社會與經濟生活中特定的一塊領域，其特點為所處不同位置的執行者相互競爭與合作，獲取屬於特定場地或是生態的報酬。（舉例而言，對於政治家們來說，主要的報酬通常是選票）。場地的特色，其大多時候都隱晦地指出何種行為屬於合法，有時候也有明確的規則指出執行者應該做什麼、不應該做什麼。然而，我們不應該期望這之間能達成共識。其中的規則通常都是有利於其中一方人士，而競爭的一種形式即是讓執行者們有能力改變一個場地中的準則與規範。[21]

　　儘管不同領域的特定動向、規範準則、所能獲得的回報不盡相同，但一個領域的發展會以相當重大的方式替相近的領域帶來影響。其中一種方式是透過阿伯特（2005）所稱的「鉸鏈」：一個在多個領域，或者以他的術語來說，在多個生態都能取得回報的過程[22]。

　　然而，如同阿伯特所述，政治體系與其他領域或生態之間

不同之處在於，此點在政治圈中僅是偶爾受到重視，然而在其他領域——舉例來說，十九世紀的醫療執照；或是交易的組織與規範——卻一直都相當重要，因為大多時候追求這些目標並不會獲得直接的政治回報。將政治領域（狹義方面）與金融界相連起來的鉸鏈——或者說，在阿伯特最主要的例子中所說，與職業的生態相互連結——往往皆是短暫且偶然，甚至可說是相當特殊。然而，這並不代表這些連結不重要。在第 2 章，我們將會看到一九七〇年代中這種特殊的鉸鏈的長久影響是如何深刻形塑了美國的自動化交易。

物質政治〔經濟〕

但是，為何我們需要第三個詞，「經濟」？可想而知，與金融有關一切都是不證自明的經濟嗎？特別強調金融層面的經濟（實為貨幣）的原因是，在本書被歸類的社會科學專業領域中，這點往往沒有獲得足夠的關注。重複一遍，此領域涉及的應用屬於金融研究，而非經濟研究，也非個人主義的「行為金融學」，而是更廣泛的社會科學學科，如人類學與社會學。這項專業最初成形於一九九〇年代，而可以理解早期它並非專注於賺錢——或許可以稍微瞥見當時的學術領域，特別是經濟學科有涵蓋這點——而是關注更廣泛的學科中更為熟悉的金融的其他層面。（我無意批評我的同事——那個時期我的工作也是如此，就跟其他人一樣——其中有一些人，特別是奧利維爾·哥

德喬（Olivier Godechot），確實有關注賺錢這件事；特別參照哥德喬（2007）。）

　　金融的「世俗」政治經濟，是我認為被忽略的部分：平凡、日常的賺錢方式，通常為單一數量較少的金額，但卻是日復一日的進行。[23] 對於金融研究的新手來說——如同二十年前的我——很容易就會聚焦在它戲劇性的層面（重大金融危機；賺取或損失鉅額等等），而忽略了它平凡的那一面。因此，對我而言，研究 HFT 所獲得的意想不到的好處是隨著研究的發展，經常可以學到早前那些平凡的賺錢方式。不論過去或現在，賺錢通常都是從業者佔據了所謂「市場結構」中的有利位置並將之付諸實現，市場結構的意思是市場組織的方式，尤指行業中正式或者非正式的規則，例如何人或何物可以和誰以及以什麼條件進行交易；資訊如何流動；資訊到了何處會被阻斷等等。[24] 正是 HFT 的興起經常威脅到此類的市場結構，才會使它本身的能見度提高。即便在我看來社會學的場地論對於執業者運用市場結構概念的方式並無影響，但將市場結構視為組成金融體系的各個不同領域的核心可說是完全合理。

　　我來舉例一個市場結構中平凡但至關重要的層面。如我先前提到，過去在島嶼進行的交易，以及現今在大多數最為重要的電子市場進行的交易都是以「訂單簿」為中心所組織而成——尚未執行的買入與賣出股票或其他被交易的金融工具的報價清單。（替肉眼設計的訂單簿的視覺表示法請見圖表1.5）。在島嶼，以及這幾個章節中討論過的大多數電子市場，

人類以及在這些市場中進行交易的機器都可看到訂單簿——以電子中介的方式。然而這並非常態。如第3章節所描述，二〇〇〇年代初期之前，NYSE的股票訂單簿很大一部分都是特定的「專家」所私有。事實上，一開始一本NYSE的訂單簿幾乎可說是名符其實的一本書，由事先印好的表格所組成，上頭的訂單由專家與他們的職員親自謄寫。一九九一年六月NYSE發佈了一項規則，規定專家們「只要被要求，就必須非正式地與其他樓層的交易員分享所有資訊」〔哈里斯（Harris）與潘卓佩桑（Panchapagesan），2005: 26〕。在此之前，訂單簿是——至少原則上來說是如此——只限於專家、他們的職員以及NYSE的高層職員。

一本訂單簿，不論手寫或是電子，通常都涵蓋了非常有助於交易的資訊。舉例而言，倘若簿子內的買價多於賣價，則可以合理預期價格即將上漲。（買價與賣價之間的平衡以及這項平衡如何改變——再加上執行交易的順序——構成了HFT中一類極為關鍵的「訊號」）。因此，何人或何物有機會使用訂單簿這類世俗的議題在經濟層面上便顯得別具意義。

再者，使用本質上是一種物質的過程，攸關了哪項數據在何時流向了哪一台計算機系統，或者——若是人類交易員——他們看得見、看不見什麼。如同第3章所述，若NYSE的訂單簿是手寫於紙上，交易大廳的股票經紀人有時可以一瞥上頭的內容，因為一名專家或職員必須將其打開謄寫經紀人的訂單。（在金融市場中，經紀人是中介者，代表客戶執行交易——這

出價購買			
$29.49	100	100*	200
$29.48	50	30	
$29.47	100		
$29.46	50	100	100	100
$29.45	200		

出價出售			
$29.54	100	200	
$29.53	50		
$29.52	40	50	
$29.51	50	50	200
$29.50	100	100	100

圖表 1.5：一本訂單簿。來源：作者針對交易進行的訪問與觀察。

是 NYSE 中該個詞彙的主要含義——或是安排他人之間的交易。）

　　如同社會學家米歇爾・阿伯拉菲亞（Mitchel Abolafia）於一九九〇年初針對 NYSE 所做的開創性民族誌研究中所說，NYSE 內的專家對於身在交易核心這個角色的運用，受限於像我這樣的金融社會研究學者相當熟悉的現象：NYSE 的明文規定、對進行交易的專家進行監控、非正式的交易大廳文化以及大廳內經紀人們的制衡力量〔阿伯拉菲亞，1996；也請見馬特利（Mattli, 2019）〕。儘管如此，NYSE 的市場結構確實讓內部專家們擁有資訊上的優勢，這項事實需要被納入，才能做出不偏頗的結論。使用 NYSE 異常詳細的數據三個月（一九九〇年十一月至一九九一年一月，此段時間涵蓋於阿伯拉菲亞的觀察

期間內），哈里斯與潘卓佩桑表示訂單簿的內容可以預測價格的走勢，並得出結論說「專家使用對他們有利的方法」（2005: 25）。然而，他們的數據並不能讓他們下定論說「這項優勢是否能換來可觀的交易利潤（2005: 27）或者這些利潤是否有超過專家們長時間履行『打做市場』這項義務、在買賣家很少的時候也不斷出價時所揹負的風險」。

HFT 的興起侵蝕或者說淘汰掉了各種較舊的市場結構，比如 NYSE 的結構，並在其原有的位置了打造了一套不同的世俗政治經濟。簡單地說，原本結構的中心為「誰可以看見訂單簿」（或者已經存在的其他市場結構中同等的鬆散核心），後而轉變成了訂單簿「什麼時候」被「看見」，才是賺錢的關鍵影響。所有人都可以看到電子的訂單簿，但他們的系統需要多長時間接收、跑程序，並對訂單簿提供的新訊息做出回應，大大取決於一間交易公司是獲利還是虧損。（即使是今日，訂單簿的可見性也有例外，其中包括了被稱為「黑池」的交易場所。㉕ 若黑池有訂單簿——不是全部都有——參與者並不會看見。我有一篇公開的文章是在探討黑池（麥肯錫，2019d），但本書決定不多加討論以避免內容過於複雜。

HFT 中，盈利和虧損之間的差距很小。HFT 利潤並不顯著，因為單次 HFT 交易所得的利潤通常都不多。引用此章節討論過的 HFT 公司沃途初次公開發行股票時發表的檔案，勞克林估算沃途的平均交易收入是每股交易 0.27 分。他計算出，若這屬於整個 HFT 的典型特徵，那麼 HFT 公司每年交易美國

股票的收入總計約為 25 億美元；相較之下，投資銀行高盛（Goldman Sachs's）於二〇一三年的總收入是 342 億美元（高盛，2014: 1）。每股交易四分之一美分實屬稀鬆平常，但若將 HFT 公司的鉅額支出列入考量，那麼四分之一美分的價值則大大降低。

　　舉例說明，沃途二〇一三年的交易收入為 6.24 億美元，運營費用無疑是設定為 4.77 億美元，其中包括了 1.95 億美元的經紀、交易和清算費用以及 65 億美元用於技術及通訊連接方面（沃途金融，2014: 73）。我發現很難讓受訪者們自在地談論扣除這些以及其他費用後交易活動的獲利。這是個敏感的話題，因為 HFT 公司財務失敗的頻率很高，我印象中之所以如此最普遍的原因不是交易虧損，而是交易利潤遠遠不及支出的費用。即便如此，受訪者之間似乎有某些共識，認為扣除掉各種費用後，每股交易 0.05 ～ 0.1 美分（或是其他價值差不多的資產）是可觀的利潤。即便數字可能被低估（也可能沒有），都確實指出 HFT 交易成功——大量交易的微小利潤會聚沙成塔㉖——與失敗之間差異非常小：收入沒法大於支出。

　　第 5 章節將會討論 HFT 花費巨額資金在技術與通訊連接方面，第 6 章則談及為何他們不得不這麼做，但關於費用的問題現在就值得稍微探討，因為它揭露了 HFT 世俗經濟學的另外一個層面。本書的主題之一即是不可能將 HFT 以及其在交易的「場地」與「生態」中的位置與交易所及其他交易會場的分析區分開來討論。大致上看來，至少交易所是與交易所彼此互

相競爭，而非與 HFT 公司。[27] 不過，如第 3 章所討論，阿伯特的「鉸鏈」在這裡發揮了作用。交易所的世俗經濟學（現今大多都是營利商號或是這類公司的子公司）已經與 HFT 緊密交織。[28] 許多交易所的大部分收益都是來自 HFT 公司，不只是其中的交易費用，還有接收了反應交易所訂單簿所必須的最快電子更新訊息的費用，再加上數據中心內用以傳輸的「交叉互聯」電纜的費用。因此，現有的交易所從 HFT 的速度競賽中獲利〔正如布迪許、李（Lee）與希姆（Shim）於二○一九年所說〕，可能使它們不願意在物質上重新組織交易，以避免降低如此的高速。

必須再次強調，我認為關注金融界世俗的賺錢方式是針對較戲劇性的，如金融危機等的研究的一種補充，而非是要加以取代。（確實如此，金融危機往往都是起源於是如的賺錢模式。）然而，世俗的賺錢方式應該要是金融社會研究中的重要主題，因為它是事情發展的重要因素：舉例來說，哪些技術或是組織方面的變革會被接納採用、哪些會被強烈抵制。我最喜歡的抵制例子在我心中是一場「星際大戰」，因為它非常平凡，但這我留到第 7 章節再來討論。

還有第二個論點，強烈要求進行更多世俗賺錢方式的研究，經濟學家湯瑪斯・菲力彭（Thomas Philippon, 2015）在他傑出的文章中隱晦地指出這一點。[29] 我在別處有提到他的文章——最一開始是在《倫敦書評》（London Review of Books）（麥肯錫，2016）——但很值得再提一次：聽起來很深奧，但

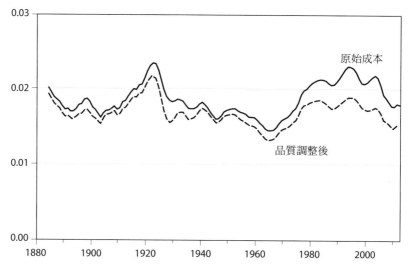

圖表 1.6：美國金融中介機構的單位成本，1884 ～ 2012。數據來源：湯瑪斯・菲力彭。欲知更多細節，請見文獻資料處第 1 章節的第 30 點以及菲力彭（2015）。

意義重大。菲力彭所做的是透過時間測量美國金融體系的「效率」——金融中介機構的單位成本。[30] 更為顯著、也更令人震驚的是，他的數據（見圖表 1.6）並沒有顯示出一八八〇年代（也就是職員用鋼筆，可能是就著煤氣燈膛寫分類帳的時代）與二〇一二年 HFT 和 iPhone 年代之間金融效率有明顯的提升趨勢。

　　倘若菲利彭的數據正確，金融中介機構在這麼長的時間內單位成本只有細微的變化，鑑於鞏固金融的資訊與通訊技術有如此徹底的改善，為什麼還會如此？一個可能的答案是，金融體系內世俗的賺錢方式大部分已經提高了效率，並轉變成了銀

行或其他金融機構內菁英職員的極高報酬，以及這些公司股東（可信度不太高）的股息和資本收益。若真如此，這裡就有了一個收入與財富不平等的關鍵原因，因為近幾十年來金融體系內的高報酬明顯加劇了這種不平等現象。[31]

舉例來說，一九四〇年代至一九八〇年代，美國金融部門的從業人員和其他部門、持有相等學歷的職員的薪資是差不多的。在那之後，兩者的差距大幅提升，最後金融部門高階人員的薪水是其他部門高階職員的兩倍半〔菲力彭與雷雪夫（Reshef）2012〕。雖然不是證據確鑿，但金融部門內財富能有如此戲劇性的變化，可能涉及了經濟學家所稱的「租金」的上漲，評論員馬丁・沃夫（Martin Wolf）將此定義為「超出了打造出一項商品背後所需的服務、勞動和土地的價值的獎勵」。[32]實際上，金融體系可能正在向經濟的其他層面收取租金，以及，不必說，能預料到的後果之一即是更廣泛的經濟成長速度緩慢。

請讓我不要對以下章節提出錯誤的期待：藉由 HFT 獲取的收益、薪資以及獎金總和並沒有可信的計算方式足以對任何財富與收入不平等以外的範圍提出貢獻。事實上，HFT 的微小收益指出，交易自動化（還有金融結構相關的變化）可能已經大大削減了交易過程中，處於內部有利位置的人士原本可以獲得的可觀租金。話雖如此，租金仍然可能與 HFT 的世俗經濟學有關；至少，這個結論是出自芝加哥經濟學家艾瑞克・布迪許和其同事們〔布迪許、克蘭頓（Cramton）及希姆；布迪許、

李及希姆（2019）〕。想一想，當一個明確的「訊號」出現在交易所內的數據傳送專線：比如說，假設於芝加哥期貨交易所內交易的股指期貨價格上漲、或是 NYSE 出售蘋果（Apple）公司的股票、或是那斯達克的訂單簿一夕之間蒸發。先前提過，我的受訪者清楚表示，HFT 交易者很熟悉像這樣簡單的訊號，而這些訊號的出現觸發了一場搶先對它們做出反應的競賽。在倫敦證券交易所二〇一五年的電子訊息數據中可以找到類似這種比賽的痕跡，此交易所的一百支龍頭股，每支都平均每一分鐘就發生一次競賽（阿基利納等人，2020: 3-4）。演算法是檢測和對這類廣泛使用的訊號做出反應最快的方法，至少，平均來說，可以藉由「摘取」訊號——根據訊號顯示出報價是舊了還是過期了——來賺錢（或者是，如果一則演算法是遵循做市策略，就可以避開，可以透過取消過期的買價或賣假來避免虧損）。根據布迪許、克蘭頓和希姆（2015）所說，「自動套利的機會是當今交易物質安排的一部分，創造出他們所謂的『套利租金』」（布迪許等人，2015: 1548）。

租金這個概念的用法可能看起來很抽象，但它將租金轉化成了一種更熟悉的種類。執行或取消過期的報價的競賽讓那些掌控傳輸方式的人（像是連結交易公司伺服器和交易中心計算機系統的「交叉互聯」電纜）、或者是對速度影響重大的位置，得以收取龐大費用讓其他人使用。舉些例子，這樣的位置包括數據中心內放置交易所撮合引擎的架子，以及微波通訊塔和數據中心屋頂上特定的位置都特別適合作為無線天線的站

點。HFT的愛因斯坦物質性創造了受訪者 DE 所稱的「夾點」，而控制點的人得以索要租金。（第 6 章有做市演算法間發生的另一起競賽，是在試圖抵達實則是電子處決隊伍的前端。）

資料來源

二〇一〇年，透過探索性訪談我開始了本書的研究。HFT（自創立以來一直是種低調的活動）在前一年就已被新聞報導，特別是二〇〇九年七月《紐約時報》頭版報導了 HFT，開頭這麼寫道：「這是華爾街的熱門新鮮事，是少數交易員主宰股市、一窺投資者訂單，甚至有評論家稱此為一種得以巧妙操控股價的方法（第希格，2009）」。我很好奇，最初我的訪問只是為了從我認為（這想法並不一直是對的）可以告訴我更多的人身上獲取更多有關 HFT 的資訊。

探索性訪問後，我聚焦於尋找——一開始從公眾的來源，後來靠著在交易員大會上自我介紹，或者經早期受訪者引薦——現任職員、離職員工、HFT 公司創辦人。我任教的蘇格蘭愛丁堡沒有 HFT 公司，因此我的旅行從來不嫌多，我專注於全球四間最主要的 HFT 中心：芝加哥、紐約、倫敦及阿姆斯特丹。雖然其他各個市場中也有 HFT——其中一些為巴西、加拿大、印度、新加坡、香港、南韓、日本和澳洲——但基於實際的考量我決定把研究聚焦在美國與歐洲。最後我訪問了總共 86 位 HFT 執行者（見表格 1.1），其中 22 人訪問了不只一

次，包括其中三位我各是訪問了六次、七次和九次。這些重複的訪談相當有用，因為第一次的訪談，受訪者總會傾向於將事件或行為理想化，且——通常都很尷尬——起初我在專業方面理解得不夠透徹，總沒能適當地專注於自己提出的問題上。與同一人進行多次訪談助我理解專業，也幫助他們相信我並不會誤用他們所提供的資訊，使之讓我能夠將談話延伸至我已經了解的主題之外，而受訪這 AG 稱此叫做「高頻交易 101」。

這些與 HFT 公司現任、前任員工進行的訪談沒有遵循任何一種既定形式。這些更像是我讓受訪者談論活動的訪談，而非總是談論成功。（其中最失望的一次是，和兩名 HFT 公司員工、同時也都是芝加哥著名的「公開喊價」交易場的交易員於當地共進午餐時，他們都更樂意談論交易場的規模，難以將對話內容帶到 HFT。）漸漸地，透過反覆試煉與失敗，尤其是和同一人訪談多次，我開始定義出 HFT 交易員眼中的嘗試。與此同時，我也開始感受到受訪者不願提及、可以稱之為「秘方」的東西，而他們可能是擔心講出這些會飯碗不保。

HFT 公司之間有大量的職員流動，這使得 HFT 有關技術的常識非常廣泛。「真的很難避免特別的資訊變得平凡，」受訪者 BD 這麼說。雖然沒有聘用面試者，但訪問眾人是種了解其他間公司行事方式的好方法，同時也是個機會，讓負責執行的高階職員發現他們所認為的「秘方」其實只不過是常識。[33]其中幾個常識的例子是三種本章節已經提到過的訊號種類：相關期貨合約的價格變動；訂單簿的內容；以及（避免股票或其

他種類的金融工具在不只一間交易中心進行交易）其他間交易中心的交易與價格浮動。這些都是 AG 的「高頻交易 101」中不可或缺的部分。另一方面，一間公司的演算法如何精確地分析訂單簿中變化不斷的內容，則有一個秘訣。對此我刻意避開太過細節的問題，唯一一次受訪者自願提供真實的細節，是我最後一次在他的交易集團辦公室見到他的時候；

該集團未能一直收入大於支出，正走向倒閉的結果。

我的一些訪談是在咖啡館、餐廳、酒吧，或是受訪者的家進行；一次難忘的訪談我脫掉鞋襪和褲子，幫助受訪者將他的小型噴射快艇推向密西根湖。

然而，與 HFT 公司員工或創辦人的訪談大多是在他們的辦公室，而我經常在採訪的前後被帶著四處參觀這幾間辦公室。幾次拜訪讓我可以感受到那些公司的「感覺」，有時候也能獲取其他的訊息。（例如，我去其中一間 HFT 公司第二次，就注意到它原本偌大、裝備齊全的交易廳如今已是空空如也。那是我第一次直接接觸到 HFT 的經濟不穩定性。過了一年左右那家公司就倒閉了。）

我也漸漸意識到，要了解 HFT，我必須更頻繁地在公司內進行採訪。HFT 的機會與實踐方式的物質性取決於交易所和其他交易場所的規則和物質安排，而反過來看，那些交易場所有時候也深深受到政府監管機構的行動（抑或是沒有執行的行動）所影響。交易所的員工、監管者、律師和其他人因而變成一個相當重要的受訪者類別。因為那些人通常都能夠處理沒那

表格 1.1：受訪者

HFT 公司的創辦人、員工、前任職員（AA-DI）	86
交易中心、票據交換所、其他交易會場的成員或員工（EA-HI）	87
投資管理公司的交易員（LA-IJ）	10
手動交易員（MA-ML）	12
其他演算法交易形式的執行者（OA-OY）	25
管理者、律師、說客及政治人物（RA-SE）	31
技術與通訊連結供應者（TA-UF）	32
研究員與市場分析師（VA-VU）	21
零售商、經紀人、經紀交易商（XA-YG）	33
總數	337

註：雙字母的代碼是用來維持匿名性。

麼敏感的議題，通常訪談都較那些 HFT 交易者更為直截了當，而重複多次的訪談必不可少。（我剛所說的交易所、其他交易平台、以及票據交換所，其中 87 名員工只有 6 位接受我超過一次的採訪。）此外，最熟悉 HFT「訊號」物質性的人往往不是公司內的員工，而是那些公司的專門通訊供應商；於是乎我也採訪了他們。在這領域中有很多東西需要學習；在這裡，有位受訪者允許我採訪他九次之多。總體來說，在所有類別的受訪者中（HFT 交易員、交易所員工等等），我與 337 個人進行了三百五十八次訪談；請見表格 1.1 及章節附註。[34]

　　HFT 交易員、交易所工作人員等相關的人群並沒有全面、可接受訪問的名單，因此不能保證受訪者在統計或其他方面上

具有代表性。雖然已盡力，但我很確定我所進行訪談的人中存有「資歷的偏見」。部分原因可能是相關的資深人員較容易被辨識出，而另一部分則是因為年輕的員工，特別是 HFT 公司的職員，覺得和外人談論工作時需要特別警惕。（至少有一間 HFT 龍頭公司明確禁止員工這麼做。）我盡量多採訪相關角色中的女性成員，但我的 337 位受訪者中只有 17 位女性。HFT 和相關領域通常都是由男性主宰，但我懷疑資歷的偏見可能也是女性比例這麼低的原因。採訪進行途中，我意識到自己的 HFT 受訪者樣本較偏向於做市專家。我設法說服更多流動性回吐的專家接受訪談，然而，並不是每次都成功。[35]

即使遇到這般困難，但受訪者們都明確提供了我訊息。例如，當受訪者開始揭露 HFT 公司中活躍的金融工具的主要種類，就可明顯看出這些種類在交易的組織方式上存在了相當大的差異，且有時候美國與歐洲之間也有差異。試著理解與解釋這些差異也成了研究的目的。在本書中，我聚焦於工具的四大種類——期貨、股票、政府債券和外匯——它們旗鼓相當，因為都是簡單且具高度流動性。（研究也包含了期權和利率交換，但這兩者的複雜性讓它們較難直接與他者做比較。除了第 6 章，期權市場的極端例子替討論的內容提供了說明外，我不打算考慮這項市場，同樣是避免讓本書更為複雜。）[36]

需要借助歷史的觀點，才能理解並解釋交易是如何被組織，因為這項組織是「路徑依賴」的：過去的交易組織方式會影響今日。舉例來說，流動性是「黏的」，當一名交易者期待

交易會場具有高度流動性，會場往往就會是有黏性的狀態，因為那些人就在其中進行交易。（儘管如此，可以看出其中也存在有產生這種黏性的「政治經濟」議題。）關於電子交易，可以借鑑現有的歷史文獻，特別是法比安・穆尼耶薩（Fabian Muniesa）針對巴黎泛歐交易所（Paris Bourse）自動化的優異研究，還有帕多—蓋拉（Juan Pablo Pardo-Guerra）所撰寫有關英國與美國發展的好書（請參見現有文獻附錄）。然而，以歷史為軸心的採訪仍舊是必須，特別是有股票以外的金融工具的交易的歷史，並且著重於近代的股票交易使。揭開歷史的過程中，我發現必須要與在職者交談──譬如說，政府債券和外匯交易商以及之間安排交易的經紀人──以從他們的角度理解他們與 HFT 之間的衝突。（交易商是代表自己以及客戶的中介人。）

　　我大多的受訪者都傾向匿名，引用他們的話都以兩個字母做標示（見表格 1.1）。有時候我會引用某個人所說較為敏感的內容，或者可能會被 HFT 公司猜出標示的字母為何人：這種情況下便不使用任何標示。有少數的受訪者很樂意被寫出姓名，我也確實這麼做了。我盡可能檢視一個人告訴我、與另一人所說相衝突的內容。為了使完善採訪內容，我參加了六次交易員大會（兩次在倫敦、兩次在芝加哥，以及兩次在阿姆斯特丹），也參加了紐約的演算法交易訓練課程，總共是三堂專注於加密貨幣的課程（見第 7 章），以及也參與了一次有許多政府債券管理辦公室員工參與其中的會議。在這樣的聚會中，我

經常能夠與沒法正式採訪的人們展開非正式的交流。我也參觀了交易大廳，其中的兩間至今仍然佔據舉足輕重的地位：NYSE 的主要交易大廳，於 NYSE 每日開盤與收盤時間扮演相當重要的角色，以及另一處是芝加哥期權交易所交易大廳的一部分，此處的期權交易是採標準普爾 500 指數（Standard & Poor's 500）。（當然，隨著新冠病毒肆虐達到頂點，面對面的交易不得不暫停，而撰寫期間，二〇二〇年六月，只有部分面對面交易重新開啟。）

我不是經濟學家，本書也並非要回答那些經濟學家們針對 HFT 慣常提出的問題，比方說它是否提高了市場流動性或者波動性；請見附錄所列 HFT 相關文獻。儘管如此，如附錄中所述，我確實經由經濟學家對 HFT 所做的研究獲得了見解。那些研究有時也幫助我確認受訪者所說的他們的演算法所採用的「訊號」確實合理。㊲ 有時候，更廣泛的金融經濟學文獻（可以追溯至超過五十年前）也提供了歷史證據。舉例來說，第一個明確表示股指數期貨市場早先於基礎股票有所波動趨勢的證據是出自克瓦勒（Kawaller）、柯許（Koch）及柯許（1987）。

有些專家報導了本書中所討論的一些特定事件，大大完善了採訪內容。我在美國國家檔案和記錄管理局（US National Archives）參閱了 NYSE 的檔案以及美國證券交易委員會（Securities and Exchange Commision）的紀錄，但更有幫助的檔案是出自其中一間最早開始執行 HFT，屬於 HFT 早期版本的公司：自動交易台（Automated Trading Desk，ATD），於一

九八九年創立於南卡羅萊納的查爾斯頓。（公司的合夥人大衛‧懷特康（David Whitecomb）以及其他位受訪者幫助我取得紀錄。）以下四人對後續章節要討論的事件相當重要——前芝加哥商品交易所董事長里歐‧梅拉梅德（Leo Melamed）、愛荷華州政治家尼爾‧史密斯（Neal Smith）、股票經紀人暨交易員唐納‧威登（Donald Weeden），以及 HFT 公司 Tradebot 創辦人戴夫‧康明斯（Dave Cummings）——他們皆有自傳，以下章節我將偶爾引用。[38]

當你研究一項物質活動，它會助你了解事發當時的物理環境。如前所說，HFT 不是於交易公司的辦公室內進行，而是在交易中心的計算機數據中心內。拜訪數據中心的行程不易安排，但我有幸走訪了兩間，一邊行經裡頭的人一邊寫下有關第 2 章與第 5 章將提到的微電波塔的通訊基礎設施的筆記。某種意義上來說，我並沒有因此學到多少東西。僅僅是在數據中心內走動，且看到的比在外頭來得少，並無助於了解計算機的運作。儘管如此，這仍是必須的行動。我正試著了解一個世界，可以這麼說——是 HFT 的物質世界，它出現的方式、周圍的紛爭、它的世俗經濟學等等——而看見 HFT 實地發生的地方是這個過程中相當重要的一環。

本書章節概要

第 2 章聚焦於芝加哥商品交易所（CME）以及它成為超速

自動交易龍頭之一。本章節記述了期貨買賣從芝加哥公開喊價交易轉變為電子交易過程中引發的劇烈衝突，其中包括，舉例來說，後者最非凡的倡導者里歐·梅拉梅德所面臨的死亡威脅。此章節也講述了 CME 如何在金融期貨交易中扮演核心角色的故事，其中涵蓋了一九七〇年代嚴重干預國會政治，以及重新調整了賭博與合法期貨交易之間的法律界線。章節的最後為何芝加哥股指數期貨市場的價格變化總是領先於其他潛在的股票。

第 3 章探索了由 HFT 所引起，美國股票交易的劇烈改變，最一開始是透過早期 HFT 公司 ATD 來觀看這項變化。此章節描述了該公司於 HFT 出現之前的股票交易會場進行交易所遇到的困境。接著來到島嶼，第一間「HFT 友善」的交易會場，以及它從一九九〇年代美國金融體系聲名狼藉的利潤中脫穎而出。

此章節探討美國自動交易和新交易會場，例如島嶼，之間相輔相承的關係，而證券監管機構及美國交易委員會更加鞏固了這層關係。章節的最後扼要討論了類似的關係如何改變歐洲股市交易，以及 HFT 演算法於美國和歐洲股市交易中所使用的「訊號」。

第 4 章談論政府債券與外匯交易，其市場結構和期貨與股票交易的結構大不相同，但在後者躍居領頭位置時仍大幅存在。此市場結構首先組織的方式是依據社會經濟角色間的差異，意即「交易商」（先金主要是大型銀行）和「客戶」之間

的區別，後者通常不是指私人，而是指小型銀行、非營利公司以及尤其是機構投資客。即便世界上最大的投資者，在債券與貨幣交易中仍被簡單視為顧客。舉例來說，政府債券，這種交易商—客戶的市場結構是以政府指定的「初級市場交易商」體系為根基：銀行（有時候也有其他證券機構）承諾都會於政府債券的首次拍賣會中的出價，並於後續的交易中持續身為做市商人，以換取特權作為回報。

第 5 章直接探討了 HFT 發生地點的物質技術系統。此章討論將 HFT 關鍵訊號從一處數據中心傳往另一間數據中心之間的纜線與無線連結，例如，此處強調了一條線路與數據中心間的測地線距離緊密靠近的極度重要性。此章接著轉而討論交易公司的計算機系統如何於數據中心內與交易所的計算機系統有實質性的交互作用。這些描述的現象中，探討了空間位置在光纖和無線傳輸中的宏觀重要性如何也反映在微小之處：現在所有 HFT 最快形式的計算機芯片（現場可編程邏輯門陣列，FPGAs）的專業設計師與程序員也必須密切注意這些芯片執行動作的確切位置。

第 6 章重點介紹 HFT 的兩個主要演算法：有系統地在交易所電子訂單簿出價買入正在被出價（價格稍微比較高）交易的金融工具的做市演算法；以及透過執行現有的買價與賣價尋求獲利機會的流動性回吐演算法。接著此章節轉而討論交易所與其他交易會場努力尋求改變的「物質政治」，此會藉由故意改變交易發生所在地技術系統的物質特徵——有時明目張膽、有

時低調行事——來改變 HFT 演算法的交互作用。第 7 章的結論將會回頭檢視前面章節討論過的 HFT 與物質政治經濟的內容。最後將會以後者觀點或許能有效地應用於經濟生活的其他層面做結尾，並以加密貨幣以及線上廣告這兩者可說是日常數位生活的經濟根基作為例子。將會有則附錄討論現有的 HFT 文獻。社會科學家讀者可能會希望在繼續閱讀下一章前先翻閱附錄。

前進高塔

走進大廳時，有沒有發現標準普爾的池子周圍幾乎都是高塔？幾乎高達天花板，有沒有看見有群人坐在上頭的終端機前。

距離芝加哥洛普區與市中心摩天大樓約莫三十英里處的有條遠郊小徑。此路經過郊區的房宅和物流倉庫，並穿越一條鮮少使用的鐵軌。它貫穿了放眼滿是電線的平坦景色。在十月一個潮濕、異常寒冷的工作日早晨，這裡沒有半個人在走路或慢跑。

遠處，高塔林立。一開始它們看起來比較像是高壓電塔，但距離拉近後很明顯它們的高度更高。這些是微電波塔。它們頂上的天線連結了 CME，芝加哥商品交易所數據中心內進行的交易以及其他類似場所中的交易。首先，被連結起的有執行股票、政府債券及現金買賣的紐澤西數據中心，但自塔內發出的訊號也透過海底電纜或無線電波橫越海洋，抵達倫敦、法蘭克福、孟買、新加坡、香港、東京——以及所有進行自動交易的地方。

微電波塔是長期以來金融體系內最明顯可見的物質表現形式：期貨交易的核心角色——尤其是在 CME 進行的交易——作為其他許多交易所事發的驅動力。五十年前，很難想像芝加哥（已正在經歷後工業時期的衰退）或者期貨會成為全球金融的中心。期貨，如第 1 章所說，是標準化、在交易所進行交易的合約，於經濟上幾乎等同於一方承諾會在未來已經預設好的日期以今日協定好的價格購買或出售特定數量的特定商品。

一九七〇年代初期，此類商品幾乎都是農產品。一九三〇年完工的藝術裝置大樓於一八四八年正式成為芝加哥期貨交易所的所在地，不論古今都是城市的地標（見圖 2.3）。它大廳的

圖 2.1：芝加哥郊外的電力基礎設施。作者於田野調查中所攝。

「池子」是階梯式的八角形劇場，設計來讓數百位交易員得以擠在台階上觀看——以及，安靜的時候，彼此可以用聽的——他們在此主宰了例如小麥期貨的交易（見圖 2.4 與 2.5）。芝加哥商品交易所較為年輕，成立於一九一九年，最一開始池子是用來交易奶油和雞蛋等期貨。一九七〇年之前，CME 的標誌性商品首次於一九六一年被交易，是一份等同於買入或賣出三萬磅（十三・六公噸）五花肉的期貨合約，冷凍、未經加工的豬肉也就是煙燻培根的原始材料（塔瑪爾金，1993: 128-29）。

從小麥或五花肉期貨轉變成金融商品期貨看起來可能有點激進，但許多期貨交易員所擁有根深蒂固的技巧是對於社會經濟的掌握，以及芝加哥交易池內的具體的動態，不僅僅只是了

圖 2.2：一種用於金融界超高速通訊的高塔。作者於田野調查中所攝。

解所需商品的供需。他們是交易員,不是農業經濟學家。因此完全沒有理由反對將市場擴張為金融商品期貨。然而,第二次世界大戰後幾十年內,這樣的擴張並沒有帶來吸引人的前景,因為全球大多金融體系都正式或非正式地於某種程度上受制於政府的掌控之下,而美國政府很有可能會反對這樣一種可能削弱他們的掌控的金融商品交易市場。但在一九七〇年早期,政

府的掌控力減弱了。

其核心是一九四四年布列敦森林體系（Bretton Woods agreement）建立的貨幣間固定匯率制度。此制度涉及了美國承諾會以固定美元價格出售黃金給其他政府。然而，尤其相對於德國與日本，美國的經濟狀況相當不樂觀時，美元的匯率，特別是兌換馬克和日圓的匯率非常難維持不變。一九七一年八月五日，當被要求兌現出售黃金的承諾時，尼克森總統關閉了「黃金之窗」，而後五年，美國與他國政府漸漸不再勉力維持固定的匯率。

隨著政府對金融市場束縛的鬆綁，芝加哥期貨交易所和CME 抓緊機會擴張產品品項。一九七〇年初，CME 開始以現金交易期貨合約，期貨交易所則推出了不動產抵押貸款證券和美國國庫券（美國政府債務證券）期貨。雖然這些努力取得了好成果，但更近一步的金融期貨發展卻受限於一種既定方式，在合法的期貨交易和僅僅是替下注即將發生的事件的結果之間，原先相當關鍵性、敏感、文化方面的分歧被轉變成了法律上的區別。[1] 許多司法管轄區都面臨了如何區分這兩者的問題（其中也包括了，例如英國與德國），但此議題在美國尤其尖刻，十九世紀末及二十世紀初期期貨交易所不得不對抗司法與政治雙方面的威脅。一種是反對「投機商店」，即大眾可以對糧食或其他商品的價格走勢下注，而期貨交易所將其視為一種簡易的賭博場所。另一個抗爭則是對抗農業民粹主義者，他們認為交易所的活動不比賭博好到哪裡去，特別還經常因為農場

圖 2.3：芝加哥貿易委員會大樓，由 Holabird&Root 設計。喬・拉維（Jo Ravi）攝於二〇一一年。創用 CC 授權條款 CC-BY-SA 3.0.

圖 2.4：一九〇八年芝加哥期貨交易所的交易大廳。來源：貝克
（Baker, 1908: 111）

圖 2.5：芝加哥期貨交易所內小麥池中的「公開喊價」交易。來源：
國會圖書館，重製編號：LC-USZ62-41292。

圖 2.6：二○一二年，里歐·梅拉梅德在芝加哥商品交易所的數據
中心。照片由 Melamed & Associates, Inc. 提供。

價格下跌而責備投機期貨交易。

　　美國這些尖刻的鬥爭逐漸衍生了在合法期貨交易周圍界定
法律界線的穩定方式：「考量交割」信條〔李維（Levy）
2006〕。期貨交易的各方必須設想到糧食或是其他商品的實物
運送。若沒有這麼做，如果交易只能以現金進行（如同投機商
店），這就屬於賭注——在伊利諾州，以及美國大多數的州都
屬違法。以這種方式區分賭博和合法交易可以保護期貨交易所
免受法律的挑戰，同時也確實取締了投機商店。再者，由於只

是需要設想，而非實際交割，期貨交易所被允許繼續以現金轉移來結算合約；實物的交割實際上非常少見。

然而，考量交割要求的是一份期貨合約所標示的商品確實要有交割的*可能*；倘若辦不到，交易的各方人士怎麼能算是有考慮過？隨著芝加哥期貨交易所和 CME 於一九七〇年代轉變為金融期貨交易，交割的要求限制了交易所內可以合法交易的期貨合約。舉例說明，外幣或美國國庫券期貨無疑能夠被交易，因為貨幣和證券能夠被運送，儘管為國庫券開發一種令人滿意的運送機制相當複雜。然而，像是道瓊工業指數和標準普爾 500 指數之類這種股票價格的指數期貨，或者是利率期貨，這種又該如何？可以想像，藉由交付一疊適當的股票或是電子等值物品來結算一份合約似乎有點愚蠢，但是一歐洲美元利率（如此稱呼是因為主要的銀行間美元借貸市場總部位於歐洲，在倫敦而非紐約）是難以捉摸的。如同一九六九年成為 CME 董事長並引領其轉變為金融期貨的里歐・梅拉梅德（圖 2.6）所說：「你無法交割利率；相反地，你可以用現金支付購買和出售這之間的利率差額，反之亦然。」（梅拉梅德與塔瑪爾金，1996: 29，強調原文）。然而，這種不可能交割的期貨合約，仍屬公然違法。

「每個人都要吃」

交割商品這項規定終於劃下句點後，這之間仿若經歷了一

次危機。諷刺地說，這不是金融危機，而是一起農業期貨危機。一九七〇年代早期食物價格飛漲，農產品期貨價格也跟著飆升。CME 歷史學家鮑伯・塔瑪爾金（1993: 207）指出，芝加哥小麥期貨的價格——部分原因是美國開始向蘇聯大量出售小麥——在當時創下了歷史新高。「從快速變化的商品價格中獲利的展望，」塔瑪爾金繼續道，甚至吸引了一些外行人的興趣，「從德梅因的牙醫到紐約的心理分析學家。」

然而，雖然只有一小部分是公眾投機期貨價格，「每個人都要吃」（塔瑪爾金，1993: 218）。食物價格上漲創造了機會——如第 1 章所說相當罕見——藉由干預交易監管機構獲得政治報酬。

自一九三六年，當國會通過商品交易法，期貨交易雖然有接受商品交易管理局的監管，但並非非常積極，商品交易管理局是農業局的一個小分部。一九七〇年代早期的通貨膨脹來勢洶洶，引發了人們的懷疑，投機、期貨交易、鬆散的堅管都被責備是食品價格上漲的部分原因。三位知名且野心勃勃的參議員——蓋里・哈特（Gary Hart）、休伯特・韓福瑞（Hubert Humphrey）以及喬治・麥戈文（George McGovern）——分別都要他們的職員準備法案，要求一間發展完全的聯邦期貨調查機構取代掉商品交易管理局（塔瑪爾金，1993: 218）。

「你不可能希望一場嚴重的危機白白發生，」二〇〇八年全球金融危機之時，後來的芝加哥政治人物拉姆・伊曼紐爾（Rahm Emanuel）在一場《華爾街日報》會議中發表了眾所皆

知的言論。「我的意思是，現在有機會做你以前認為做不到的事。」[2] 芝加哥期貨交易所很容易就可以看出一九七〇年代早期國會山莊突然有興趣監管它們其實只是表面的威脅，但CME的里歐・梅拉梅德顯然瞥見了「做事的機會」。正如他於二〇〇〇年接受早期項目所做的採訪時所說的一樣（麥肯錫，2006），建立新的聯邦期貨監管機構可以提高因為週期性的醜聞而下滑的市場地位。「這將合法化我們正在做的事情。任何跟聯邦機構有關的事都是合法的。賭博跟聯邦機構並沒有任何關係。」

梅拉梅德告訴我，他還有另一個理由支持成立新的聯邦監管機構：這樣的機構可能有辦法終結期貨交易中買家必須能實際交割物品的限制。大約於一九六九年，梅拉梅德曾經詢問過CME的律師只能透過現金轉賬結算期貨合約的合法性，然後得到了標準答案：交易這樣的合約會被視為賭博，因為它沒有「考量交割」。梅拉梅德本身受過律師訓練，他能理解在法庭上向存在幾十年的信條提出挑戰結果可能會失敗。「我知道那（信條）可能根深蒂固，」他這麼說道。

梅拉梅德和他的支持者——特別是曾任芝加哥期貨交易所總法律顧問的商品律師菲利普・麥布萊德・強森（Philip McBride Johnson）——抓住了特定的機會去到眾議院。長期任職的德州民主黨員威廉・R・波奇（W.R. Poage）已經經由年資制度來到眾議院農業委員會主席這個強權在握的位置，並相當在意一場由愛荷華州民主黨員暨眾議院一般小企業問題小組

委員會主席尼爾・史密斯發起的農業期貨交易聽證會。如同梅拉梅德在自傳中所述，波奇的委員會（以及參議院農業委員會）「按照傳統應該要對我們的市場擁有管轄權。波奇一點也不了解也不在乎期貨，但他聽到了我們（芝加哥交易所）的聲音，原因只是為了史密斯在他的管轄範圍內挖角。」（梅拉梅德與塔瑪爾金，1996: 215）。波奇將這件事交付給眾議院農業委員會的副法律顧問，約翰・雷恩伯特（John Rainbolt），當作是梅拉梅德所說的「華盛頓特區正常防禦策略」的一部分，此委員會開始舉行自己的聽證會，呼籲期貨產業的發言人，例如梅拉梅德出面作證。（梅拉梅德與塔瑪爾金，1996: 215）。

眾議院及參議院都大力支持成立新的期貨監管機構（尼爾・史密斯也是其中之一；見史密斯，1996: 262-64）。雷恩伯特說服波奇成立一個小組委員會來起草必要的法案，以及，梅拉梅德提到，「我們之中有一些人成為該小組委員會的特別顧問，確保諸如新的監管機構，商品期貨交易委員會（CFTC）應該專門管轄期貨交易並禁止負責股票交易的證券委員會（SEC）或其他州的監管機構介入該管轄區域。」（梅拉梅德與塔瑪爾金，1996: 216-17）。

成立新的聯邦期貨交易監管機構的計畫在福特執政時幾乎停擺，其已經準備要減少政府監管，因此不願意再打造一間額外的監管處，並將期貨市場的管轄權授與已經成立的 SEC。做出此決定的人似乎不知道它的重要性，但卻對美國以及其他地區的自動化交易的形成產生重大的影響，而 SEC 的五位委員

拒絕了被授與的管轄權，我的其中兩位受訪者是當時的 SEC 的職員，他們對此決定的印象也是如此。

我們（SEC）被詢問是否想要管轄權，而我記得很清楚有些委員這麼說：「我們哪知道什麼五花肉！……，但是……我不覺得有任何此事的爭辯。結論就是他們都不想管這件事。」（受訪者 RG）

受訪者 RF 也重述了幾乎一模一樣的話：「我們幹嘛浪費時間在五花肉上？」他表示，委員們的反應「非常傲慢、非常東岸。」

然而，福特總統仍然可能否決成立 CFTC 這條法案。梅拉梅德決定要親自與他談談。

和福特總統交談時，我想勸阻他否決提倡 CFTC 的法案。我解釋道，金融期貨是個遠大的想法，將改變期貨的世界。如此情況下，國會無論如何都會建立一個監管機構。若我們通過法案，我們將有個更好的機構同時也有了了解期貨的機會。總統同意了。

拒絕監管期貨的同時，SEC 的委員們似乎還低估了——或者只是單純沒注意到——CTFC 所能管轄的廣泛程度。幫助起草建立新的監管機構的同時，梅拉梅德的盟友強森在此法案管轄的期貨交易中精挑細選了二十個字詞放入長長的商品清單內（「小麥、棉花……」）：「以及現在或未來所要處理的未來的交割合約中的所有服務、權利及利益。」[3] 新的監管機構 CFTC 的成立不只是簡單重新分配了現有的管轄任務，同時也創立了

新的任務：CFTC 將監管過去屬於非法的市場，使之合法化。[④] 沒有明確提及股票指數期貨——公開侵入這個領域肯定會引起 SEC 的反彈——強森的言論隱約替他和梅拉梅德所期望的歐洲美元利率期貨開闢了道路。

然而，CFTC 並未立即准許以現金結算的「無形」商品如指數或是利率。由總統吉米・卡特（Jimmy Carter）任命的主席詹姆斯・史東（James Stone）似乎並不怎麼熱衷於讓區分股票和約翰賭博的傳統方式走入終點。儘管如此，一九八〇年，雷根總統任命菲利普・強森（關鍵二十個字的起草人）為 CFTC 主席，梅拉梅德和他的盟友最終成功終結了交割這項規定。梅拉梅德表示，他積極遊說任命強森，曾「和每位 CFTC 的委員進行一對一會談。」（梅拉梅德與塔瑪爾金，1996: 292）。一九八一年十二月十九日，CME 開始交易歐洲美元利率期貨。

得到交易股指期貨的許可更為複雜，因為必須要平息來自 SEC 可能提出的反對意見，但曾經被視為異端的現金結算構想（「梅拉梅德表示：「我從一九七四年 CFTC 成立之初就抱持的想法。」）幫助了雷根所任命的 SEC 主席約翰・沙德（John Shad）適應了指數期貨。「在與美國證券交易委員會針對我們的股指期貨合約進行談判時，現金結算的概念再次出現，」梅拉梅德報告。沙德擔心，若需要以實際的股票來結算期貨合約，那麼股市可能會因為需求的暫時激增而中斷（米羅，2007）。而據梅拉梅德指出，沙德較不擔心現金結算，「這是

沙德德—強森協議（Shad-Johnson Agreement）的一部分，是 SEC 和 CFTC 之間的一項協議，暫時解決了兩個政府之間激烈的管轄權紛爭，並使 CME 順利於一九八二年四月二十一日推行了標準普爾 500 指數期貨。」

由 CFTC 而非 SEC 負責監管的全新股指期貨遵循期貨交易的程序，而不是股票交易，使之相對於後者更有系統性優勢。交易單一期貨合約比買入或賣出構成標準普爾指數的 500 支股票更為快速、簡單且便宜，而創造出的「空頭」頭寸——受益於價格下跌——僅僅是賣出期貨的問題。相較之下，做工股票較為低效（需要借入股票、將之賣出，然後再買回來歸還）且還面臨監管的限制，因為做空經常被指責為股價下跌的罪魁禍首。再者，就和其他期貨合約一樣，人們可以只用少量金錢交易標準普爾 500 期貨，作為提供經紀人或 CME 清算公司的押金存款，此押金只有在價格變動時才會上漲。相比起來，監管股票交易的監管機構很難、或是不可能達到如此高槓桿水平（相對於所需資本水平的交易頭寸規模）。

因此，簡單、便宜、易做空且高槓桿使得新標準普爾 500 指數期貨成為一種相當吸引人的方式，可以從與美國股票整體價值相關的新訊息中快速獲利（或對沖）。雖然 CME 過去沒有參與股票交易，但在賭短時間內就清楚表明由於這幾項優勢，CME 的標準普爾 500 指數期貨的價格會比潛在的股票價格更早有所波動——就在一九八四、八五年間，早了二十至四十五分鐘（克瓦勒、柯許及柯許，1987:1309）。「期貨當頭」

（Futures lead，在第 3 章將會討論）隨之成為歷史上 HFT 的演算法用來通知進行股票交易的所有「訊號」中最重要的一個——現今這依舊是個重要的訊號。

人工喊價

依據芝加哥股指期貨交易所的價格變動所進行的股票 HFT 想當然是自動化的。然而，矛盾的是，訊號的來源芝加哥期貨交易所仍是以實際人與人面對面的方式為導向。人類學家凱特琳・扎勒姆（Caitlin Zaloom）針對一九九〇年代活躍的芝加哥交易池提出了相當傑出的民族誌描繪（扎勒姆，2006），而我於一九九九年以及二〇〇〇年做研究時，那裡同樣絡繹不絕擠滿了人（麥肯錫，2006）。若交易池夠安靜，就可以依靠聲音進行交易，或者就得用眼神交流和手勢來進行，使用所有交易員和他們的職員都必須學習的特定代碼——有時稱之為「arb」，套利（arbitrage）的縮寫 ⑤。手掌朝外表示出售，手心朝向交易員的身體代表買入；垂直豎起的手指代表的是數字一到五，水平伸出的手指是六到九；握緊的拳頭代表〇。⑥CBT 或 CME 雇用的池子紀錄員聆聽人聲的紛擾和觀察比手畫腳的身體，盡全力辨識出交易並記錄其價格。他們將這些價格記錄在電腦終端，這一連串的數字——是數位沒錯，但是根基是實體的——形成了早期交易股票的 HFT 演算法的重要輸入。

十年甚或更久——自一九八〇年代末期第一次的股票 HFT

實驗，到一九九〇年代末至二〇〇〇年代初期電子期貨交易勢頭壯大——自動交易中「數位」的重要性與交易池內「模擬」的重要性一直存有關聯，此種聯繫在期權市場中存活的時間更長，其中一些面對面的場內交易仍舊持續進行（然而，撰寫本書時，因為新冠肺炎危機逐漸消退，僅有部分相當謹慎地重新開始進行）。交易池於一八七〇年代出現於芝加哥（法隆，1998: 72-77），到了一九九〇年代交易最重要的金融期貨的池子已變得相當偌大。二〇〇〇年十一月我前往參訪 CME 的交易大廳，得到消息說有幾天 CME 最大的池子，歐洲美元的池子內擠了兩千名經紀人與交易員。這些池子將交易所、CME以及芝加哥期權交易所（交易委員會於一九七三年成立）與周圍的城市緊密相連。到了一九九〇年代晚期，約莫有五萬人直接參與了交易所的工作，或許還有十萬人也間接地依賴這些場所（匿名，1999）。

「看看我的眼鏡，」二〇〇〇年 CME 的池子內標準普爾500 指數期貨的交易結束後，我訪問的一名交易員這麼對我說。「整個都髒了，」他說，全是一整天在他周圍大喊的人們的口水。另一名交易員（受訪者 MC）回憶起二〇一二年：「池子太窄了，我都能懸空飄在人群中。」肢體的碰撞表示他每週都得修眼鏡，因此他改戴了隱形眼鏡。忙碌的池子中爭吵不斷，原因僅是因為擁擠，或者是為了爭取到最佳位置。對交易員來說，讓經紀人看見他帶來交易場的大客戶訂單至關重要。爭吵經常演變成言語攻擊，言語攻擊則成了肢體衝突。即使沒

有參與打鬥，身形的大小也很重要：比較高的交易員才看得清楚。受訪者 MC 表示，CME 偌大的歐洲美元交易員池子內的交易員大多都很高：「籃球員、足球員。」給我看髒眼鏡的交易員也說在一九九〇年代晚期，CME 不得不發布規定，厚底鞋的最高高度必須有所限制。「穿著這種鞋子的時候，你會失去平衡。所以那裡時常有人受傷。他們因此得禁止那些鞋子。現在（二〇〇〇年十一月）你可以穿兩英时高的鞋，就這樣。」這裡是個幾乎全為男性的環境，但還是有例外。根據幾位受訪者所說，二〇〇〇年代早期在歐洲美元交易池中佔據最大頭寸的個體交易員是一名女性，瑪格麗·泰勒（Margery Teller）。

即使是最數學化形式的芝加哥交易、期權交易，公開喊價也是需要肢體的技巧。二〇〇〇前一名期權交易員告訴我，那些技巧包括了「在人群中脫穎而出，聲音才能被聽見……當……人們全在大吼尖叫的時候，」另外還需要「知道誰會恐慌、誰需要一些東西」的生存本能智慧。就算是在最大的池子中，也不可能隱姓埋名。同樣的人日復一日、年復一年在同個池子進行交易，經常也都是站在同一個位置。受訪者 MC 表示，這就像永遠都在讀高中一樣。交易夥伴不一定會是朋友，但有時確實是宿敵，倘若這些人經常來交易你就會認識他們，以那些像是高中生的綽號來記住他們。（舉例來說，甚至到了今天，那些和 MC 一起交易的人還是以他配戴的那個全交易大廳的人都有的徽章上的三個字母來辨識他。）在涉及大筆資金的交易是以聲音或肢體動作完成的情況下，經紀人與交易員必

須要相信若價格對競爭對手們不利，之後他們也不會否認自己已達成了交易。「你的名聲就是一切，」另一位交易員這麼說（受訪者 AB）。互惠非常重要，尤其是在交易員和經紀人之間。一名經紀人正常來說要替交易員帶來能獲利的生意，但有時候，正如 MC 所說，也該要求交易員們「幫助經紀人，」比方說大喊：「十份 5，*我需要這些。*[7]」

　　人際的交流不一定只發生在池子裡。在二〇〇〇年十一月 CME 成為上市公司之前，芝加哥交易所完全是會員組織，所有重要的決策（如受訪者 ER 所說，也有些不重要的決定：「冰箱裡放些什麼，休息室裡放……哪種芥末。」）都會是票選的主題。「我們有兩百位左右的委員，」里歐・梅拉梅德在二〇一二年三月的訪談中告訴我，要達成改變需要的是典型的政治技巧，為此梅拉梅德花了大把時間與精力進行部署。舉例來說，在一九九七年爭奪 E-Mini 的關鍵之戰中，如下所述，梅拉梅德和他的支持者「單獨與各成員開會、也有群體的討論……不斷地爭執、哄騙和懇求。我將這些年來所累積的全部籌碼都壓上來了。」（梅拉梅德，2009: 40）。

　　經濟生活有了這樣熱切的化身、錯綜複雜的政治和深層的社會涵義，公開喊價的池子擁有無窮無盡的魅力，但卻不應該被浪漫化。它們傷害到了擠在裡頭的人群。例如，我的其中一位受訪者稱自己是「一名尖叫者」，聲帶需要接受多次手術。公開喊價的交易依賴的是互惠和信任這層微妙的網絡，但此可能會轉變成非正式的壟斷聯盟，對其他池子的交易員或外部客

戶不利，這些人的訂單被稱為「紙」，這個術語指的是這些人經常來到池子，但和擠在裡頭比手畫腳的人卻有著隱晦的對比。經紀人團體——共用資金的一群經紀人——特別容易形成壟斷團體。CME 和交易委員會的規則允許雙重交易，正是這樣，一名經紀人得以為外部客戶做事，也可以以自己的帳戶進行交易。人們強烈懷疑經紀人團體的成員將可獲利的「紙」交給正在以個人帳戶執行交易的團體夥伴，而擁有自己的清算公司的經紀人則較中意於透過他們公司清算的交易員，如此便能收取清算手續費（受訪者 ES；清算過程請見以下）。一九八〇年代晚期，分別有兩位 FBI 探員在 CBE 和交易委員會臥底調查，偷偷將對話內容錄音試圖記下違法行為，此行動導致一九八九年八月有四十五名交易員以及一職員被起訴。[8]

　　儘管他並非唯一一個反對經紀人團體內類似壟斷行為的人（許多獨立的經紀人與交易員皆反對），但引領其走向金融期貨交易的 CME 的里歐・梅拉梅德是其中特別強烈的反對者。身為東歐猶太激進社會主義者邦德派兩名成員的兒子，梅拉梅德——如同他在二〇〇〇年十一月第一次訪談時告訴我的——同時也將自由市場經濟學、芝加哥大學經濟學家米爾頓・佛利民（Milton Friedman）視為他心目中的英雄。經紀人團體的壟斷行為同時冒犯了梅拉梅德身為邦德派主義者與自由市場商人這兩個身分。當他和一九九六年一月一同成立業主權益協會（Equity Owners Association）的成員和經紀人團體展開鬥爭時，他們試圖要讓 CME 創立規定限制經紀人團體和內部成員

們的交易量，而此舉也導致梅拉梅德開始收到死亡威脅，對此CME嚴正看待：「他們提供我一名芝加哥退役的警察作為保鑣，並看守我辦公室的入口」（梅拉梅德，2009: 30）。

　　經紀人集團的紛爭、面對面交易轉變成電子交易的爭議，兩者緊密交織。從經紀人或是芝加哥池子內的交易員的角度來看，這遠比過去農業轉變成金融期貨的擴張還要激進許多。一名經紀人的「收入，實際上完全是依賴公開喊價這個架構」（梅拉梅德，2009: 26）。有了電子交易，銀行甚至是機構的投資者或許再也不需要僅僅為了將訂單推向市場而支付費用給經紀人，而是自己在電腦終端輸入訂單；如此成本降低的前景代表了許多這類的交易機構都支持自動化。相對於經紀人，交易員可能更希望電子市場蓬勃發展。然而，交易員們往往也互相矛盾或是彼此敵對。公開喊價是一種要求很高但也為人熟悉的商業，且大多體現出來的技能──「你權衡了本能反應、噪音、氣味，以及某個人臉上的表情，」受訪者 MC 這麼說──並無法被轉移至電腦螢幕上。特定的物件和實際的位置成為了交易成功的象徵。交易員們都有條幸運領帶──「有個人的領帶已經鬆散成五六條線狀物了，但他絕不會換別條領帶，」ES 這麼說──同時還有幸運鉛筆。應商品期貨交易委員會的要求，CME 決定禁止交易員以鉛筆填寫記錄於池子中的交易單，為堅持使用鋼筆進行了為期八個月的協商。將一個池子擴大一點點可能都會引發爭議。經紀人與交易員藉由資歷和阻擋挑戰者因而獲得站在某特定位置的權利（有時是利用推擠他們），而

若是有任何變化導致視線被擋到，或是當地的交易人獲得訂單，他們就會產生強烈的敵意，」ES 這麼說。「所以變成了一件⋯⋯非常漫長又困難的事。」

有鑒於如此依戀面對面於池內交易的那種肢體細節，毫不意外會威脅到這些細節的電子交易應該要被堅決反對。這是一場「生死之爭」，一場「不是你死、就是我活的戰鬥，」梅拉梅德在他的自傳的第二卷中如此寫道（2009: 5 與 12）。受訪者 ES 也是一位著名的電子交易擁護者，「有人朝我臉上吐口水。我任人將酒水潑到我身上。」最終 CME 使期貨交易自動化，但花了將近二十年的光陰。

全球化交易系統（Globex）

里歐・梅拉梅德也並非一直都是電子交易的擁護者。他以經營者的身分於一九五三年加入 CME，此時的他已經深受這個交易池子吸引。如同他於回憶錄第一卷所寫：

> 交易員之間的喊叫、他的肢體和手部的動作，前所未有地令我著迷⋯⋯那個大廳中有種神奇且令人興奮的生命力，而⋯⋯我想要成為其中一員。（梅拉梅德與塔瑪爾金，1996: 87）

二十年後的一九七七年，隨著 CME 新的金融期貨池子開

始蓬勃發展，當時擔任 CME 主席的梅拉梅德仍然堅信公開喊價在期貨交易中扮演著無可取代的角色（梅拉梅德，1977）。他的想法只有在一九八〇年代有過一次改變。那時他剛剛完成了《第十顆行星》（*The Tenth Planet*）（梅拉梅德，1987）這本著作，這是一本圍繞一部功能強大的電腦展開的科幻小說，正如二〇一二年三月在我第二次採訪他時他所說的那樣：

> 我站在書桌前……看著根據標準普爾 500 指數進行的期貨交易的標準普爾池子……看著那些人帶著訂單來來回回進出池子……他們來回跑動，一些訂單掉到地上等等……然後我對自己說，在《第十顆行星》，里歐，你創造了一部運行於五個星球的電腦……別告訴我你沒法打造一部在池子間處理訂單的電腦。

梅拉梅德不打算毀了他鍾愛的池子，但「確信不論我們喜不喜歡，科技無疑都會讓我們的生活從根本上產生變化，」他選擇接受，而非「冥頑不靈地被遺留在歷史的垃圾桶中。這個想法成了一種癡迷，」成了他餘生職業的核心項目（梅拉梅德，2009: 10）。

日本、香港和新加坡金融市場的崛起讓梅拉梅德有了比內心暗自改變主意更廣泛的動力。交易員本身也不容易買賣芝加哥期貨；池子開張時東亞時間是傍晚或晚上。因此交易員可能選擇將訂單寄至倫敦國際金融期貨交易所（London

International Financial Futures Exchange，LIFFE），該交易所成立於一九八二年，響應芝加哥交易所於交易金融期貨方面的成功，最初也是以該交易所為藍本。倫敦所在的時區代表LIFFE 的池子在東亞交易日結束前開始交易。「我相當重視LIFFE 時區的優勢，」梅拉梅德回憶道（梅拉梅德與塔瑪爾金，1996: 316-717）。[9]

電子交易系統可以在芝加哥的池子關閉時讓交易繼續進行來對抗來自倫敦的威脅。梅拉梅德與全球新聞以及外匯巨頭路透社（Reuters）接洽，提議並展開這項系統的創建。路透社螢幕於一九七三年推出，在螢幕傳播價格方面獲得了早期的成功，第 4 章節將會討論這一點，路透社開發出了第一套電子中介外匯交易系統。一九八七年，路透社同意加入 CME 一同開發期貨電子交易系統，此系統被命名為 Globex，因為梅拉梅德希望此成為「電子交易的國際標準」（梅拉梅德，2009: 16）。法國的期貨市場，法國國際期貨市場（Marché à Terme International de France，MATIF）也被說服加入，同時也有與紐約商品期貨交易所、LIFFE，以及最重要的——倘若沒有它的支持，沒有系統可以真正宣稱涵蓋全球的期貨市場——仍是世界上最重要的期貨交易所，芝加哥期貨交易所（CBT）接洽。每周例會為期一年，確保芝加哥期貨交易所的參與，但卻只是暫時性的；一九九四年四月，CBT 退出了〔克勞福德（Crawford）1994〕。LIFFE 的董事們相當苦惱，擔心 Globex 是個有競爭力的威脅，且不確定 CME 及路透社是否真會如他

們所說「向其他交易所開放 Globex」〔基拿斯頓（Kynaston）1997: 182〕。最後，LIFFE 也退出了，將心力專注在自己的系統，自動化池子交易上。

獲得 CME 自家成員的支持幾乎也是同等困難。Globex 的支持者很清楚，大多數成員只有在確保此不會威脅到池子時才會容忍它的發展，這點也確實能從它最初的名稱：後市場交易（Post Market Trade）中看出來。一九八七年十月，梅拉梅德和他的支持者贏得了 CME 成員的公投，贊成創立 Globex，但必須遵守其電子系統在池子尚未關閉時不得與之交易同一種產品。最初，Globlx 在芝加哥工作日時完全沒有營運。系統的交易時間為傍晚六點至隔日早上六點。[10]

在錯綜複雜、不穩定的交易政治背景下，打造一個全新的全球交易網路是個相當艱鉅的任務，如此背景有些是當地的、有些是跨國的，使 Globex 的技術發展相當有難度。在與路透社達成協議五年後，它於一九九二年才開始營運。交易量不大，通常每晚都大大少於兩萬五千份合約，且最初大多都是 MATIFA、而非 CME 的產品。來到一九九〇年代中期，二〇一二年梅拉梅德告訴我，Globex 很明顯地發展緩慢。另一位受訪者 EF 那段時間任職於一間日本銀行，他記得當時將 Globex 終端機安裝在交易室內，結果唯一的成果是「搜集了大量灰塵。」路透社斥資大約一億美元開發該系統以換取每筆交易一美元的費用，結果並沒有獲取什麼回報。[11]Globex 不僅未能真正實現全球化，且將電子交易引入 CME 的這個項目也是舉步

艱辛。

在我們談及是什麼商品拯救了一切之前，需要先想想沒有選擇的那一條路：一種截然不同的自動化形式。短暫參與Globex之前，芝加哥期貨交易所有自己的自動化項目，名為歐若拉（Aurora）。此也用於在池子關閉後進行交易，同時放眼發揮全球影響力（特別是在東亞），一九八九年三月被公佈的歐若拉項目涉及了交易所以及三間資訊科技公司：蘋果（Apple）、德州儀器（Texas Instruments）與 Tandem。蘋果的參與表現了其與眾不同之處：歐若拉試圖於視覺上模擬一座交易池。「我們選擇要嘗試複製交易大廳，」在歐若拉項目中擔任交易所執行委員會成員的伯特·古德曼（Burt Gutterman）於二〇一二年的訪問中這麼說。每位使用歐若拉的交易員都會被以一個圖示顯示於蘋果麥金塔電腦的螢幕上，此圖示和他／她於交易大廳中所配戴的徽章相同，並且系統會顯示每個人競標與提供的合約數量（前提為他們是提報的是最高出價或最低售價）。[12] 接著系統的用戶可以透過點擊所選交易員的圖示來選擇與哪位交易員進行交易。古德曼表示，甚至是交易員人體最基本的限制都可以經由歐若拉以數位的方式呈現：一個人的圖示不會同時出現在一個以上的模擬交易池中。

Globex 沒有試圖複製交易池，它所代表的是，特定產品的市場是終端螢幕上的一個窗口，上頭有份簡易的匿名清單，標有合約的投標與出售價格，同時也列有投標以及售出的數量；見圖表 2.7。圖表 2.8 顯示了用來在 Globex 發布報價的窗口，

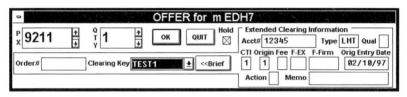

```
 ▣    mSPH7 79410S 17:05    +  -
 Bid Px       Qty  Offer Px      Qty
 79410          1  79415          1
 79405          1  79425          1
 79400          1  79430          1
 79395          1  79435          1
 79390          1  79445          1
 79385          1  79450          1
 79380          1  79455          2
 79375          1  79465          1
 79370          1  79470          1
 79325          1  79510          1
```

圖表 2.7：Globex 代表 E-mini 期貨市場，大約一九九七年。左手邊的表格列出了 E-mini（本文下一段落將討論）的競標價格與數量；右手邊的表格顯示的為報價。這是測試用的螢幕；實際操作時，競標的數量和報價數量更為龐大。螢幕截圖由邁爾斯·斯楚瑞克（Miles Szczurek）與麥可·J·凱恩（Michael J. Kane）提供。

```
 ▣              OFFER for  m EDH7
 P         Q           ┌──┐ ┌────┐ Hold   Extended Clearing Information
 X  9211   T   1    ▲  │OK│ │QUIT│  ☒     Acct#  12345     Type LMT  Qual
           Y       ▼  └──┘ └────┘        CTI Origin Fee F-EX F-Firm  Orig Entry Date
 Order#           Clearing Key TEST1  ±  <<Brief   1   1                  02/10/97
                                                  Action    Memo
```

圖表 2.8：Globex 終端螢幕上用於提交報價的窗口，大約一九九七年。這裡的產品（「m EDH7」）是一九九七年三月到期的歐洲美元期貨。螢幕截圖由邁爾斯·斯楚瑞克與麥可·J·凱恩提供。

以及圖表 2.9 是一個完整 Globex 螢幕的範例。當時 CME 的訊息管理系統主管唐·塞爾皮科（Don Serpico）於二〇一二年訪問時告訴我，他的成員們「可以告訴他們（路透社）如何在我們的世界交易的規則，」但並沒有施壓要路透社複製交易大廳。

部分原因是技術限制，但同時也是因為梅拉梅德和他的支持者們並不希望大廳被複製，至少不希望被以任何自以為是的方式複製：

> 他們（交易所）複製了一個事實，即是你可以在交易
> 池中挑選一名交易員……我們想要提供最公平的待
> 遇：先到先贏。他們想挑選自己的姐夫……在我們看
> 來這理所當然：如何避免這種情況呢？先到先贏。（梅
> 拉梅德的訪問，2012）

若有人在實際的交易大廳和經紀人團體產生交易的爭端，就像梅拉梅德再三強調地那樣，沒有必要設計一個虛擬的交易大廳讓那些人以數位的方式複製同樣的行為。因此，Globex 終端螢幕上的賣價與買價不僅僅是匿名，而且當某個特定價格有不只一個買價或賣價時，Globex 的配對演算法只會優先考慮最先收到的。[13]

因此，歐若拉與 Globex 體現了市場自動化的兩種不同願景。歐若拉被芝加哥期貨交易所取消不是因為此願景不夠吸引人——交易所的大多數交易員和經紀人可能都更喜歡歐若拉式的系統。[14] 之所以被取消是基於一個相當普遍的技術考量：很明顯，它所呈現出的交易池的視覺畫面會超過當時可用的全球數位通訊帶寬。歐若拉項目「達到了一個我們開始探討的點……面對來自全球的圖示，需要以什麼樣的帶寬來傳輸數據，當時唯一真正可用的全球帶寬是 19.2（每秒千比特），」古德曼說。「突然之間，我看到了，等等，這行不通，」然後他回到交易所的執行委員會報告說歐若拉不可行。

結果，當期貨交易自動化最終於一九九〇年代後期開始在

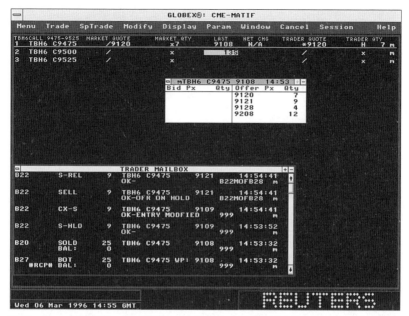

圖表 2.9：一個完整的 Globex 螢幕，一九九六。螢幕截圖由邁爾斯・斯楚瑞克與麥可・J・凱恩提供。被交易的是美國短期國庫券於一九九六年三月到期的期權，「履約」價是 9475。這種期權大致相當於以國庫券收益率 5.25% 的價格購買。交易員信箱中的訊息記錄了他／她和 Globex 之間的互動。舉例來說，最早、最下面的訊息是確認交易員購買了各以 91.08 美元買入了二十五張期權。

芝加哥集聚聲勢時，並不是透過歐若拉或類似的系統實現，而是透過 Globex。建立於 Globex 軟體的「市場」並非是歐若拉所體現的那種「社會的」市場，而是更抽象、更匿名的市場（例如，蘇里里斯（Souleles, 2019）如此描繪），其中的報價與出價、供應與需求，幾乎都與人類創始者無關。例如，一人沒法選擇與誰交易：第一個被執行的僅是第一個輸入適當價格

的買賣。時間優先——「先來先贏」——建構了一九九〇年晚期交易者的訂單在 Globex 中如何彼此相遇的模式，身為第一個使用系統的人變得非常重要。這是個偶然，並非不可避免的結果（因為歐若拉所面臨的帶寬限制不會是永久的），但卻是個意義重大的結果。

大與小

電子交易從原本不重要的附屬品變成了池子的替代品的過程始於一個外部威脅，影響到了 CME 最重要的產品之一，標準普爾 500 指數期貨，其重要性僅次於 CME 歐洲美元期貨。儘管標準普爾 500 指數是機構投資者的主要業績基準，但公眾對它的了解並不如道瓊工業平均指數。然而，道瓊公司從未將其指數授權給期貨市場——「他們拒絕讓芝加哥的一些賭徒使用他們的工具，」梅拉梅德告訴我——並且贏得了一場與芝加哥期貨交易所漫長的法律鬥爭。交易所的觀點是，指數水平不是私有財產，而是可以合法建立期貨合約的公共事實。儘管如此，一九九七年道瓊終於妥協，而交易所與 CME 為了授權展開一場激烈的競爭。一九七七年二月，交易所開張了一個全新巨大的公開喊價交易大廳，世界上最大、最被渴望的——並準備好收穫巨額——道瓊期貨在這裡進行交易（法隆，1998：263-75）。

意識到 CME 可能會輸，梅拉梅德和身邊的人——佛瑞德·

阿爾蒂提（Fred Arditti）、巴瑞・林德（Barry Lind）、比爾・薛佛（Bill Shepherd）以及瑞克・基爾柯林（Rick Kilcollin）——開始計劃如何做出回應（梅拉梅德，2009: 37-39）。他們擔心道瓊期貨對公眾特別有吸引力，也知道 CME 的標準普爾 500 期貨合約對大多非專業投資者太過龐大，因為標準普爾 500 指數一個點移動，合約的價值就會以每次五百美元做出改變，使單一份合約的價值等同於五十萬美元的股票。一九九七年十月，CME 將乘數從五百美元降低至二百五十美元，但即便有這樣的改變，標準普爾 500 期貨依舊龐大的嚇人。不過，一份只有五十美元乘數的合約或許能吸引到富有的散戶投資者，可能是林德公司的客戶？新的「迷你」合約也有可能被電子化交易，且不僅僅是下班之後，池子仍開放時也能？搞不好可以是 *E-mini*？

　　E-mini 的提案相當有爭議，梅拉梅德這麼告訴我。「交易大廳上有個大團體，他們表示這違反了一九八七年十月的公投結果……你不能在電子螢幕列出任何白天於池子內交易的東西。」但梅拉梅德反駁，E-Mini 跟池子內交易的標準普爾 500 是不同的合約，且 CME 的顧問蓋里・薩爾斯曼（Gerry Salzman）也替梅拉梅德的解釋背書。梅拉梅德再次收到死亡威脅——「你收到小紙條，」他說，「流言四起，都是謠言」——但是一九九七年六月五日，道瓊宣布確實將其指數授權給了芝加哥交易所，梅拉梅德和同伴們全力推動了 E-Mini 的運行。由 CME 資訊系統部門的吉姆・克勞斯（Jim Krause）領導的一

項非凡的技術使 E-Mini 的交易於一九九七年九月九日開始成為可能，比交易所發布新的道瓊期貨還要早了一個月。⑮

　　當然，倘若 E-Mini 跟大多數存在於 Globex 的產品一樣零星，就不會是對道瓊期貨交易的一個有效回應。這方面的關鍵創新是由梅拉梅德的盟友比爾・薛佛提出。他藉由數學的事實，指出雖然 E-Mini 不同於池子中交易的標準普爾 500 指數期貨，但經濟上的本質相同：五份 E-Mini 在經濟上等同於一份池內交易的合約。若兩者的相對價格出現差異，則可以藉由買入更便宜的、賣出較貴的工具，就可以獲得一個相當有吸引力的套利機會，獲得無風險（至少風險很低）的利潤。薛佛的點子是將 Globex 的終端機放在標準普爾 500 的交易池附近，這樣使用的交易員便可以看見——或是某種程度上能夠聽到——池子內發生的事，並有效利用暫時的價差。一個巨大、半圓形的結構被打造來可以俯瞰池子，上頭層層堆疊了超過一百座 Globex 終端機，CME 計畫提供無線電耳機讓使用終端機的交易員們能與底下池子中的同事溝通。⑯

　　因此，「大與小」於焉誕生，池中交易的標準普爾 500 期貨與 E-Mini 之間的套利。成對的交易員互相合作，一個在池子內一個坐在上頭的 Globex 終端機前，以手勢或無線電耳機溝通。我於二〇〇〇年十一月訪問一位在標準普爾 500 池子裡的交易員，而我注意到了一個從池子底部看，似乎隱約可見的新結構：

> 走進大廳時，有沒有發現標準普爾的池子周圍幾乎都是高塔？幾乎高達天花板，有沒有看見有群人坐在上頭的終端機前。那些是交易 E-Minis 的人……其中有些做得非常、非常、非常好，特別傑出。

執行大小交易的新創公司中，有兩間對於 HFT 而言變得相當重要：由 CME 池子交易員、兩位最早使用無線電耳機的人保羅・古力納斯（Paul Gurinas）、比爾・迪索馬[17]（Bill DiSomma）於一九九九年創立的 Jump Trading，以及同樣於一九九九年，由芝加哥期權交易所前交易員丹尼爾・泰爾尼（Daniel Tierney）與 CME 經紀人史蒂芬・舒勒（Stephen Schuler）所創立的 Getco（Global Electronic Trading Co.）。

「大與小，」交易平台、無線電耳機讓標準普爾池子和 Globex 實際上成了單一個市場。交易量急劇增長，隨著電子合約很快地開始超越池子中的交易對手，在此過程中，標準普爾 E-Mini 的股票代號 ES 不只是為期貨交易者所熟悉，同時也為專業股票交易者們所熟稔。ES 不只成功抵禦了芝加哥期貨交易所對 CME 的威脅，如前所說，在某種意義上也成為了美國股票的主要總體價格發現市場。ES 市場大多是對與股票整體價值相關的訊息反應最快，而不僅僅是應對特定公司的股票價值。

「大與小」也開始改變了電子期貨交易的邏輯。回顧一下，在 Globex，第一筆被執行的就是第一個抵達撮合引擎的訂

單（Globex 計算機系統的一部分，維持 CME 的電子訂單並找出相配的賣價與買價）。「第一個進、第一個出，」再加上被套利的價差相當短暫，這表示那些想利用「大」和「小」之間價差的人必須要首重速度：哪怕只是一瞬間的延遲，要不Globex 的訂單簿不會被成交，要不成交之前價差就已消逝。至少有兩間公司將電玩搖桿重新編程，好模擬 Globex 終端機送出 E-Minis 訂單的按鍵，好讓他們的交易員速度比使用鍵盤的交易員更快。然而，即使是使用搖桿，也比使用電腦的人慢，最一開始，如第 1 章所述，普遍的假設是自動化交易涉及了人類在電腦終端上輸入訂單——我所知道的自動化交易早期都是這樣努力的——但 E-Minis 增長的流動性及交易時對速度的需求削弱了這項假設。或許 E-Minis 的利潤可以純粹在市場內賺取，而不必在池內進行，而搞不好人類會完全退出自動化交易，被完全的自動化系統給取代？就如一九八〇與一九九〇年代幾乎所有電子交易系統的設計那樣，假設是由終端的人輸入內容，因為 Globex 一開始並沒有現在所謂的應用程式介面（API），是種交易演算法可以直接與Globex 系統互動的方式。然而，那些初次嘗試「大與小」交易的公司開始發展出一個受訪者稱為「螢幕擷取」的程序，該程序旨在驅動 Globex 或其他交易終端的視覺顯示輸入數據被直接轉移至公司的電腦中，對此電腦被設計要做出必要的反應，就和人類敲擊終端機的鍵盤時所做出的反應一樣（受訪者 AB）。

　　ES（最初的標準普爾 500 指數 E-Mini），以及尤其是

NQ，一種類似的電子交易期貨合約，於一九九九年推出並基於那斯達克 100 指數，形成了日益自動化的期貨交易與新興的股票 HFT，特別是於第 1 章所討論的新的電子股票交易會場島嶼。（回想一下，當時是網際網路和電訊股價繁榮與蕭條的時期，而大多這類股票都有在那斯達克上市。）在島嶼交易的股票包括以股票代碼命名的交易所交易基金股票，QQQ。QQQ 的股票（有時以非正式的名稱被稱為「triple-Q 或「立方體（cubes）」）實際上是那斯達克 100 股票投資組合的部分持有。二十多年後，里歐・梅拉梅德、費爾・強森和他們的盟友在一九七〇年代所付出的謹慎的政治工作再次得到回報。期貨仍然當頭：期貨合約 NQ 的價格變化通常都預示著股票和 QQQ 的變動，且 QQQ 逐漸增高的頭寸風險可以透過買賣 NQ 來抵消，受訪者 AB 如此表示。利用 NQ 的走勢作為關鍵「訊號」在島嶼透過演算法交易 QQQ，這是實現那斯達克基礎股票自動交易的一小步，不只是在島嶼，其他交易會場亦然。不是所有活躍於島嶼的 HFT 都有期貨交易的基礎——舉例來說，第 3 章的重點，ATD 就沒有——但有基礎的其他公司確實是 HFT 業務重要的一部分，並於二〇〇〇年代初期開始成形。

來自歐洲的威脅與交易池之死

然而，在芝加哥，E-Minis（ES 和 NQ 最初仍然是一座自動化的孤島：CME 和交易所的大多數成員仍然堅定地致力於

面對面的公開喊價，而且——正如我先前說過——當我於一九九九年和二〇〇〇年參訪芝加哥交易所時，這種交易模式仍然相當熱絡。儘管如此，一九九〇年代晚期歐洲的發展證實即便是根深蒂固的公開喊價的期貨交易所也面臨了電子競爭的風險，而池子交易本身也是岌岌可危。如上所述，芝加哥成功推動金融期貨交易——以及有組織的期權交易——成功激起全世界爭相模仿。（這些也和美國一樣得克服類似的有關賭博的法律問題。在德國，舉例說明，現有的法律「表明交易期權和期貨是……賭博行為，」如受訪者 GB 所說，即便賭博本身在德國並不違法，但賭博的合約在法律上是不可強制執行的。「我們必須……說服議會改變」將期權和期貨歸類為賭注的法律，然後讓交易它們的交易所，德意志期貨交易所（Deutsche Terminbörse）能夠開張，而後，根據 GB 所說，才來到一九八九年十一月法律就確實改變了，「在我們開始進行交易的前六週。」）

一些新的歐洲期貨與期權交易所（例如最初最成功的 LIFFE、倫敦國際金融期貨交易所）都是奠基於公開喊價交易平台，例如 CME 和芝加哥期貨交易所。不過，其他的公司，特別是瑞士期權與金融期貨交易所（Swiss Options and Financial Futures Exchange）和德國的期貨交易所，從一開始就選擇了電子交易。瑞士和德國都實行分權的聯邦政治體制，因此很難斷定哪個城市應該實行面對面交易、以及這種交易所能帶來的就業機會和收入能否達成一致。「若我們在法蘭克福

開啟期權市場，其他地方應該怎麼做？」受訪者 GB 這麼說。
「他們最有可能希望在杜塞道夫、漢堡、柏林或慕尼黑建立一個期權交易市場。沒有道理在綠地上創建一間小工廠（金融期貨和期權交易）隨後又將這間工廠一分為……我不知道，一分為六、七、八。」一間電子交易所並不需要大量人力經營，這似乎使那個城市需要主宰它的問題變得沒那麼具爭議性。（因為，如先前所說，假設訂單是由反應時間較為緩慢的人類交易員輸入，而非超高速的機器，那麼似乎沒有人會預料到交易所計算機數據中心內的空間位置有多重要。）

當德意志期貨交易所於一九九〇年創立之時，LIFFE 的交易池已經營運了八年，也成功發展了外債、德國主權債券的期貨合約。第 3 章將會討論在美國的股票交易中，單一國家清算所的存在促進了交易所之間的競爭。（清算是登記、擔保和處理交易的過程。在有清算所的市場中，買賣雙方之間的交易幾乎立即變成兩筆交易，一筆在賣方和清算所之間，另一筆在清算所和買方之間。這不僅可以保護買方和賣方免受交易中其他違約行為的影響，而且還可以保持匿名。）[18] 在美國（或者實際上，歐洲）的期貨交易中不存在——甚至在今天也不存在國家清算系統，這使得新的期貨交易所很難透過推出其產品的複製品來與現有交易所競爭。現有清算所可以簡單地拒絕清算其競爭對手的合約，從而無法在新的交易所購買期貨合約並在現有交易所出售，反之亦然。

即使沒有統一的清算系統，德意志期貨交易所仍舊成功在

一九九七年推翻了 LIFFE 於邦德（Bund）期貨的主導地位。電子版相當於 LIFFE 公開喊價的邦德期貨幾乎佔據了似乎永遠被 LIFFE 交易池佔領的所有市場。此衝擊的巨浪席捲了整個期貨世界。一九九八年，巴黎的 MATIF 從公開喊價徹底改變為電子交易，而 LIFFE 於一九九九至二〇〇〇年間也如法炮製（史考特與巴瑞特，2005）。芝加哥仍然固守交易池，但是——隨著手持裝置（如 CME 的 Galax-C）的發展，交易員得於站在池子內時以電子方式報價與買賣——對池內交易員生活方式的明顯威脅促使他們幾年前做出了難以預料的妥協。一九九八年八月，芝加哥期貨交易所的成員進行投票，允許在池子開放之時以電子形式交易美國國庫券期貨合約，而在一九九九年一月的一場公投中，CME 的成員明顯多數支持將一九八七年加諸於 Globex 上的限制取消，自此之後，CME 的所有期貨都可以經由電子交易，不論池子開放與否（梅拉梅德，2009: 56-57）。

儘管如此，在 CBT 和 CMT 最大且最重要的歐洲美元池子中，還是相當忠誠於公開喊價。「少數例外，」梅拉梅德寫道，「歐洲美元群體——交易員、獨立經紀人、經紀人團體成員——彷彿什麼事都沒發生般繼續在池子內交易」（梅拉梅德，2009: 57）。當來自歐洲的潛在威脅變成現實時，芝加哥池子內的交易員終於沒法在捍衛他們的生活方式——的確，那威脅肉眼可見。二〇〇三年，由德意志期貨交易所與瑞士期權與金融期貨交易所於一九九八年合併而成的全電子歐洲期貨交易所

（Eurex）宣布有意開始在美國進行交易。二〇〇四年二月，LIFFE 同樣也宣布計劃要進行電子交易歐洲美元期貨、直接與 CME 的池子交易合約競爭。Eurex 在美國最高樓西爾斯大樓（Sears Tower，現名為威利斯大廈〔Willis Tower〕）租借了場地（且步行即可抵達 CBT 及 CME）。「它分送咖啡給拉塞爾街（LaSalle Street）上的交易員並以代表 Eurex 的綠色及藍色點亮了西爾斯大樓樓頂」〔羅德（Roeder）2004〕，甚至還在大樓外牆打上探照燈藉此嘲笑 CBT（梅拉梅德，2009: 102）。

CME 與 CBT，後者較為脆弱。CME 擁有自己的清算所，但 CBT 沒有。它的交易所是間獨立的公司，受訪者 DI 表示那是為銀行所擁有，且後者中的多間銀行都希望期貨交易所能有新的美國競爭對手出現，因為競爭或許可以減少他們需要支付的交易費與經紀費用。Eurex 購買了期貨交易所清算公司的股份，並獲得了清算 Eurex 中與交易所期貨等值商品的協議。正常是用於保護期貨交易所免受競爭侵擾的壁壘因而瓦解。二〇〇三至二〇〇四年 Eurex 對 CBT 構成威脅（以及，沒有那麼直接地，LIFFE 也威脅到了 CME）在芝加哥引發了數個月的動盪。一直以來 CBT 都是租借 Eurex 的 A／C／E 電子交易系統。二〇〇三年十二月底，CBT 停止繼續使用並轉而改用 LIFFE 的 LiffeConnect 交易系統。儘管兩家交易所之間數十年來持續競爭，但 CBT 開始以前所未有的活力進行電子交易，並開始談判將其清算轉移到 CME 的清算所。二〇〇三年四月達成了一項協議，並在二〇〇四年一月之前透過巨大的技術上

的努力實現了轉型，開始了導致於二〇〇七年 CBT 與 CMT 合併的過程，事實上這次合併，是 CME 收購對方。

LIFFE 對 CME 歐洲美元合約的威脅並不若 Eurex 帶給 CBT 的威脅那般直接，但是 CME 的重要人物——主席泰瑞‧達菲（Terry Duffy）、執行長克雷格‧多諾霍（Craig Donohue）、里歐‧梅拉梅德及其他人，包括了比爾‧薛佛和約翰‧紐豪斯（John Newhouse）——都為此相當擔憂，並決心解決問題。然而數千名歐洲美元交易員是「世界上最成功、也最頑強的公開喊價支持者」（梅拉梅德，2009: 108），CME 的領導階層威脅要關閉歐洲美元交易池，除非流動性最強的歐洲美元合約至少有四分之一是在 Globex 以電子交易方式完成。他們和歐洲美元交易員及經紀人一次次地開會。梅拉梅德記得有一次和「一千張氣憤的臉龐一起待在房間內……恐懼、沮喪及不信任全都顯而易見。現場被情緒主宰的氛圍，頗像是施用私刑的暴民」（梅拉梅德，2009: 108）。

然而，如同交易員萊恩‧卡爾森向我強調的，歐洲美元交易池已經開始悄悄地自我改變。它的西方的經紀人座位上方有一排 Globex 終端機。池子開放時，終端機的使用者通常會關機然後起身，接著開始在池內進行交易。卡爾森記得二〇〇三或二〇〇四年的某一天——回顧一個關鍵時刻——那時有兩名 Globex 使用者坐在終端機前「做市」（例如，不斷發布買入和賣出的報價），一開始較為謹慎，但不久後便與池內的交易員們展開競爭。他直覺認為，這「標記了歐洲美元交易池死亡的

開端。」後者開始轉變成了 Globex 螢幕，結果顯示它的轉變比 CME 領導階層所要求更要快速與完整。「不到一年，」卡爾森說，「我就再也沒踏進交易池了。」[19]

自二〇〇五年起，芝加哥的交易池快速淨空。一個多世紀的生活方式就此終結深深影響了一些交易員。例如，一位受訪者回憶道，即使他已經努力說服夥伴所發生的一切，但對方仍舊日日在近乎寂靜無聲、空無一人的交易池台階上待著。二〇一一年十月我再次造訪芝加哥交易池，那裡安靜地門可羅雀。上個月，佔領華爾街活動（Occupy Wall Street）開始接管下曼哈頓金融區的祖科蒂公園（Zuccotti Park），而其芝加哥的支持者經常聚集在交易大樓對面的拉塞爾街，現在這裡是交易所的池子，同時也是 CME 所屬。當我問及其中一位還留在池子中的交易員商業景況如何時，他回覆道：「很糟，」隨後又加上一句，「我要加入那些抗議的人。」我不確定這是不是玩笑話。

期貨當頭

面對面交易的殞落是項重大改變，即便電子交易已經取得勝利，這項改變仍舊持續。構成電子交易基礎的 Globex 計算機系統經過多次重新打造，二〇一四年做了一項重要的重新設計（詳見以下）。然而，在這些變化中有個模式維持不變：CME 股指期貨指數的變動早先發生——一九八〇年代，早先幾

十分鐘；到了二〇〇五年，大約是早先十分之一秒；二〇一一年，不到百分之一秒——於相關股票市場的相應變動。[20] 為什麼？這個被我稱為「期貨當頭」持久不變的模式很有趣，因為對 HFT 而言這個模式相當重要，但這方面的討論涉及了比本章節先前提到的更要深層的金融技術，因此一般讀者可能會希望先跳到第 3 章的開頭。

「期貨當頭」之所以如此長久不變有三個可能的原因。第一個確實能夠解釋期貨當頭，但只限於此模式存在的前十年左右，也就是一九八〇與一九九〇年代：缺乏任何建立交易頭寸的方法，以從整體價格水平的變化中獲利或對沖，這與買賣 CME 的標準普爾 500 指數期貨一樣快速和直接。這個方法的缺乏隨著一九九三年交易所創建指數股票型基金而結束（ETFs），ETF 是一種複雜、透過演算法建構的股票，如期貨一樣可追蹤指數或是其他基礎資產的水平（儘管是採不同的機制），並且很容易被用於從整體股價變化中獲利或對沖。[21] 在所有 ETF 中交易最廣泛的——實際上，也是世界上交易最廣泛的股票——是道富的標準普爾 500 存託憑證（SPDR，對交易員而言更廣用的名字是「蜘蛛」，或其股票代碼 SPY），這是一種創建於一九九三年的 ETF，追蹤與 ES 相同的指數，即 CME 的電子交易標準普爾 500 指數期貨。SPY 和 ES 在經濟上僅在很小的部分略有差異，但自一九九三年開始的二十多年來，期貨（ES）通常依舊持續領先股票（SPY），正如受訪者和計量經濟學證據所證實的那樣。[22] 確實，雖然正如受訪者報

告的那樣，ES 已不如過去那麼始終如一，但至今依然是這樣。[23]

　　股指期貨往往引領股票的第二種可能解釋是，以電子方式交易期貨的系統比交易股票的系統更為複雜。但情況也可能會相反。至少在二〇一四年之前，根據 HFT 受訪者的報告，在股票交易中 CME 的系統速度較慢，並且更容易出現意外、不可預測的延遲，而且來自 CME 系統的數據饋送對他們的幫助也較小。[24]（二〇一四年，CME 發佈了新的交易系統——第 5 章將討論的現場可編程邏輯門陣列〔FPGAs〕扮演了重要的角色——其速度與可預測性更可以與股票交易系統相比擬。）因此，自相矛盾地是，直到最近技術方面都還落後的 CME，引領了更進步的股票交易市場。[25]

　　「那斯達克交易股票和期權的訊息傳遞量遠高於 CME，」受訪者 AJ 與二〇一二年三月這麼說道，「且他們以微秒為單位進行，CME 則是以毫秒為單位。」「股票是首要的低延遲（例如，快速交易）空間，」受訪者 CN 說，「如此相比之下，CME 在期貨方面的表現似乎沒有那麼好。」第 3 章同樣也會看到，以電子方式交易美國股票的場所彼此之間競爭激烈，競爭的焦點全放在提升會場系統的速度。相對而言，二〇〇三一四年芝加哥期貨交易危機消退——Eurex 從未於美國站穩腳跟，LIFFE 最終也沒有成功威脅到 CME 的歐洲美元期貨——結果CME 沒有面臨持續不斷的競爭，至少金融期貨方面沒有，因而沒有要盡可能提升系統速度的壓力。CME 一直存在的主要

競爭對手是位於亞特蘭大的電子期貨交易所，也就是創立於二〇〇〇年的洲際交易所（Intercontinental Exchange，ICE）。ICE 在實體商品期貨、特別是石油與天然氣方面坐擁強勢的地位，但卻從未對 CME 所持有的金融期貨構成實質的威脅。儘管如此，在二〇一二年的採訪中，受訪者 AJ 認為與 ICE 的競爭（速度變得非常快，他這麼說）激發 CME 專注於提升系統的速度。

第三個有可能、但同樣不正確的解釋是，「期貨當頭」在某種程度上本質是期貨。然而，如第 4 章將討論的，「期貨當頭」在許多不同類型的金融資產中不僅僅是相當普遍。例如，如受訪者報告，債券期貨在美國國庫券中並沒有一直引領市場，且外匯的模式往往跟股票的模式相反，直接交易貨幣的市場通常都領先外匯期貨市場。[26]

那麼，為什麼股票方面的「期貨當頭」，這項起源於一九七〇、一九八〇年代的奇異模式雖然減弱了，卻得以持續？有兩個不會相互牴觸、與本書特別相關的因素。[27] 第一個因素很簡單，正式第 1 章討論過的，流動性很「黏稠」，或者說是路徑依賴——一旦集中在特定的交易會場，就會傾向留在原地——以及（其他條件相同的情況下）價格變化往往會先在流動性最強的場所表現出來，然後才是在流動性較差的場所。若一名機構投資者想執行一筆非常大的交易（例如，出售七萬五千份 ES 合約，相當於售出價值四十一億美元的股票，此引發了二〇一〇年五月美國股市「閃崩」，第 7 章將會談論這點），

他／她會轉向最有能力處理最大筆交易的市場，根據參與者的報告，至少直到最近——一直是 CME 的指數期貨。[28] 這樣一來，該名投資者可以幫助維持市場這麼做的能力，從而幫助其價格繼續領先於股票交易市場的價格。

鞏固期貨當頭的第二個因素似乎是槓桿。儘管 SPY 等 ETF 具有許多期貨的其他優勢，並且專業股票交易中對槓桿的監管限制已逐漸減弱，但受訪者表示，在期貨中實現高槓桿仍然比在股票（甚至包含 ETF）中更容易。「期貨第一，沒錯，因為其提供的槓桿……你要先擊中 ES，」受訪者 AP 說。槓桿被包含在期貨合約內，正如一位前 HFT 交易員於訪談中告訴我的，對於中小型公司交易股票來說，實現高槓桿需要找到一個已準備好賦予此槓桿的商人，這並不容易，因為會使商人面臨公司可能失敗的風險。（也請注意，期貨交易與美國國庫券交易或外匯交易相比，並沒有系統性的槓桿優勢，這或許可以解釋為何期貨沒有如領先股票那般，以同樣的方式領先這些資產。）

美國期貨和美國股票交易方式持續存在著槓桿的差異——如前所述，甚至是 ETF 股票，在經濟上幾乎也與股指期貨相同——至少在某種程度上延續了 CFTC 和 SEC 對於管轄權的分歧。自一九八七年股市崩盤（此引發了相當具影響力的要求，成功協調並結束了槓桿需求間的分歧）到二〇一二年提出合併 CFTC 和 SEC 的法蘭克·卡普亞諾案（Frank Capuano Bill），建立單一監管機構的努力全付諸流水。期貨產業大打出手，且可能還會有下一次，如此舉動強而有力。芝加哥商業交易所，

圖表 2.10：二○一六年選擇期間，為參議院農業、營養和林業委員會成員做出貢獻的部門。數據來自 www.opensecrets.org，二○一七年三月一日造訪。

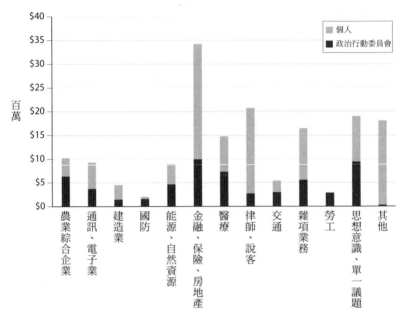

按市值計算成為世界領先的交易所──而且通常是美國最賺錢的公司之一（見史塔福德，2017）──繼續梅拉梅德所強調的，在華盛頓擁有強力的發言權。[29] 然而，這樣的鬥爭基本上是不必要的，因為那些支持 CFTC 與 SEC 合併的人往往會被立即的障礙勸阻，其根源可以追溯到一九七○年代。金融體系的分歧（期貨交易和股票交易之間；如 CME 的期貨交易所和證券交易所之間；CFTC 和 SEC 之間）與國會委員會之間的分歧相呼應，尤其是參議院委員會。由於期貨的農業根源，

CFTC 是向參議院農業委員會匯報，SEC 則是向參議院銀行委員會報告。

「我參與過許多有關 SEC 與 CFTC 合併的談話，」前監管人員 RF 告訴我。「談話很快就停止了，因為人們說，『但是參議院農業委員會：此次併購不會發生。』」至於問到為什麼 SEC 和 CFTC 不會合併，另一位前監管人員也同意道：「你或許可以開始並結束一場和農業委員會的討論……那過程相當果斷。」（受訪者 RG）。若 SEC 和 CFTC 合併了，農業委員會將會失去對後者的管轄權以及對其金融期貨的監管。「會交由參議院銀行委員會接手，」受訪者 RF 說，如先前提過的，SEC 向參議院銀行委員會報告。兩位受訪者都提到了金融部門競選獻金的重要性（見圖表 2.10）：

> 參議院農業委員會得到這些獻金。他們不會放棄管轄權，所以你不能將它們（美國財務市場的監管，目前分成 CFTC 和 SEC）混在一起。（受訪者 RF）

受訪者 RX 說，他「花了一生中的幾年時間」在研究一項關於 CFTC 和 SEC 合併的失敗提議，他告訴我，管轄權轉移最有可能發生在一九八九一九○年，也就是雷根總統任命紐約投資銀行家尼古拉斯・布雷迪（Nicholas Brady）為財政部長之後的一年左右。布雷迪曾帶領總統專責小組調查一九八七年股市崩盤（布雷德委員會，1988）以及一九八九年十月十三日

的另一次股價大跌，似乎促使了財政部重新關注美國資本市場的分裂監管。根據受訪者 RX，

> 財政部試圖推動管轄權的變更，將金融期貨或部分的金融期貨轉移到 SEC。結果失敗了，因為 CME 和 CBT 是天殺的好說客，而農業委員會沒有打算放棄他們的控制權。

　　當然，很難確定 SEC／CFTC 的分家對股票中「期貨當頭」的影響有多大。如前所述，完整的解釋可能涉及多種因素。[30] 不過，某種程度上看來，分開監管相當重要，這也是本書中心論點之一的一個例子。告知 HFT 的訊號，比如「期貨當頭」，並不僅決定於技術系統的性質或是所交易的金融產品的經濟特徵。它們也反應了政治進程——波奇想要保住委員會監管權正好提供了梅拉梅德一個機會；強森替相關法律補充的關鍵二十字；以及這些過程所涉及的衝突的結果。雖然衝突已過去許久，但其中一些結果仍舊以深刻的方式建構當今的自動交易世界。美國股票交易的衝突歷史也是如此，我們現在就來看看。

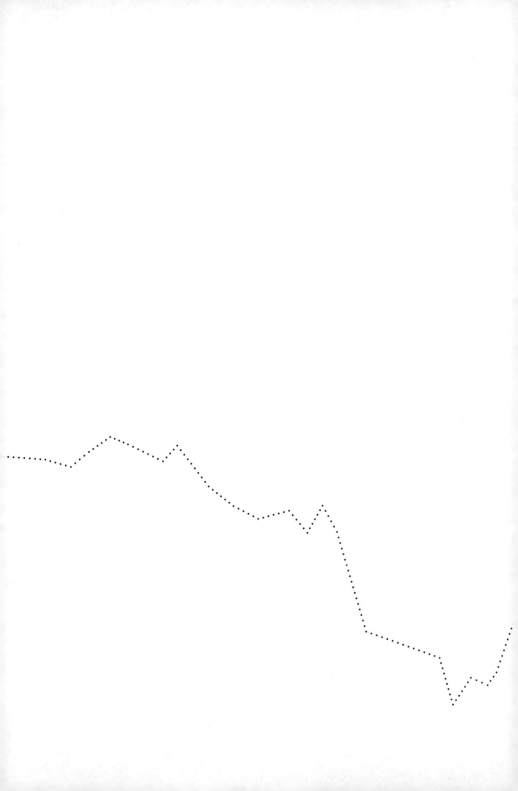

step 3

「我們會給你看我們的簿子。為何他們不會？」

如果特定股票的訂單簿的一側開始「崩潰」（比方說，如果發布最佳買價被執行或是取消，並且該價格沒有被替換），那就是價格即將發生變化的跡象。同樣地，如果有一個買價或賣價似乎總在執行後立即被替換，這可能表明執行演算法正在大規模買入或賣出。

南卡羅萊納的查爾斯頓，並非我所期待的今日超高速交易的起源地。過去的一切似乎永遠存在於此：存於鵝卵石街道和內戰時期房屋的美麗中；在查爾斯頓學院的陰涼小徑上，西班牙苔蘚覆蓋著小徑上頭生氣蓬勃的橡樹；在不可避免的警醒、這裡曾是北美最繁忙的奴隸港口的事實中。也不盡然，若我在一九九〇年代與它相遇，可能會被查爾斯頓瓦普路上煤渣磚建成的汽車旅館內放滿電腦的臨時辦公室吸引，裡頭滿是（如其中一人所說）「孩子，赤腳、穿著 T 恤和短褲。」十年還未過去，這些孩子的電腦每天交易的股票價值已超過十億美元（柯利耶，2002）；高峰時期，在美國交易的股票，幾乎有十分之一是由他們的公司、自動交易台（ATD）進行買賣（菲利普，2013）。

　　由於 ATD 創立於一九八九年——在 HFT 開始變得大規模前整整十年——它的歷史跨越了美國股票交易發展的兩個截然不同的階段。第一階段一直持續到一九九〇年代中期，ATD 發現電子交易大多困難又價格高昂。它的演算法在預測股價變化方面經常成功，但由此產生的交易利潤往往被 ATD 必須支付給交易場所和傳統中介機構的費用所吞噬。接著，隨著一九九六年島嶼（第 1 章節提過的全新交易會場，這章節將深入討論）的創立，一切開始有了變化。ATD 最初是改變的核心，但是——這章節的最後會提到——自二〇〇一年起它開始失去中心地位。然而，到了二〇〇〇年早期，美國股票的轉型正順利進行。HFT 公司在交易所以及其他接受 HFT 的交易場所的交

易量大增，而其他場所首先因 競爭而被迫接受 HFT，後來也選擇將其作為賺取收入的方式。

　　ATD 的主要靈感來自共同創辦人，學術經濟學家大衛・懷特康。他在羅格斯大學（Rutgers University）教授金融學直到一九九九年退休，且也是市場微觀理論的先驅之一。雖然經濟學大多是「從交易機制中摘取出來」〔歐哈拉（O'Hara）1997: 1〕，但這個全新領域的研究人員模擬並憑經驗調查這個有組織的特定交易方式是如何影響結果，以及做市商人等中介機構如何設定價格。[①] 懷特康從學術專業到 HFT 實作的道路上，關鍵的一步是一紙顧問合約。一九八〇年代，電子股票交易已經在美國展開，主要是透過 Instinet 系統（如下所述），但預期的機構投資者客戶卻對此相當失望。Instinet 雇用懷特康來調查如何吸引更多用戶。他提議可提供機構投資者現在被稱為執行演算法的方式。如第 1 章所討論，這些是投資者可以用來將大筆訂單拆成幾小部分並讓它們自動交易的電腦程式（懷特康訪問 2）。

　　Instinet 沒有採納懷特康的建議。然而，他之前的一位學生，於查爾斯頓學院教授統計學的詹姆斯・豪克斯（James Hawks）成立了一間小公司，Quant Systems，專賣統計分析的軟體。懷特康和豪克斯早前合作開發了一個統計模型來預測賽馬結果。他們的方程式顯示出一些預測能力，但因賭注登記人的大量「抽頭（vigs）」或者「回扣（takes）」（登記人設定對下注的人不利的賠率而獲得的利潤），因此豪克斯和懷特康並

沒有賺到錢（懷特康訪問 1、2）。儘管如此，豪克斯也有交易股票期權，並在車庫屋頂上架設了衛星天線用來接收股價數據饋送。他告訴懷特康這件事，後者便開始研究是否可以為股價開發一套類似於之前兩人用在賽馬的類似模型。

懷特康為了與豪克斯的合資企業籌措了十萬美元中的大部分創業資本（見懷特康，1989a），他們將其命名為自動交易台（ATD）。（此名稱反映了他們最初發展並販售執行演算法給機構投資者的計畫，但懷特康發現很難說服投資者嘗試一種全新、自動化的交易。）豪克斯聘請了兩名就讀查爾斯頓學院的程式設計師——兩位後來都成為 ATD 的負責人——替他撰寫統計軟體。懷特康繼續在羅格斯任教並居住紐約，設計了在接下來四個段落中所描述的相對簡單的數學模型，並將指令和公式傳真給查爾斯頓，由豪克斯的程式設計師將其轉換為代碼。環繞方程式的是模型的核心，懷特康設計後程式設計師將最後會成為完整自動交易系統的元件編碼。它包含了一個處理傳輸進來的市場數據的模組；一個實現懷特康的方程式的定價模組；追蹤系統在每支股票中累積的交易頭寸並相應調整其交易策略的模組；一個根據現有交易頭寸和定價模組預測並計算出最佳交易方式的模組；一個發送最終訂單並在必要時取消現有訂單的模組；一個即時計算收益或虧損的模組等等——最終總共需要八萬行代碼（受訪者 BT）。

懷特康和豪克斯的賽馬預測和 ATD 致力於預測股價都有個相同的數學的形式：一個現行回歸方程式，其中使用多個自變

數或是預測變項來預測因變數的值。[②] 在賽馬的案例中，懷特康解釋道，要預測的因變數是「馬上那樣距離時的速度，」而預測變項包含了「相對於其他馬自身所承受的重量、騎師之前的勝率、這匹馬過去相對於其他馬匹的速度，以及該種比賽的一些虛擬變數，」這些全部都是公開的資訊（懷特康訪問2）。股票交易中，要預測的因變數是被 ATD 稱為 ATV、或稱調整過後的理論值（adjusted theoretical value），即是所討論的股票在未來三十秒內的價格預測。（ATD 嘗試了不同的投資期限，但發現確切的選擇並不重要。）

股票自動交易可以用哪些預測變項呢？這些也必須公開，查爾斯頓也很清楚這點。（就和其他 HFT 公司一樣，過幾年後，ATD 也將計算機伺服器與交易所系統放在同一棟建築裡，但早期所有的訊息處理都是在辦公室內完成，一開始是在查爾斯頓，之後是在查爾斯頓庫柏河另一端的芒特普林森（Mount Pleasant）。）來到一九八〇年代晚期，許多公司租用通訊衛星的容量，將金融數據傳輸到查爾斯頓等遠離主要金融中心的地方。（衛星在地球表面上方的軌道上運行，使得數據傳輸比最快的地表線路慢，但在一九八〇和一九九〇年代，這種小延遲似乎並不重要。）ATD 訂購了一個基於衛星的服務，標準普爾 ComStock 資訊，是份仍在受訪者 BT 檔案中的手冊（標準普爾 ComStock, 1990）。ATD 首先經由豪克斯車庫屋頂上的衛星盤接收訊號，ATD 的程式設計師在小房間裡工作，透過瓦普路上老舊汽車旅館頂上的衛星盤接收訊號。

一九八〇晚期與一九九〇年代早期，ComStock 無法報告的事情很多，因為那些都屬不為人知的資訊。例如，如第 1 章討論過，NYSE 未執行的股票買賣報價的完整「簿子」，在很大程度上仍屬該股票於 NYSE 的「專家」的機密。因此，最初 ATD 迴歸模型的使用規模僅限於相對於最低賣價的最高買價，以及股票交易價格的短期趨勢變數（懷特康訪問 3）。之後，該公司為仍然不完全已知的供需平衡構建了另一個網路代理。ATD 的系統計算了兩個變數，「成交量降低」與「成交量提升」，指的是交易平均上是以最高價進行買入還是以更高價進行賣出。若是後者，舉例來說（或者換句話說，成交量提升大於成交量降低），「那代表的是，天哪，每個人似乎都在償還欠款」（受訪者 BT），因此價格可能會上漲。

然而，對於 ATD 演算法的預測能力而言，比其他因素更重要的是第 2 章探討過期歷史的變數：股指期貨價格，特別是基於標準普爾 500 指數的期貨合約的價格，這些合約原則上是追蹤美國股市中最重要的股票的整體價格變化。如第 2 章所述，CME 聘用的池子記錄員將交易員的喊叫或手勢交易變成了期貨價格的電子串流。該串流流向如 ComStock 的數據服務，再接著進入 ATD 的電腦。正如懷特康所說，期貨價格是「我們使用的主要市場指標，」它們「無疑是主要變數」（受訪者 BT）。確實，它們重要到 ATD 的交易系統只有期貨單一種模式，其他的預測器都被關閉了。

HFT 之前的股票交易

一九八九年夏天，電腦模擬使大衛‧懷特康相信 ATD 確實可以透過在股票自動交易中使用他的預測模型來賺錢。然而，模擬交易是一回事；實際執行自動交易又是另一回事。一九八〇年代晚期與一九九〇年代早期，美國股票交易共有三種主要方式：透過 NYSE、透過那斯達克，或者在 Instinet 的電子交易系統上。三種方式都值得著墨，因為它們（特別是 NYSE 和那斯達克）構成了股票交易世界的主要部分，最終會因碰撞上 HFT 而有所改變。

紐約證券交易所（NYSE）

NYSE 是三個交易會場中歷史最為悠久也最富盛名的一個，但它並不適合 ATD 想要的那種交易，雖然可以透過電子方式將訂單發送到位於百老街和華爾街交界處的 NYSE 大樓繁忙的交易室內，但一到達那裡，這些訂單仍然主要是以手動執行處理，通常涉及了在交易大廳內由專家執行的特定拍賣，這些專家是被正式指定來執行他所負責買賣的股票的交易員（幾乎全是男性）。[③] 一間不是 NYSE 成員的公司——懷特康的 ATD 不是——本身不能在此交易，甚至不能直接在那裡發送訂單；它不得不聘請 NYSE 會員的經紀人或交易商公司，支付的手續費用會令任何預期的交易利潤大打折扣。NYSE 的主導地

位在一九七〇年代面臨嚴重威脅。到一九六〇年代末，奠定股票交易的人工結算流程（資金轉移，尤其是股票的轉移，當時仍是紙質憑證）已經阻塞。一疊疊未處理的文件、延遲、疏忽、錯誤——甚至是股票遭盜竊——所有累積起來的後果（SEC 1971）。這場眾所皆知的「紙質危機」因一九六〇年代末期美國股價的急劇下跌而加劇。越來越多的股票經紀商陸續倒閉，可能導致透過這些公司進行投資的數十萬公眾蒙受巨額虧損。正如食品價格飆漲時，人們將注意力放在農業期貨交易一樣（如第 2 章所討論），華爾街的公然崩潰大大激起了國會對改革股票交易方式的興趣。在緬因州參議員艾德・馬斯基（Ed Muskie）的帶領下——他以「正在尋找重大議題」，以此被提名為一九七二年民主黨總統候選人〔李默夫（Lemov）2011: 120〕——國會迅速通過了一九七〇年證券投資者保護法案，該法案設立了一項保險計劃，部分由聯邦政府資助，用於補償失敗經紀商的客戶。其他國會議員，特別是加州民主黨人約翰・莫斯（John Moss），他是消費者保護的倡導者，繼續敦促進一步改革，力促通過一九七五年證券法修正案。〔羅文（Rowen）未註名出版日期〕。一九七五年的修正案增加了證券市場監管機構、證券交易委員會（SEC）的法律權力，此委員會長期以來一直擔心一些交易員和一些交易所享有的結構優勢的程度（特別是 NYSE）。儘管如此，SEC 並未針對這些擔憂採取行動。前 SEC 官員 RX 表示：「它確實是一間公開的執法機構，執行『有限的市場監管』且幾乎沒有努力改變市場結

構。」然而，一九七五年的修正案賦予了 SEC 干預以及改變美國股票交易組織方式的權力：「藉由規則或命令，為其公共利益與保護投資者為必要⋯⋯移除阻礙並促進發展全國市場體系及全國證券交易清算結算體系」（證券法修正案，1975：139）。SEC 這些新的權力正是對 NYSE 股票交易主導地位的核心威脅。對 NYSE 的一些人來說，一九七〇年代它的存在似乎處於危險中。如受訪者 XZ 所說，「七〇年代時國會表示，希望能關閉 NYSE 以支持全國市場。」

然而，法律「只有在當權者願意讓它活躍起來時才具有生命力。」（丹納，2017：4）。隨著一九六〇年代末危機的記憶逐漸消退，干預股票交易方式的政治回饋減少了。比方說，莫斯回到了更普遍的消費者保護問題上（李默夫，2011）。SEC 本身在一九七〇年代後半期面臨了沒有得到國會明確指導的問題：一九七五年立法機構授權它打造國家市場體系的物質設計。

該系統的一項設計提案確實對 NYSE 構成了直接威脅。該設計的支持者試圖藉由創建一個單一的、集中的、全國性的電子訂單簿——一本綜合限額訂單簿，或稱 CLOB，必須輸入所有股票買賣的訂單——來消除競爭障礙並降低成本 [④]。CLOB 最為主要的支持者是尤尼爾斯・皮克（Junius Peake），皮克是位金融思想家，曾在一九六〇年代於經紀商 Shields & Co. 帶領華爾街早期的計算機化運動；另一位支持者為唐納・威登，他的家族企業 Weeden & Co 在「第三市場」中表現傑出，這是一個頗有爭議的經紀商半影區——經常面對來自 NYSE 的敵

意——無需透過交易所即可交易在 NYSE 上市的股票，進而減少了 NYSE 收取的固定佣金（威登，2002）。

如果構建了 CLOB，它可能會是 ATD 買賣股票的完美方式。一九七〇年代，SEC 的工作人員對 CLOB 產生了興趣和熱情。他們當中一些人告訴我，週五下午他們之中的一群人通常都會去一間靠近當時華盛頓特區總部大樓的酒吧（都柏林人（The Dubliner）或凱利的愛爾蘭時報〔Kelly's Irish Times〕）。多年來，在那裡他們有時候會「在餐巾紙上設計了各種不同的 CLOB」（受訪者 RX）。然而，他們之中一些經驗較為豐富的人，很清楚這只是種假設性的練習。「我們很清楚……CLOB 不會發生在我們所處的政治領域中，」前 SEC 官員 RE 這麼說。即便 SEC 手握新的法律權力，也沒有準備要試圖強行通過一項會損害 NYSE——如 RE 所說，NYSE 在當時是「一間非常強大的機構」——以及多個城市如波士頓、費城、舊金山內區域型交易所的地位的中央國家市場體系的提案。即便這些交易所都是在 NYSE 的陰影下運作，但它們仍然透過各自所在的州的國會代表團而擁有政治影響力。

NYSE 自己率先開發了替代 CLOB 的全國市場體系的設計：跨市場交易系統（Intermarket Trading System），或稱 ITS。這種集成度較低的系統是奠基於現有的 NYSE 系統之上——共有訊息轉換（Common Message Switch），用以連接經紀商辦公室與專員的交易間——因此得以快速運作（帕多—蓋拉，2019: 284-285；也見甘迺迪，2017: 905-907）。ITS 讓一個交易所（例

如波士頓證券交易所）的專員得以向另一交易所（如 NYSE）的專員發送交易請求。作為一種政治妥協，ITS 設計精良，除了 CLOB 最狂熱的支持者外，其他的人都樂於接受。特別的是，它為區域交易所的成員提供了他們渴望的東西：直接進入 NYSE 的交易大廳，從而能夠與裡頭的專員達成交易，而無需支付費用給 NYSE 的經紀商。這項能力相當吸引區域交易所的專員，因為他們得以平倉一天的交易累積起的交易頭寸，而不需等到隔日（受訪者 MG）。因此，儘管 CLOB 的提倡者唐納・威登懇求他們不要這麼做，但區域交易所的領導人仍然支持 ITS（威登，2002: 106）。

ITS 發行於一九七八年，一直到二〇〇〇年代早期都持續運作。透過 ITS 獲得交易請求的接收者有兩分鐘（最終減少到三十秒）的響應時間。此系統是按照人類的步調運行，因此使用起來常令人失望。假若，舉例來說，一名專員收到 ITS 傳來要執行他的其中一項報價的交易請求，他可以簡單地拒絕執行這項報價，並表示倘若遇到阻礙，他正在試圖修復（受訪者 RG）。因此，對於大多數機構投資者來說，透過經紀商或交易商向流動性最大的交易所發送大額訂單，也就是 NYSE（或者其他結構類似，但聲譽較低的 NYSE 的競爭對手美國證券交易所，如果有正被討論的股票在那裡上市）而不是使用區域交易所和 ITS，這麼做更簡單速度也更快。因此，ITS 推了一把替 NYSE 的交易室保住在美國股票交易中的核心地位。

與 CLOB 提案的訂單簿不同，很可能所有參與者都有發

現，NYSE 的訂單簿（如第 1 章所述，直到一九八〇年代才手寫在事先印好的表格上——請見圖表 3.1——之後才電子化）即便到了一九九〇年代仍大多是只限於該股票的專員擁有。「他的特定價格的訂單簿可能有數百筆訂單，也可能空空如也。只有自己知道，」前 NYSE 交易大廳經紀人 XZ 說。在手寫「簿子」的年代，當專家或他的職員不得不打開簿子寫下訂單時，交易大廳經紀人或許有機會一瞥內容（或者稍後幾年，或許可以瞥見專家小房間內電腦螢幕上的訂單簿內容），雖然這麼做有違 NYSE 的規則：

> 當他（專家或他的職員）打開簿子時，左側頁面是買入訂單，右側頁面是賣出訂單〔見圖表 3.1〕……若被抓到偷看，後果是災難一場。他只會嚴厲警告你不得再犯；這是場惡夢。你不會想被抓到偷看簿子。但若你有辦法快速倒著看或逆向閱讀，不乏是種優勢。（XZ）[5]

如第 1 章節所述，一條一九九一年 NYSE 的規則改寫了大廳經紀人要求專家有關其訂單簿中買賣價的總體平衡的權利。價格是傳統的八分之一美元，大小約莫是一百張「整筆股票」。

然而，對於那些沒有實際出現在 NYSE 交易室的人（例如 ATD），直到二〇〇〇年代早期前一直無法見到在 NYSE 交易的股票的完整訂單簿；在此之前，NYSE 透過美國證券交易委員會規定的綜合報價系統，對外僅分發最佳賣價與買價的價格

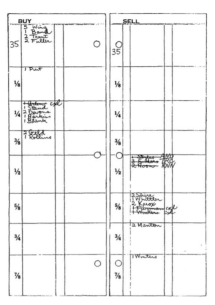

圖表 3.1：一九六〇年代早期 NYSE 的訂單簿。這些名字是 NYSE 下訂單的成員的姓名，很可能是代表外部客戶。被劃掉的訂單代表被取消（cxl）或是已執行。例如，三筆以 35.5 美元賣出的訂單已經與以該價格買入的訂單相配對；負責購買訂單的成員公司由前三個首字母縮寫標示。來源：SEC（1963：第二部分，491）。

以及其總規模。如此章節先前所述，因此 ATD 的演算法無法處理潛在的強大預測變數（股票的買賣差額，以及此差額的變化方式）。

那斯達克

隨著 CLOB 的威脅解除，一九八〇年代和一九九〇年代初

期 NYSE 的主要挑戰者是那斯達克，以及全美證券交易商協會（NASD）的自動報價系統。SEC 於一九三九年鼓勵創建 NASD，並授予其監管其成員行為的權力，以遏制場外交易（即非基於交易所）股票中普遍存在的不當行為和欺詐行為。（NYSE 和其他交易所對尋求其股票上市的公司提出要求，而在櫃檯交易的股票通常是那些發行人無法滿足這些要求的股票。那斯達克於一九七一年二月推出，部分是為了響應 SEC 要求提高價格透明度的壓力，那斯達克是一個電子系統，用於在螢幕上傳播來自 NASD 授權的做市公司的報價（買入股票的出價和賣出股票的出價）。來到一九八〇年代，早先有關場外股票交易的惡名基本上已不復存在，蘋果、微軟、英特爾和思科等科技公司隨著本身的發展可能得以在 NYSE 上市，但大多都選擇留在那斯達克，這使後者成為越來越重要的股票交易場所。

不像 NYSE 及區域交易所，那斯達克從未有過面對面的交易大廳。為了得到直接在那斯達克交易的允許，一家證券公司首先必須成為全國證券交易商協會的成員——正如 ATD 在尋求這個機會時所做的那樣，且也發現了以下所描述的可能——涉及「龐大的官僚障礙，」懷特康這麼告訴 ATD 的股東（懷特康，1995）。一被接受成為會員，一家資本充足的公司就可以在 NASD 註冊為一支或多支股票的做市商。如此一間公司才能透過那斯達克的終端獲取三級造訪權限，並需要在那斯達克的螢幕上發布買價與賣價。要在沒有參訪權限的情況下進行交易，即使是 NASD 的成員公司通常也必須要透過電話和做市商

談妥交易，或者是透過那斯達克的小型訂單執行系統（SOES，一九八二年創立），如此會員公司便透過它由零售客戶（即普通公眾成員）將一千股或更少的訂單發送給做市公司，以做市商在螢幕上發布的報價進行自動交易。

在美國股票的最小價格單位（做市商買入和賣出股票價格之間的最小價差）仍然為八分之一美元的時期，作為那斯達克的做市商是種有利可圖的生意。這個角色不只是有正式的做市義務（持續刊登買價與賣價），還有個非正式的規範——若違反此規則會受到其他做市商的騷擾，等於是種嚴厲監管——不要出現八分之奇數報價，例如二十又八分之一美元、二十又八分之三美元等等〔克里斯蒂（Christie）與舒爾茲（Schultz）1994〕。以八分之奇數的價格發布買價與賣價會「打破價差」（從正常最少 25 美分減少至 12.5 美分）以及——除非賣價或買價出現出現地非常短暫——也會引來其它做市商的騷擾電話。（買入股票的最高出價與賣出股票的最低出價之間的價差是做市商的主要收益來源。）其中一位實驗發布八分之奇數報價的商人告訴記者葛雷琴・摩根森（Gretchen Morgenson）：

> 我的手機向聖誕樹一樣閃爍（不斷有來電）。「你在股票裡做了些什麼？你正在關閉價差。我們不這樣玩的。回去你屬於的地方。」（摩根森，1993: 76）

Instinet

和那斯達克相比，Instinet 提供了一種更完全電子化的交易方式；實際上是最早的電子交易系統。[6]Instinet 由股票分析師傑洛米·普斯提尼克（Jerome Pustilnik）、他的同事赫爾伯特·貝倫斯（Herbert Behrens）以及計算機科學家兼企業家查爾斯·亞當斯（Charles Adams）於一九六九年創立，旨在「使機構投資者能夠直接相互交易，無需透過如 NYSE 會員公司的中介機構。」[7] 起初，Instinet 透過一九七〇和一九八〇年代常用的電傳打字機與其訂戶進行通訊，以在大型組織之間傳送消息。電傳打字機可以印出傳入的消息，並有一個鍵盤用於輸入要發送的消息。

你輸入你想買什麼和買多少，Instinet 的中央系統會連接所有不同的電傳打字機，你會看到有人想買 5000 股 IBM 的訊息印在機器上。我們（Instinet）知道這些人是誰，但其他各方並不知情。（受訪者 GN）

這些電傳打字機後來被配備視覺顯示螢幕的計算機終端給取代，並透過數據機和電話線連接到 Instinet 的中央系統。在終端機的綠色螢幕上顯示有「供應」與「需求」──就像第 2 章討論過，和 CME 的 Globex 終端的螢幕上一樣──以匿名方式買入和賣出每支股票。[8]

然而，如前所說，投資管理公司不像其創始人所希望的那樣熱衷於使用 Instinet，再者，根據受訪者 GN 所說，該公司

「幾乎沒法倖存」。透過大型交易商（如大型投資銀行）交易股票確實比使用 Instinet 更昂貴，但根據麥肯錫（2019d），它通常會替投資管理公司帶來其他好處；與他們考慮的公司的高層經理面對面開會；在這些股票的首次公開募股（或稱 IPO）優先獲得潛在高利潤的股票；以及，特別是「軟美元」。作為投資管理公司向交易商支付交易佣金的回報，過去它會收到——現在亦然——「免費」的研究報告，以及過去的其他獎勵，如旅行補貼和有時會直接支付現金。安排這些軟美元的經濟原理是，交易佣金是投資管理公司可以全部轉嫁給公司管理的退休基金、共同基金和其他儲蓄的費用。因此，從投資管理公司的角度來看，它們不是「硬美元」——也就是實際支出。然而，現金回饋和其他利益——從投資銀行或其他交易商那裡獲得「免費」研究可以節省那筆資金——直接流向了這些公司。因此，受訪者 GN 所述，雖然 Instinet 希望機構投資者成為其中的一環，但這些投資者（只有少數例外）並不想「成為其中一份子。他們不想離開華爾街的大交易商。」

在 Instinet 及 NYSE 執行自動交易

鑑於 Instinet 是計算機化的，加入它並沒有什麼大的阻礙，再加上大衛·懷特康已經因為他的諮詢工作而對它相當熟悉，所以它是 ATD 在自動交易方面的首選系統這點也就不足為奇了。ATD 微薄的資本不足以支撐任何大量交易，但懷特康的會

計師介紹了一個人給他（對方不願透露姓名），他經營了後來相當知名的對沖基金。它提供了必要的資本。

在查爾斯頓，ATD 的年輕程式設計師享受挑戰，便搭建了一個能夠進行真實交易的系統，而不僅僅是模擬的自動交易。例如，他們研究了如何「螢幕截圖」（受訪者 BW）——即將驅動 Instinet 終端螢幕的輸入的二進制數字流直接轉移到負責解碼和處理它的 ATD 計算機。這些工程師不僅僅是撰寫代碼。「有好幾天，」一位前 ATD 程式設計師說，「我站在梯子上將纜線鋪設上天花板。有好幾天我在連接電纜。」他說，他們辦公室所在的查爾斯頓建築經常都是破敗不堪。

停車場一路傾斜到辦公空間的前門，所以下雨時水會從門下流進，因此我們不得不把電腦全放到桌子上，且因為有水的關係……這裡有……蟑螂，

一九八九年九月，就在 ATD 開始實際執行交易時，就因颶風雨果（Hugo）被迫關閉了兩週，這是一場登陸於查爾斯頓以北的巨大風暴（懷特康，1989b）。然而，即便困難重重且壓力不可避免，但當時的自動交易「很有趣……不像今天。」

受訪者：現在是超低延遲（也就是超高速）和數學。回顧當時，更多的是執行交易這件事有多困難……那是……想辦法讓房間不要擠滿交易員且盡可能自動

化，涉及了……我不想用「駭客」這個字因為那太負面，但是……

作者：「駭客」原先的意思並非負面（見以下）。

受訪者：沒錯，我們四處進入，不是突然想幹嘛，而是想辦法對正在發生的事情進行逆向工程，找出能利用其優勢的辦法。

一九八九年九月，在 ATD 的第一次實際交易測試中，懷特康的模型結合了期貨價格和上述其他變數，顯示了預測能力。如懷特康向 ATD 股東所報告的，該模型「並不完美」，而 ATD「在交易時做了一些微調，」不過在這次 ATD 的實驗中，它的系統仍然獲得了每股 2.5 美分的總交易收入（懷特康，1989b）。然而，為了使用 Instinet，ATD 必須支付每股 4.5 美分的佣金。這些佣金的一部分之後作為軟美元報銷退還給了 ATD。（儘管 Instinet 旨在允許投資管理公司相互進行廉價交易，但它似乎也發現必須提供軟美元給這些公司以作為激勵。）然而，贊助交易實驗的對沖基金要求 ATD 將 Instinet 的軟美元支付轉嫁予它（懷特康，1989b），因此 ATD 在交易時處於淨虧損狀態。

ATD 當然知道 Instinet 的佣金率，但卻低估了一個問題，由於 Instinet 在一九八〇年代初期決定，面對投資管理公司較小的交易量，便允許交易商和機構投資者得以使用其系統。[9] 這個決定讓 Instinet 最終獲得了商業上的成功，因為它替那斯達克的交易商解決了一個實際問題。由於交易商向客戶出售股票和從他們那裡購買股票的價格之間的價差為 25 美分，因此他們輕鬆就能賺到錢，但通常也以承擔潛在風險的交易頭寸為代價。Instinet 為交易商提供了一種透過相互進行電子交易來減少或消除這些頭寸的方法，那斯達克的交易商認為該系統是個相當便利的機制。

ATD 的問題似乎在於，那斯達克交易商在那斯達克上市股票交易中的核心作用意味著他們持有資訊（例如，關於他們剛剛與客戶完成的大筆交易，或者可能是關於他們的客戶打算進行的交易），而這些資訊無法藉由 Instinet 螢幕推斷出來。如同懷特康告訴 ATD 股東的，「經紀交易商在市場上一直很活躍，並擁有他們交易的股票的最新『基礎』訊息和訂單流信息。」Instinet 自己的交易員（不準備直接使用其系統的公司代理人）告知 ATD 它正逐漸「被套住」：交易商會在有訊息顯示價格可能上漲時透過 ATD 購買，並在預期價格會下跌時出售給 ATD（懷特康，1989b）。事實上，交易商在交易中的核心角色賦予了任內交易員預測的能力，在關鍵時刻，比 ATD 的演算法更加精準。

於一九九〇年四月及五月進行的下一次交易實驗中，ATD

轉向了當時仍舊是美國股市交易核心的 NYSE。如同先前提過，ATD 只有透過會員公司才能於 NYSE 進行交易，而這些公司通常的佣金——在一九八〇年代晚期每筆股票交易平均是將近 7 美分〔博克維茲（Berkowitz）、羅格（Logue）以及諾瑟（Noser）19988: 104〕——將使 ATD 沒法藉由交易獲利。然而，懷特康找到了一間 NYSE 會員，是間大型投資銀行（同樣不願提及姓名），該銀行有一個內部交易小組，也在股票交易中使用預測模型——儘管投資期限比 ATD 長很多——因此立即就明白因為 ATD 是自動化的交易，銀行不需提供大多數客戶需要的多種服務。有了這個差異，ATD 得以特別協商將佣金降至每支股票減少 3 美分。投資銀行也提供高速數據機，在 ATD 位於查爾斯頓辦事處和銀行曼哈頓的總部之間設立兩條專用電話線，並允許 ATD 的電子訂單通過其高速連接從那裡流向 NYSE 專家的交易室。測試期間，ATD 成交了三百二十萬支股票，且模型再次展現了預測能力：該公司的總交易利潤平均為每股 1.9 美分（懷特康，1990）。儘管如此，這依舊低於支付給銀行的佣金。又一次，ATD 的交易結果是虧損。

然而，這家投資銀行知道，它本身可以用遠低於它向 ATD 收取的佣金進行交易。因此它便向 ATD 提議一種安排，ATD 只需支付與銀行實際交易成本差不多的金額（大約是每股 1.4 美分），而銀行將保留 ATD 大部分的利潤，在滑動折算制中銀行比 ATD 差不多是 75：25（懷特康，1990）。這項安排使 ATD 終於能從交易中獲利，也保住了——至少暫時是這樣——

公司的生存能力。

回想起來，與投資銀行的這樣安排中，最引人注目的是懷特康將其視為公平的。「這是非常公平且值得尊敬的交易，」他說。「我對投資銀行只有讚美之詞」（訪問 2）。金融市場上有特定的社會經濟角色——不是每個人都可以按照自己的意願進行交易，而且如果他們要進行任何大規模交易，他們可能必須支付巨額款項給相關任務（紐約證券交易所會員、那斯達克官方交易商等）的擁有者以進行交易——只是那些市場的日常生活中理所當然的現實。然而，這個事實即將被質疑。在這個固定角色系統中出現了一個微小的漏洞。[10]

「被輕視的人之中」

此裂痕發生在那斯達克，是由股票市場監管者 SEC 不小心造成的。一九八七年十月股市崩盤，許多那斯達克的交易商擔心價格繼續急劇下跌，便停止處理透過那斯達克的自動化小額訂單執行系統 SOES 發送給他們的出售訂單（主要來自個人投資者）。因此，交易商拒絕以他們於螢幕上顯示的買價購入股票。股市崩盤後，SEC 成功向 NASD 施壓，要求其成員必須按照他們在那斯達克螢幕上顯示的價格成交國有企業（SOES）的訂單〔英格布雷森（Ingebrestsen）2002: 99-100〕。

這項規則造成了裂口。若交易商的員工不夠專心監控那斯達克的螢幕，他們可能就不會隨著市場條件的變化而足夠快速

改變報價。密切關注的交易員可以使用 SOES 發送訂單（交易商現在*必須*填寫）以「摘取」這些舊的報價，例如透過做市商還未隨著價格上漲時以某價格買入股票。[11]越來越多半專業交易員（那斯達克交易商稱其為「SOES 土匪」）抓住了這些機會，實際上是從成功成為 NASD 成員的日間交易公司租用了那斯達克的螢幕和 SOES 的使用權限。（日間交易指的是較短的投資期限：交易目標是快速且可獲利的平倉，而非長時間持有股票，也絕非持有股票到隔日。）[12]

到一九九〇年代中期，有超過兩千名這樣的「土匪」交易員（哈里斯與舒爾茲，199：41），其中許多人待在擁擠、通常是臨時搭建的交易室，大多是位於曼哈頓下城的破舊建築物中。至少在刻板印像中——沒有可參照的人口統計數據——他們大多是「來自史坦頓島、皇后區和布朗克斯區那些閉塞落後的城市大學生，那些沒有機會在像高盛或摩根大通這樣的大銀行工作的人。〔派特森（Patterson）2012: 100〕。參觀位於百老街五十號六樓的新電子交易場所島嶼的辦公室，那裡有「狹窄的大廳和染污的天花板」〔布雷克（Brekke）1999〕，兩位《富比士》（Forbes）記者也被帶往二樓一間擠滿日間交易經紀商的房間內。他們「穿行過一間陳設簡陋的辦公室套房」，接著進入了「一間燈光昏暗的臨時交易室」。

在那裡，每個工作日的上午九點三十分至下午四點，都坐著全是男性的五十個人，所有人的眼睛都牢牢地盯著螢幕。這些交易員大多是三十歲以下，穿著 T 恤、藍色牛仔褲和頭戴棒

球帽。就算是敲擊鍵盤時他們也會互相交談。但更多時候,他們只是專注地盯著螢幕或著對著螢幕脫口而出辱罵的字句〔西夫林與麥考馬克(Schifrin and McCormack)1998〕。

據報導,SOES 土匪中的一位領導人物會在他公司的交易室裡巡邏,有時會咆哮:「操他媽的。操這個混蛋」(派特森,2012: 101),「混蛋」就是指那斯達克的交易商。儘管 SOES 的土匪可能可以賺取龐大收益,但也可能遭受慘痛的損失:「當有個臉色慘白的傢伙抱著垃圾桶上翻滾並劇烈嘔吐時,沒有人會眨眼,那人決不離開座位並且會在嘔吐中完成交易」(派特森,2012: 113)。

SOES 給這些土匪外來者一條可以直接進入主要固定市場核心的管道。其中享有特權的角色——那斯達克的交易商,特別是經註冊的那斯達克做市商——試了所有修補裂痕的辦法。他們試圖阻止「專業」交易員進入 SOES;他試圖得到 SEC 的許可,在不強制執行交易的情況下用新的系統代替 SOES;甚至每個土匪都收到了死亡威脅。「他們恨我們,」受訪者 BW 說。[13] 全都沒效。例如,SEC 被說服通過一項規則,拒絕被認為是專業交易員的人進入 SOES,但一些這類型的交易員對該禁令提出異議,此規則於一九九三年被美國哥倫比亞特區上訴法院推翻,理由是該規則對專業交易員的定義過於模糊。[14]ATD 在一九九〇年代初期成功於 NYSE 交易的初始盈利迅速縮水。一九九四年,「我們……幾乎沒賺錢,」懷特康告訴 ATD 的股東(懷特康,1995)。他意識到「我們需要一個採取

完全不同的辦法」（訪問 2）。他熟識的一位會計學教授先前的學生成了 SOES 土匪。ATD 和教授以及交易員成立了一家合資企業，尋求發展出懷特康所稱的「自動化 SOES 土匪系統」（懷特康訪問 2；在寫給 ATD 股東的信中，懷特康使用更中立的字眼「SOES」激進份子。）ATD 的交易員「只是和土匪坐著，」看著他們的行為並詢問對方為何這麼做（受訪者 BW）。

ATD 的交易員很快就知道了，土匪們藉由仔細監控那斯達克螢幕上一連串交易商的買價和賣價（非匿名）的變化，來預測接下來的價格變化。舉例來說，即便只有少數交易商降低買價（尤其若是交易商，土匪即認為他們的行動可能預示相關股票的價格變動），土匪便會使用 SOES 在其餘交易商仍然是提報原先的價格時盡快出售。（儘管那斯達克沒有 NYSE 官方指定的「專家」，但在那斯達克上市的股票通常都非正式地被視為領頭的交易商，並被以多種名稱稱呼，如「斧頭」、「球」等等；見摩根森，1993）。如受訪者 BW 說的，「他們（土匪）就像是『兩個……人（交易商）降低買價，』或者說『高盛領導該股票，而高盛一離開，每個人都跟著走了，就像是我看到高盛降低買價離開，便也跟著這麼做（例如，售出股票）。』」。[15]

ATD 自動化了土匪的預測推理。「我們的電腦掃描了數百支股票的那斯達克電子數據饋送，」懷特康於一九九五年一月告訴 ATD 的股東，「觀察股票中的交易商即將『於其中一方淡化他們的報價』（例如，買價或賣價）的跡象。」即便 ATD 的

辦公室（當時搬到了南卡羅萊納的芒特普林森）與那斯達克位於康乃狄克州特蘭伯爾的計算機中心有段距離，ATD 的自動化 SOES 土匪證明了它們的速度比所模仿的預測推理的人類更快。「我們正在競爭的是⋯⋯SOES 的傢伙，」BW 說。「高盛一提出賣價，很快便有上千個人試著接受賣價（例如，購買股票）⋯⋯大多數的人都⋯⋯『游標對準後點擊下去』（手動交易員）。」一九九〇年代中期 HFT 處初步階段，而在訪談中我發現當時只有一家公司執行類似於 ATD 的自動化 SOES 系統（受訪者 AG 告訴我），因此 ATD 在電腦化競賽這條路上並沒有面臨太多的挑戰。

人工和自動化 SOES 土匪似乎已成功利用了那斯達克的社會技術組織所創建的股價波動中預測結構的一小部分。如前所述，只有在相關股票中註冊為做市商的經授權 NASD 成員公司才能在那斯達克的螢幕上發佈買價和賣價。這些買價與賣價的數量有限，並且因為需要打電話至做市商公司才能進行大筆交易，所以並非匿名。土匪能藉由監控這些螢幕上的買價與賣價進而預測價格走勢，最可能的原因是 ATD 透過在 Instinet 上的交易發現的問題。至少較大的交易商——肯定是「名字」或是「斧頭」——並不僅僅是做市（發布買價與賣價），同時也經手了來自機構投資者〔史密斯（Smith）、賽爾韋（Selway）與麥考密克（McCormick）1998: 34〕的大筆交易。假設一名交易商正在執行一個大筆出售訂單，或者得知此類訂單正式執行或是即將被執行，便會降低其買價以避免以某個可能會下跌的價

高階管理	6	9%
行政／合規部門／行銷	17	25%
技術	29	43%
定量分析	2	3%
交易	5	7%
混合角色，包括交易	9	13%
	68	

來源：受訪者 BT 檔案中的職員列表，實際日期不明。混合角色包括交易／研究、交易員與模型師。

格買入股票。事實上，那斯達克螢幕上一連串非匿名的買價和賣價因此已將交易商的私人資訊傳播給了任何準備要仔細監控螢幕的人。這與 ATD 在 Instinet 上交易失敗的訊息相同與，在 Nasdaq 本身交易不同，在 Instinet，ATD 系統可以看到的買價與賣價兩方都是匿名的，而且數量少得多，因此訊息量沒有那麼高。

正如懷特康所說（訪問 2），身為「被鄙視的」SOES 土匪，ATD 有時會感到不自在：「我們知道——或者說我們感覺到——NASD 最想做的莫過於追究違規行為並關閉一間 SOES 土匪公司。」

懷特康幫助建立了一個電子交易商協會，向 SEC 和國會證明「SOES 土匪並沒有做任何邪惡或不誠實的事情，甚至可能透過對相關領域施加壓力進而提供服務」，換句話說，減少出

售股票的最低賣價高於購買它們的最高買價的程度（懷特康訪問 3）。但要人尊敬 SOES 土匪著實不容易。有一次，懷特康驚恐地看著一個領導的土匪「名符其實動手腳在威脅」一位 NASD 高級官員。「他一邊說著極其褻瀆的話語一邊走向他」（訪問 2）。

然而，然而，自動化的「SOES 強盜」對於 ATD 在一九九〇年代中期的生存至關重要：「它救了我們，」懷特康這麼說（訪問 3），並使公司發展到有大約七十名員工（見表格 3.1）。有時候完全有可能獲得每股二十五美分的利潤。若是 SOES 最大規模的訂單，一千支股票，受訪者 BW 告訴我「無論如何，你剛剛已從交易商那裡賺取了兩百五十美元。」但是，僅靠 HFT 公司在被汙名化的美國金融市場邊緣生存，並無法改變這些市場。這種轉變始於一個完全不同的發展，儘管它也起源於 SOES 的土匪行為。

「島嶼在這裡！」

雖然土匪使用 SOES 來創建他們的交易頭寸，但除非他們非常幸運，否則他們不能使用它來關閉這些頭寸以獲利（哈里斯與舒爾茲，1998）。為此，他們通常必須透過經紀商使用價格不菲的 Instinet（受訪者 AF 表示，該網絡「堅持不提供純日間交易公司的造訪的權限」）或是那斯達克為其交易商設置的螢幕式交易系統 SelectNet，而無需向 Instinet 支付費用即可相

互交易。SelectNet 非匿名，因此可以識別出在上頭交易的 SOES 土匪經紀商。「他們知道是你，」受訪者 BW 說。交易商也不必遵守他們在 SelectNet 上發布的價格。

因此，有機會專門創建交易場所以滿足土匪和其他日間交易者的需求，特別是促進這些交易者使用 SOES 創建的交易頭寸的平倉。第一個同時也是最具影響力的會場便是本書的開頭：島嶼，像 Datek 這間辦公室位於百老街的新創公司，就是一家擁有許多 SOES 土匪交易員和客戶的那斯達克經紀公司。正如島嶼最初的軟體架構師暨工程師喬許‧萊文（Josh Levine）告訴我的那樣，島嶼的最初版本於一九九六年二月推出，「和世界上大多數代碼（計算機程序）一樣，比原先設計的更加進步（發送給作者的電郵，二〇一二年，五月二十一日）。⑯

島嶼的兩位創辦人是萊文（他自卡內基美隆大學的電器工程系「被退學／輟學後，靠著為紐約的金融業編寫軟體謀生）和最初被 Datek 聘為職員的傑佛瑞‧希特隆（Jeffrey Citron）。⑰ 創辦時希特隆開始執行交易，最終退出並招攬萊文進許多合資企業中，其中一些是關於開發軟體以幫助交易員，例如那些在 Datek 等公司工作或進行交易的交易員。希特隆和萊文都和 Datek 保持著密切關係，同時間萊文繼續留在百老街五十號的辦公室中。

萊文創立了一系列系統，幫助 Datek 的客戶和類似的交易員透過買賣那斯達克股票賺錢。守望者（Watcher）是誕生自島嶼的系統，最初只是「用於監視執行輸入的資訊並追蹤交易

員頭寸的程序，」但萊文逐漸加上更多功能，使之成為一個成熟的交易系統，為交易者提供市場資訊和那斯達克交易商不斷變化的買賣與賣價的最新訊息，並使他們能夠發送訊息給個人用戶或是所有使用守望者的交易員（來自萊文的電郵，二〇一二年，一月二十七日；匿名；匿名。一九九五一九九七年：六月十五日，一九九五年）。如派特森（2012: 90）所記載，萊文的守望者是由一名非常了解交易員的執行方式和優先考量的工程師設計，其性能遠遠優於那斯達克笨重的專有終端機，幫助Datek 在曼哈頓下城的土匪中脫穎而出。

由於將注意力完全放在使用守望者的交易員身上，希特隆和萊文知道對於一個守望者的用戶而言，想要以給某個特定價格出售股票而另一位用戶想要以該價格購買股票是很常見的，但卻無法透過那斯達克這樣做。因此，他們為守望者（客戶對客戶跳轉交易）新增了一樣新功能，允許用戶完全繞過那斯達克直接相互交易。「它是這樣運作的，」萊文說道：

1. 你和我坐在一起。我聽到你碎念說你很不高興不能賣掉目前持有的一百股 INTC（英特爾公司）的股票。
2. 事實上，我正好想買 INTC 的股票，所以我說：「嘿，我要以每股一百二十五美元跟你買那一百股股票。」
3. 你想賣掉你的 INTC，所以你同意這筆交易。

4. 我在我的守望者中輸入一筆跳轉交易，我們倆會立
即看到我們更新後的頭寸和損益——你的顯示賣出
了一百股 INTC 而我的則顯示買入一百股。（萊文
記給作者的電郵，二〇一二年五月二十一日）。

　　然而，這樣的過程取決於一對一的隨機互動。儘管最初只
有提供廣大的守望者用戶，但隨後島嶼擴大了此類交易的範
圍。「這個想法……只是一個讓投資者可以直接會面的『島
嶼』，」正如島嶼前首席執行長馬特·安德森（Matt
Andersen）告訴我的那樣，如此便不必透過那斯達克交易商的
中介機構（安德森訪問）。「島嶼在這裡！」一九九六年二月
十六日萊文告訴守望者的用戶。「如果你以 22 3/8（22.375 美元）
的價格買入一千股 ZXYZ，而其他人在 22 3/8 時輸入了一個島
嶼訂單以 22 3/8 買入五百股，那麼該購買訂單將會自動執行。
相對地，」他繼續說道：

如果你在島嶼上看到四千股 ZXYZ 以 22 1/2 的價格
出售，並且想以 22 1/2 的價格購買股票。你可以按
<Shift 2> 輸入購買一千股（五百股乘以二）的訂單。
想買兩千股嗎？只需按兩次 <Shift 2>。（匿名，1995-
97：一九九六年，二月十六日）

　　正如 SOES 土匪世界的典型情況，島嶼的實體環境並不引

人注目。對於拜訪過百老街五十號的監管人員受訪者 RH 來說，島嶼的辦公室就像是「聯誼現場……人穿著 T 恤並打赤腳。」辦公室很凌亂，「天花板上垂下了大把電線」（受訪者 RH），還有「成堆的垃圾」（受訪者 AH），「一大疊垃圾、披薩盒之類的東西」（受訪者 RH），有一台電腦控制的銑床（對交易沒有幫助，但萊文想用它來製作送給妻子的首飾盒，受訪者 AN 告訴我），以及——許多受訪者的印象深刻——有一座孩童戲水池充當的烏龜水缸。「他們很臭（受訪者 BW）」，「若你沒有按時清洗過濾器就會這樣。若你是那裡的員工……這也是工作之一」（受訪者 AF）。

島嶼位於百老街五十號地下室的機房也有類似的臨時外觀，「臨時大風扇」被用來嘗試冷卻所有裝在裡面的機器，被受訪者 AX 形容為「非常便宜的戴爾……我們購買了非常薄的桌上型電腦，把它們翻過來放在麵包師傅用的架子上（在島嶼的機房，這些電腦當然沒有正常的螢幕和鍵盤）。當兩名新入職的島嶼工程師第一次看到它的系統時——「與我從前見過的任何東西都截然不同，」其中一位說：「我們以為它不會運作，但它已經啟動並運轉，所以顯然是有效的」（受訪者 AN）。

島嶼計算機系統臨時搭設的外觀掩蓋了其系統的創新設計。「技術方面他們知道自己在做些什麼，」覺得島嶼的辦公室像一個聯誼會場的監管員 RH 這麼承認。替早期系統編寫軟體以支持電子交易通常需要多位人力分工合作。受訪者 AN 說：「你撰寫一條規則（關於系統應該如何做的規則）並交給

顧問，」通常是一間商業諮詢公司的軟體開發團隊，軟體將由沒有相關業務領域第一手經驗的工程師編寫。這是一個耗時且昂貴的過程，雖然最終結果通常會成功，但卻既不優雅也不高效。

相比之下，島嶼的系統是喬許・萊文一個人構想，且大多原始的核心都是由一人所撰寫。史蒂芬・萊文在《駭客們》（Hackers）裡有紀錄他的方法（萊文，1984），雖然萊文所討論的工程師們是來自更早前的世代。

最早先，駭客這個詞並不是指入侵電腦的人，而是指那些將自己視為非正式但可識別的次文化、擁有不怎麼相關的信念與偏好的一部分的程式設計師：不信任權力、官僚主義與中央集權，蔑視組織階級；擁護資訊自由及現成、廣泛可用、可實際操作的電腦系統；或者，最重要的是，專屬程式設計師的審美。駭客以簡潔、優雅的程序形式首重效率，這些程序快速且將他們對計算機硬體的需求降至最低，他們看重它不僅是出於實際原因，同時，如萊文所說，也因為「一個程序的編碼有它自己的美。」對於駭客而言，重要的是來自程式設計師同行的尊重，這裡指的不是正式的證書或是財富等那些無關緊要的事，而是因為撰寫了這些程式而為人所知，這些程式擁有「最少行代碼」、被「巧妙地組合在一起，使作者的同伴們看到時忍不住心懷敬畏」（萊文，1984: 30-31）。

儘管如此，島嶼（尤其是喬許・萊文）依舊是營利的商業，至少某種程度上體現了麥特・安德森接受採訪時所說的

「駭客精神」（萊文於一九八四年所用的術語為「駭客倫理」）──其中包括了對簡潔、高效代碼的審美偏好。[18]萊文為I島嶼設計的系統最引人注目的是，它的效率和速度遠遠高於允許「土匪」交易員直接相互交易的立即實際目的的需求。如第1章所述，島嶼系統的核心，它的撮合引擎，可以於幾毫秒（千分之一秒）內執行交易。有鑒於人類感知時間的下限是至少一百毫秒〔卡納萊斯（Canales）2009〕，島嶼的撮合引擎可能比以前慢很多倍，但仍能滿足交易員的需求。

島嶼系統的速度並非來自昂貴、專門、超高速的硬體。「喬許會說，『不，不，不，我不想要任何超過四千美元的硬體』」安德森說。相反地，讓島嶼系統運行速度這麼快的原因是其軟體在組成系統之廉價、標準的硬體上運作的方式。萊文以及另一位加入島嶼的程式設計師（以及，比方說重寫撮合引擎）深刻意識到訊息處理技術的實質性，特別是電腦記憶體的實質性。例如，他們意識到快取記憶體（在記憶的意義上，這是處理器芯片的矽的實體部分）、主要記憶（植入於矽之中，但與處理器芯片分開），以及長期儲存，特別是存於硬碟中的記憶，彼此之間的速度存在相當大的差異。將數據儲存於硬碟或是從硬中檢索數據──仍然需要──幾毫秒；即使有一九九〇年代中期的技術，快取記憶體的速度仍遠勝於此。[19]

程式設計師AX向我描述道，百老街五十號的地下室塞滿了「廉價……簡易的」電腦，並告訴我說：「那些機器都沒有碰觸過自己的硬碟，」意思是島嶼系統的編程方式，它的機器

零件很少需要用到慢速硬碟。最重要的是，使之成真的是撮合引擎的設計徹底脫離了過去的作法。直到那時，撮合引擎的設計目的是為確保受訪者 AF 所說的「交易完整性」，即在交易所的計算機系統做記錄之前不會執行甚至確認傳入的訂單，通常是永久存取在硬碟的關係數據庫或去其他形式的永久記憶體中。這種方法對於為大型官僚組織工作的軟體設計師來說可能很自然，這意味著配對引擎必須不斷地暫停以進行「兩段式提交」[20] 以檢查訂單簿內的變化有被正確地永久儲存於記憶體中。島嶼的撮合引擎沒有這麼做。正如受訪者 AN 所說，「島嶼的撮合引擎……是透過所有人（所有其他相關的系統組件）」都讀取的串流傳送出訊息。」訂單簿的變化因此「同時（或同步）被儲存在不同的地理位置的機器中」（受訪者 AF）。

島嶼撮合引擎的心臟是個名叫「enter2order」程序的演算法，此演算法是萊文用軟體公司 Fox Software 所開發的用於數據管理的程式語言 FoxPro 所編寫。萊文發現一種提高配對過程速度的簡單方法，這種富有藝術感、有效率的代碼擁有萊文所說的「屬於它的美感。」在萊文後續的解釋中，當島嶼的系統收到新的訂單時，「enter2order」會：

> 查看是否有最近取消過的訂單記錄，我們可以為這筆新訂單重複使用它。這非常重要，因為該記錄可能仍在快取記憶體中，並且使用它比創建新記錄要快得多。（萊文）

> 在為新訂單生成序號和時間戳印後，演算法接著會透過將訂單與訂單簿中已有的訂單進行配對來檢查該訂單是否有可能被執行。

> 開始配對！從訂單簿最上頭開始（若新的一筆訂單是，要出售的訂單，那麼「訂單簿最上頭」就是以有的最高價買入訂單）一直到沒有可以配對的股票或訂單為止。（萊文）

萊文還開發了兩種簡潔、高效的計算機通訊協定，這些協定現在被廣泛用於最快的自動交易形式中：Ouch，透過對訂單的買價、賣價和取消進行編碼，以便撮合引擎快速、自動處理；Itch，它以連續串流的形式傳輸這些買價、賣價和取消的匿名版本，允許計算機不斷合成自己的訂單簿鏡像，而不必等待訂單簿的定期更新。

「金錢開始從天而降」

儘管島嶼的速度和精密性，但它源自於 SOES 土匪世界，因此最初相當聲名狼藉。舉例來說，島嶼的員工被告知：「千萬不要提及……誰是島嶼的客戶……人們不想被知道他們是在島嶼進行交易，」受訪者 BW 說。ATD 沒有這樣的偏見，且很

快就看出新的會場有多適用於演算法交易。它成為第一間在島嶼進行交易的外部公司，且很快就成為重度使用者並刺激了島嶼的交易量，使之成為一處有吸引力的交易場所。最初島嶼一日每通電話的上限是 999,999 筆訂單。有一天，當受訪者 BT 意識到 ATD 即將超過該上限時，才清楚了解了 ATD 在島嶼的活動規模——「我就想，噢真是狗屎」——但幸運地它又有了另一條可用的線路。

島嶼的速度和計算機友好的設計不僅幫助吸引了 ATD，而且很快也吸引了其他新興的 HFT 公司。文化上來看，這樣的契合度相當吻合。年輕、懂技術的人——一樣，大多是男性——管理島嶼（以及另一個電子通訊網路，或稱 ECN（Electronic-communication networks），在一九九〇年代被創立來交易股票）看起來就像是那些新的 HFT 公司的職員；確實如此，員工會在島嶼與這些公司間來來去去。島嶼成為 HFT 的理想場所的另一個重要原因是它完全自動化且只需少數員工來執行，能夠收取前所未有的低手續費：每股交易收取四分之一美分〔畢埃思（Biais）、畢西耶赫（Bisière）以及史帕特（Spatt）2003: 6〕，不到使 ATD 的 Instinet 和 NYSE 交易的盈利能力如此不穩定的費用的十分之一。此外，島嶼是最早支付所謂退還款的交易場所——退還給「提供流動性」的公司或交易員，即是在訂單簿中輸入稍後將執行的買價與賣價。退還款（之後在美國股市交易中相當普遍）鼓勵 ATD 和其他 HFT 公司充當自動化做市商（見第 6 章）；換句話說，ATD 和其他

HFT 公司可以在島嶼的訂單簿中持續維持價格有吸引力的賣價和價格略低的買價，隨著市場條件的變化不斷變動價格（藉由取消現有的訂單以及提交新的）。島嶼的速度降低了這麼做的固有風險。「每毫微秒我所不知道的事，都是一毫秒的風險，」受訪者 AJ 這麼說，而速度快的撮合引擎、訂單簿變化數據的快速傳播、訂單的快速處理，尤其是訂單的取消，都有助於降低做市風險。

在像 ATD 這樣的公司進行自動化做市的可行性方面，島嶼和 NYSE 之間存在鮮明的對比，受訪者 BT 表示，在一九九〇年代嘗試在 NYSE 進行這種活動非常困難。進入 NYSE 需要支付高額費用且不收取任何退還款，並且（如前所述）除了「專家」以外，交易員只能獲得有關其訂單簿內容的部分訊息。儘管隨著時間推移，在 NYSE5 進行的交易日趨自動化〔亨德肖與穆爾頓（Moulton）2011〕，但在一九九〇年代，專家必須授權的情況仍相當常見，例如按下電腦終端機的「Enter」鍵（受訪者 XM 與 GG）。BT 表示，確認取消的訂單——對於防止做市演算法的報價變得陳舊至關重要——在 NYSE 通常會延遲關鍵性的幾秒鐘。交易激烈進行時，來自 NYSE 的反映最佳買價和賣價變化的數據（由專家的職員手動輸入）可能會延遲交易高達三十秒。[21] 不過，島嶼並未與 NYSE 直接競爭。與隨後的大多數其他新的電子股票交易場所（如上所述，這些場所統稱為電子通訊網絡或 ECN）一樣，它對交易在 NYSE 上市的股票持謹慎態度，擔心被 SEX 強迫以速度慢的 ITS 執行交易。

（總部與芝加哥的 ECN 群島交易所（Archipelago）有交易 NYSE 的股票，使用了 ITS 因為難用而感到失望。群島經常投訴 NYSE 和其他交易所的專家違反系統的規則，並且，如受訪者 EZ 所說，他們甚至開發了「投訴者」電腦程序來自動處理這些怨言。）

　　相反，島嶼和其他 ECN 最初主要交易在那斯達克上市的股票。一九九〇年代晚期及二〇〇〇年初是網際網路股票繁榮、崩潰和大量交易的年代，那斯達克是大多數網際網路公司的上市場所。一個顯而易見的小技巧幫主島嶼和其他 ECN 在這些達康公司和其他那斯達克股票的大量交易中佔據越來越大的份額。雖然那斯達克的價格以八分之一美元計價（一九九零年代晚期減少至十六分之一美元），但 ECN 以更精細的價格網運作。例如，島嶼的最低價格漲幅是兩百五十六分之一美元，這代表著 HFT 公司有可能以略高於那斯達克交易商的價格在島嶼上發布買價和賣價，從而削弱它們，同時仍然獲得可觀的利潤。到了二〇〇〇年三月，ECN 佔據了那斯達克上市股票交易量的 26%；一年多之後（2001 年 6 月），此比例上升至 37%（畢埃斯等人，2003: 6）。

　　ECN，特別是島嶼，之所以繁榮很大程度上是由於上述原因，它們吸引了 HFT。反過來看，HFT 成形且在島嶼和其他 ECN 上的交易中取得了勢頭。如同第 1 章所描繪，島嶼引入的 HFT 做法之一是主機代管，鼓勵交易公司將他們的伺服器放置於百老街的大樓中，甚至是放於地下室島嶼計算機系統的旁邊。

島嶼於一九九六年營運後，表格 3.2（「期貨當頭」）列出的主要 HFT 訊號類別只有一個完全適用於 HFT 演算法；他們看得見島嶼的訂單簿，但它最初只佔那斯達克股票市場的一小部分；並且只有有限的分割的交易分散於不同的會場中。

　　儘管如此，「期貨當頭」足以讓 HFT 在島嶼獲得高利潤。一九九〇年代末出現的 HFT 公司浪潮中的其中一個例子是第 1 章中提到的一家公司，Tradebot，由戴夫・卡明斯於一九九九年十月創建，卡明斯是計算機科學及電氣工程系的畢業生，曾於堪薩斯市交易所的公開喊價池進行交易。如卡明斯於自傳中所寫，當 Tradebot 開始交易股票後，「我們最初的股票交易模型很原始。我們嘗試了很多新想法。其中許多都沒有效。都被擊中或是錯過了」（卡明斯，2016: 42）。卡明斯表示，改變 Tradebot 命運的是一起自主的發現；沒有人告訴公司——ES（CME 的電子交易標準普爾 500 股指期貨）的價格變化通常都是先於相應的交易所交易基金，在島上交易的股票中 SPY 的類似變化：

> 我們注意到 ES 有變化後，不到一秒後 SPY 也跟著有了變化。只是數分之一秒，我們的肉眼就可以看見圖表上超前滯後的關係……我們根據 ES 中的價格在 SPY 的島嶼上發布買價和賣價。當 ES 上漲時，我們提高出價。ES 下跌時我們則降低了賣價……一開始我們新的 SPY 交易就像是在桶中射魚。錢開始從天而

CME 也開始交易新的股指期貨，NQ，它追蹤了那斯達克
100 股票指數，正如 Tradebot 在 ES 和 SPY 中發現的那樣，
NQ 的市場發生了變化，如第 2 章所述，交易那斯達克股票的
一個非常有用的訊號，尤其是在 QQQ 的島嶼上做市，這是一
種在網際網路時代非常受歡迎的交易所交易基金，它也跟追蹤
了那斯達克 100。

「鉸鏈」

「鉸鏈」，如同第 1 章所描述，是社會學家安德魯·阿伯特
用以表示在多個活動領域創造獎賞的過程的術語。HFT 與新的
股票交易場所，例如島嶼，之間的相互鞏固的關係是更廣泛的
鉸鏈的前身，連接著——現在仍然連接著——交易所的發展和
HFT 的成長。原先的核心過程是：在島嶼的獲利幫助新的 HFT
公司成長，提供資金使它們能夠擴展到其他市場。同時間，
HFT 公司提供的流動性（大量的交易，以及訂單簿中大量、價
格有吸引力的買賣盤）幫助島嶼，以及很快也幫助了其他
ECN，在那斯達克上市的股票和交易所交易基金（如 SPY 和
QQQ）的交易中佔據越來越大的比例。HFT 公司可以在接受
HFT 的場所增加交易量，因為正如受訪者 AF 所說的，與「銀

行和其他成本更高的場所」相比，它們「可以以非常、非常、非常微薄的利潤運營」。有些交易對 HFT 公司來說是可獲利的，對銀行卻無法。」正如從 ECN 轉到 HFT 公司的受訪者 DB 所說的：

> 這些 HFT 公司正是島嶼和其他 ECN 的大客戶，它們全都對電子交易系統有著相同的渴望……這正是為何……你開始見到市場結構合併在一起……低延遲（例如：高速）、價格層級（為交易大量股票的公司降低費用）、相當相似的（技術）功能，因為相同的主要參與者（HFT 公司）擁有相同的全球交易願望清單且都會說：「若你做 A、B、C 到 X、Y、Z，我可以在你的平台上做更多生意。」

到二〇〇〇年代初期，這一過程甚至開始影響到 NYSE 等歷史悠久的交易所，正如我們將在下面看到的，儘管比美國晚了幾年，此在歐洲的影響也很明顯。

從某種意義上說，「鉸鏈」甚至延伸到了政府監管領域。儘管在一九七〇年代，SEC 放棄了創立如 NYSE 這種老牌交易所的艱鉅挑戰，但對改革的興趣，尤其是創立方法以加強交易場所之間競爭，這點從未完全改變。此方法在一九九〇年代因譴責那斯達克交易商從事損害個人和機構投資者的不當行為而重新復甦。一九九三年，當時《富比士》雜誌的年輕記者葛雷

琴‧摩根森——之後她成為引領美國財金線記者的人之一——嚴厲揭露了其中包括那斯達克的交易商有時候會「提前交易」客戶的訂單（舉例來說，在執行客戶的買入訂單前先在自己的帳戶上購買），並且有時候會透過故意延遲向客戶提交確認報告來掩飾這一點（摩根森，1993）。

一年後，經濟學家威廉‧克里斯蒂（Willian Christie）與保羅‧舒爾茲（1994）確認摩根森的指控中最容易證實的一點：那斯達克交易商有系統地避開了八分之奇數的報價。這項發現如同內部人士透過類似壟斷的行為提高利潤一樣，被媒體大幅報導，對那斯達克交易商的聲譽帶來了毀滅性的後果。一九九四年五月二十六日新聞第一次報導克里斯蒂和舒爾茲的調查結果後，交易商急遽增加了八分之奇數的報價——實際上是一夜之間（克里斯蒂、哈里斯與舒爾茲，1994）——但為時已晚。結果是交易商面臨了集體訴訟——一九九七年十二月以 9.1 億美元達成和解（不承認有不當行為），此為當時歷史上最大的民事反壟斷和解案——促使 SEC 將所有注意力都放在那斯達克身上。

至少，事實上，促進 ECN 的興起是讓 SEC 減少那斯達克交易商在交易中的結構性優勢的直接方式。SEC 一九九六年的訂單處理規則——根據受訪者 RZ 的說法，以及一位在 NASD 任高階職務的前 SEC 官員的努力——將那斯達克的螢幕轉往了一個新的電子交易場所，允許他們與那斯達克的交易商們一同發佈最佳買賣價。SEC 一九九八年的另類交易系統（Alternative

Trading Systems，ATS）使之更容易創建新的交易平台〔卡斯特爾（Castelle）、米羅、貝恩扎（Beunza）與盧賓（Lubin）2016〕。二〇〇〇至二〇〇一年，SEC 也將美國股票交易當作是一個整體，移向了島嶼精細的價格網，將美國股票交易的價格的最低漲幅從十六分之一美元減少至一美分，此過程被市場參與者稱為「十進制化」。

然而，對於新的 HFT 友好的電子交易場所的興起，可說同樣重要的是早期事件的長期影響：一九六〇年代的「紙質危機」以及由此產生的來自國會要求改革清算和結算流程的壓力。這些流程過去與現在都是股票交易的重要物質基礎，因為它們涉及了交易的登記和擔保、股份所有權的轉移以及相應的現金支付（參見米羅、穆尼耶薩、帕努爾吉亞與史考特，2005）。如上所述，一九七五年的證券法修正案（Securities Acts Amendments）不僅規定了綜合交易的「國家市場體系」——如第 1 章討論過的，這只是一種弱化的形式——同時也有「清算與證券交易結算的全國體系」（證券法修正案，1975: 139）。後者是被創建出來的，交易所（以及那斯達克）的獨立系統被整合到一個單一的、集中的系統中，由一個單一的組織運營，即存管信託公司（Depository Trust& Clearing Corporation）。

相較於堅決抵制光鮮亮麗、有利可圖的交易世界的集權化，清算和結算的集權化——管理後台的枯燥任務（塞利格曼，1982: 455）——引起的抵制要小得多。畢竟，後台理所當

然都是些文書工作，越來越多是由女性完成，且大多應該都被視為花錢、而非賺錢的地方。最強大的交易所 NYSE 透過其於一九六八年創建的中央證書服務（Central Certificate Service）而成為結算的核心，這很可能也有所幫助，該服務旨在將實際移動股票的需要降到最低。[22] 儘管如此，就像 SEC 沒有看出掌管五花肉的價值一樣（見第 2 章），交易所未能抵擋創建一個單一的、全國性的、易於進入的清算和結算系統也是必然的結果。例如，與第 4 章討論的主權債券市場不同，清算和結算並不是島嶼等新的股票交易場所面臨的根本障礙，因為採用單一、集中的清算和結算系統可以直接於現有場所購買股票並在新場所出售，反之亦然。[23]

一項最終的監管行動決定性地擴大了連接 HFT 和交易場所之間的鉸鏈範圍。如先前提到的，在一九九〇年代後期如島嶼這樣的 ECN 興起期間，NYSE——以及在其上市的藍籌公司股票的交易——仍然受到保護，免受來自新電子交易場所的競爭威脅：如果他們想交易在 NYSE 上市的股票，這些場所將不得不一直暫停交易，直到透過緩慢的 ITS 發送的交易請求有結果為止。二〇〇五年，SEC 的監管全市場體系（「Reg NMS」），即當前管理美國股票交易的體系（SEC，2005），剝奪了 NYSE 交易大廳對 ITS 的保護。若報價只能從交易大廳的人那裡取得，則它實際上不再受到保護，並且在將訂單發送給該人時，電子交易不再需要暫停。

正如 ECN 蠶食掉那斯達克在那斯達克上市股票交易中的

份額一樣，SEC 採用 Reg NMS 引發了 NYSE 在 NYSE 上市股票交易中的份額更加劇烈的崩潰。自二〇〇五年到二〇一〇年，這一份額從 80% 下降到略高於 20%〔安傑（Angel）、哈里斯與史帕特，2013: 20，圖表 2.17〕。那斯達克和 NYSE 都透過購買最具威脅的 ECN 來應對他們面臨的新危險。島嶼的所有人 Datek 在二〇〇〇年將之賣給了密特·羅姆尼（Mitt Romney）的貝恩資本（Bain Capital），接著在二〇〇年將它賣給了 Instinet，結束了島嶼的獨立存在，但並沒有結束它所體現的鉸鍊或其超快技術的影響。透過在二〇〇五年收購 Instinet 的美國業務，那斯達克獲得了這項技術，並在許多方面重塑了自己，使其與昔日最危險的競爭對手抗衡。同樣於二〇〇五年，NYSE 收購了群島（率先交易 NYSE 上市股票的 ECN）。此次收購帶來的交易量彌補了 NYSE 市場份額的部分損失，也帶來了可以用來重塑其系統的技術，受訪者 FB 向我描述了這一過程。那斯達克和 NYSE 等老牌交易所對 HFT 的態度從根本上有了變化。受訪者 BT 回憶，在 ATD 早期，「我們乞求能進入系統，」然後遭到拒絕。「紐約：『別來這裡。』」來到二〇〇〇年初，老牌的交易所發現這種立場已經站不住腳了。他們需要 HFT 公司來維繫並建立交易量好應付來自如島嶼這樣新的交易場所的競爭。再次，BT：「他們直截地懇求我們將我們的交易量帶至他們的系統中……紐約：『噢，拜託過來吧。』」

那斯達克二〇〇五年收購島嶼以及 NYSE 收購群島，將兩

個強大的競爭對手排除在現有交易場所之外，但其他 ECN 仍然存在，維持著市場份額的競爭。這方面最重要的是創立於二〇〇五年的全新 ECN，名為 BATS（更好的替代交易系統，Better Alternative Trading System）。它代表了 HFT 和交易場所之間特別緊密的鉸鏈形式。BATS 由戴夫·卡明斯的堪薩斯城 HFT 公司 Tradebot 的團隊創立，部分資金由另一間頂尖的 HFT 公司和兩家專門從事 HFT 的經紀商提供。卡明斯擔心，對島嶼和群島的收購意味著他所謂的 NYSE ／那斯達克「雙頭壟斷」正在捲土重來：「競爭使我們的交易成本降低了 90% 以上。價格是否會回升？」（卡明斯，2016: 90）。就像十年前的島嶼一樣，BATS 提供了低手續費及快速的技術（後者甚至可以與那斯達克受到島嶼啟發的新系統相互匹敵）。二〇一三年四月，受訪者 EZ 告訴我 BATS 內部不斷施加壓力以加速其撮合引擎：「每個季度，董事會都會就撮合引擎有多麼快速進行報告。我們打破 200 微秒的障礙了嗎？」

由這種流程帶起的美國股票交易的轉變涉及了 HFT 演算法可用的「訊號」範圍的擴展（總結於表格 3.2）。特別是其中兩類訊號（碎片化和訂單動態）可以被視為本章討論的衝突的結果，就像第一類訊號（「期貨領先」）是第 2 章中討論的紛爭的結果。島嶼和其他 ECN 對先前存在的股票交易世界發起的成功挑戰意味著，現在相同的股票在多個交易場所進行大量交易，使得在其中一處場所發生的事情成為另一地演算法進行交易的關鍵訊號。然而，這個結果並非不可避免。例如，例如，

表格 3.2：美股 HFT 中使用的主要訊號類別

1. 期貨當頭：股指期貨市場的變化通常略先於基礎股票市場的變化。
2. 訂單簿動態：正在交易的股票以及這些股票在演算法交易場所的訂單簿中的其他變化，例如，買入和賣出差額的變化。
3. 碎片化：同一股票在不同場所的交易或訂單簿的變化。
4. 相關股票和其他工具：市場的變化，例如，價格與被交易股票的價格相關的股票。

註：訊號是通知演算法開始交易的數據模式。許多其他類別的訊號具有更專業的用途，比方說機器可讀取的公司或是宏觀新聞的發佈。交易中還使用了許多其他種訊息來源，包括對社群媒體「觀點」的自動分析、衛星數據，在油輪的移動上使用衛星數據等等。（雖然這些數據通常對於時間尺度更長的交易公司比對 HFT 更為有用）。

CLOB（綜合有限訂單簿）已經取得成功，所有美國股票交易都將在一個訂單簿內進行，「碎片化」這一類訊號基本上已不存在。美國股票交易和美國金融期貨交易之間的差異也證明「碎片化」這類訊號在美國股票交易中的存在純屬偶然（而不是，例如，技術變革的簡單結果）。後者幾乎沒有碎片化；它仍然由 CME 所主導。

同時間，島嶼和其他採取匿名訂單簿的場所的成功，使所有參與者都可以透過電子方式看到這些匿名訂單，這給現有的股票交易場所帶來了轉變為這種市場結構的壓力。例如，島嶼發起了一場宣傳活動，口號是：「我們展示訂單簿給你看。他們何不呢？」（受訪者 BW）。二〇〇二年以來，NYSE 開始讓不再交易大廳的人完全能看見訂單簿，雖然最一開始只是以總體的形式，而非每一筆單獨的訂單，而最初是十秒才更新一次，而非在島嶼的連續串流中。（哈里斯與潘卓佩桑，2005：

26, 28, 及 65）。也是在二〇〇二年，那斯達克（傳統上沒有完全集中處理的訂單簿）推出了名為「SuperMontage」的電子訂單簿，圍繞著官方指定的交易商的老舊結構迅速瓦解，取而代之的是更類似於島嶼以及其他 ECN 的結構。

可見的、持續更新的匿名訂單簿（通用格式如圖 1.5 所示）逐漸成為交易所和 ECN 的標準，其內容的變化也成為 HFT 演算法的關鍵訊號。[24] 舉例來說，如果特定股票的訂單簿的一側開始「崩潰」（比方說，如果發布最佳買價被執行或是取消，並且該價格沒有被替換），那就是價格即將發生變化的跡象。同樣地，如果有一個買價或賣價似乎總在執行後立即被替換，這可能表明執行演算法正在大規模買入或賣出。

事實上，交易所（如第 1 章所述，在二〇〇〇年代初期幾乎都實現了股份化——意即放棄了會員制組織的傳統地位，成為追求利潤的公司，且通常是上市公司）很快就看到了以下數據饋線：使交易公司的伺服器能夠反映交易所的訂單簿，而不僅僅是對 HFT 公司的必要妥協。事實上，這些數據饋送成為了從 HFT 和其他交易者那裡賺錢的越來越重要的方式。交易所可以就饋送本身和交叉互聯收取大量費用，交叉互聯是交易所數據中心內的光纖電纜，將其系統連接到用戶的系統，並挾帶反映交易所訂單簿所需的數據。（有關「鉸鏈」更深刻的經濟模型，請參見布迪許、李以及希姆，2019。）

歐洲的「鉸鏈」

　　如美國一樣，世界其他大部分地區（例如遠東、澳洲、印度和巴西）的股票交易也因 HFT 有所改變，儘管並不總是像美國改變地那麼徹底。然而，這本書聚焦於美國和少部分的歐洲，在那裡也幾乎完成了轉型。轉型的過程很類似，在歐洲也有類似的「鉸鏈」，以及可用於 HFT 演算法的相似訊號類別。

　　HFT 於歐洲股票最初並未成功。二〇〇〇年早期，大多歐洲股票的交易發生在第 4 章節將討論的那種交易商—客戶市場（就歐洲股票而言，交易商主要是倫敦的投資銀行），或者是所謂的全國冠軍交易所，如巴黎泛歐交易所（Paris Bourse）和倫敦證券交易所。儘管巴黎和倫敦擁有悠久的面對面交易歷史，但已經轉向電子交易，並成功抵禦了來自 HFT 之前的競爭對手電子交易場所的零星挑戰（穆尼耶薩，2003；帕多—蓋拉，2010 與 2009）。受訪者 AF 和 BF 任職的美國 HFT 公司「擁有所有交易所的會員資格」，但正如一九八〇年代後期在美國發現的 ATD 一樣，該公司發現「我們的交易成本，我們的清算成本……所有這些成本」對於 HFT 做市來說「太高了」。簡單來說，「我們的交易成本太高了（BF）。

　　然而，到了二〇〇〇年代初，HFT 在美國的早期盈利意味著所涉及的公司雖然規模仍然有限，但已經比十年前的 ATD 擁有更多的資金和人員。AF 和 BF 的公司將其中一些資源用於改變抑制 HFT 的歐洲經濟環境方面。BF 向買下島嶼的 Instinet

提案創建一個新的泛歐 ECN。這在歐洲更加困難，與美國不同的是，歐洲擁有一個股票交易清算所，過去與現在都擁有多個清算所來處理和保證股票的交易。已存在的歐洲清算所通常與現有交易所保持密切關係，似乎對創立新的 ECN 不感興趣。因此，Instinet 於二〇〇七年四月創立全新的歐洲 ECN Chi-X，最終不得不說服比利時─荷蘭銀富通銀行（Fortis）建立一個全新的清算所，稱為歐洲多國清算設施（European Multilateral Clearing Facility，EMCF），其費用遠低於現有的清算所。Chi-X 承諾股票交易會和島嶼一樣，比現有交易所「快十倍，便宜十倍」（受訪者 EA）。Chi-X 的速度主要是來自它的超高速撮合引擎，代碼是由一位前島嶼的程式設計師所編寫。此外，新的交易場所與歐洲新興的 HFT 行業有著密切的聯繫：二〇〇八年一月，兩間 HFT 公司成為 Chi-X 的股東（Instinet, 2008）。二〇〇八年十月，美國 ECN BATS（如上所述，由 HFT 公司 Tradebot 設立）推出了一個類似於 Chi-X 的歐洲分支，最初也是以 EMCF 作為其清算者。

　　與美國一樣，這些新的歐洲股票交易場所在歐洲主要是無意間透過監管變化而得利。儘管歐盟（EU）政策制定者和政客普遍認為資本市場聯盟項目──將各國市場整合為一個歐盟範圍內的單一市場──用其中一位政客的話來說是「一項旗艦任務，」該如何有效地實現它一直沒有共識（受訪者 SC 與 II 所描述）。英國「獲得多國支持，包括荷蘭⋯⋯愛爾蘭以及⋯⋯北歐五國（SC），希望開放股票交易以求競爭，而另一

群」通常是以法國為首，其他包括了西班牙、義大利，有時還有德國」則希望能保護國家冠軍交易所〔見奎格利亞（Quaglia）2010〕。例如，可以在歐盟一九九三年的投資服務指令（Investment Services Directive）中看到後者國家群的影響，該指令允許成員國實施「集中規則」，實際上要求市場參與者僅將訂單發送到國家證券交易所。

經過「艱苦又複雜」的談判和「現有證券交易所部門與新興經紀／OTC（即交易商—客戶）部門之間的激烈衝突」〔莫隆尼（Moloney）2014: 438〕，歐盟金融市場工具指令（MiFID I，正如現在所知）於二〇〇四年獲得批准。[25] 衝突不是因為新的類似 ECN 的交易場所，二〇〇四年歐洲還沒有這些交易場所，但新場所仍然受益於 MiFID I。如同 Reg ATS 在美國所做的那樣，MiFID I 創建了一個設立類似 ECN 的「多國交易設施」或 MTF 的明確程序，以及 MiFID I 強加給交易商的「最佳執行」，這項要求使後者很難忽視在新的交易場所的價格比在原有的交易所還要好。歐洲其他股票交易清算所面臨的壓力──一些是商業上的，一些是來自布魯塞爾政策制定者的──以電子方式與 EMCF（受訪者 EA 和 BF）「相互操作」，並且就像在美國一樣，一個更加集成的清算系統促進交易了交易場所之間的競爭。最重要的是，用其中一個新交易場所的一位資深人士的話來說：「MiFID I 違反了集中規則。假若這些規則仍然存在，那麼 BATS 和 Chi-X 可能不會在這裡了」（受訪者 GX）。

以 Chi-X 和 BATS 為中心，改變歐洲股票交易的過程確實與五到十年前發生在美國的情況非常相似。新的、快速、廉價的交易場所，最低價格漲幅通常都小於原先存在的場所，這些促成了 HFT，反之 HFT 也幫助了這些場所的發展。舉例來說，最初 Chi-X 在歐洲股票交易中的份額僅為 1-2%。之後，Chi-X 提供給經濟學家（Albert Menkveld）的數據顯示，一家 HFT 做市公司開始在 Chi-X 上進行交易；我的訪談內容表示這間美國公司以前因為價格太貴而被迫放棄交易歐洲股票，而後鼓勵了 Chi-X 的成立。曼克維爾德的數據顯示，Chi-X 訂單簿中的買賣價格迅速而顯著地提高——「買賣差價下降了 50%」——而 Chi-X 在歐洲市場「躍升至兩位數的份額」。到了二○一一年，Chi-X 已經超越所有現有交易所，成為歐洲交易量最大的股票交易場所（曼克維爾德，2013: 713-714）。

結語：ATD 與 HFT 新世界

即便美國與世界各地的股市交易有了巨幅的改變，HFT 公司的資金並沒有像「鉸鏈」第一次在島嶼卡入到位時那樣從天而降。一九九五年至二○○一年，ATD 的演算法「SOES 土匪」，以及它在島嶼和其他 ECN 上的交易獲得了可觀的利潤。二○○一年的第一季，舉例來說，ATD 每日大約交易了 5500 萬股股票，平均每股利潤接近 0.9 美分（根據懷特康二○○一年向 ATD 股東報告的數據計算），我的 HFT 受訪者認為是現

今大家樂見的利潤率的二十倍。ATD 在南卡羅萊納芒特普萊森特建造了一座斥資 3500 萬美元足以抵擋颶風的總部（以現代主義、校園式風格設計，附有倒影池和造景），選擇的郵政地址是 11 e 華爾街（eWall Street），野心勃勃地與當時仍然部分手動的 NYSE 的地址相呼應。南卡羅萊納州長出席了建築的奠基儀式。當《國家》雜誌（The State）於二〇〇二年派遣記者喬・柯萊爾（Joe Collier）至芒特普萊森報導 ATD 時，他被停在購物中心外一整排昂貴地不協調的車給嚇到了。（ATD 的基地仍然在這，尚未搬入新辦公室）。他遇到一位二十一歲的查爾斯頓學院學生，他在為 ATD 工作的兩年期間裡賺的錢足以購買「一棟房子和一輛保時捷 Boxster」（柯萊爾，2002）。

然而，即便柯萊爾寫下了他的故事，ATD 的情況卻再次不盡如人意。二〇〇三年，該公司「承認虧損 1600 萬美元」〔史旺森（Swanson）與懷特康，2004〕，這對於當時還只是一家中型企業來說是一筆巨款。矛盾的是，其命運變化的原因之一是美國股票交易轉型的核心措施：十進制。如前所述，這是 SEC 強加的轉變，從以一美元的八分之一或十六分之一定價股票到一美分的最低價格漲幅，此轉變已於二〇〇一年四月完成。

大力倡導改革的懷特康曾預計普遍的價差（股票最高出價與最低出價之間的正常差價）將從 16 分之一美元（6.25 美分）降至 2.5 或 3 美分左右。然而，大多數交易量大的股票的價差幾乎立即就縮水到了 1 美分（懷特康訪談 2、3）。

這是從人類轉變至演算法交易關鍵性的一刻。最高買價與最低賣價僅有一美分的價差，人類的做市於經濟上不再可行。然而這項轉變傷害了 ATD。畢竟，雖然非正式，但它在很大程度上仍是做市商，而較小的價差會降低做市商的收益。此外，此前那斯達克等主流會場的粗定價網格與島嶼等新會場的精細定價網之間存在盈利機會。十進制化強制所有交易場所實施統一的價格網格，這消除了這些盈利的機會。

但是，導致 ATD 面臨困難的更深一層原因是 HFT 的速度競賽已經開始。ATD 很快意識到，它的系統雖然比最快的人類快，但很可能比許多開始 HFT 的新公司的系統慢。對此 ATD 的對策是削減成本和籌集資金，例如出售和重新承租其新總部。它加強了預測模型，並設立了「攻擊延遲專案小組」（懷特康訪談 2），換句話說，就是要減少系統的延遲。雖然大大提升了速度，但 ATD 在延遲方面的戰爭也造成了附帶的損害。更新演算法時，一位年輕的交易員兼程式設計師不小心將加號和減號對調。「很不幸地，這個……錯誤解釋了庫存問題（該程序持有的股票），」懷特康這麼說。該程序並沒有將庫存安全地保持在接近於〇的水平（本意是這樣），而是以「等比數列」的方式增加了庫存……庫存加倍加倍再加倍。才過了 52 秒交易員就「發現出了大事……趕緊按下紅色按鈕停止交易。那時我們已經損失了 300 萬美元」（懷特康訪問 2）。以前 ATD 的系統有風險控制，可以在等比級數造成嚴重損失之前阻止它，但為了減少延誤，這些控制功能已被取消。

ATD 倖存下來的不是因為贏得了速度競賽，而是找到了新的利基市場。它部署了在其 HFT 中建立的模型和技術專業知識，成為第一批新一代高科技「批發商」之一。如第 1 章所述，這些公司執行來自公眾成員的訂單，這些訂單由經紀人發送給批發商，使公眾能夠進行交易。由於大眾成員很少擁有金融從業人員尚未廣泛了解的訊息，因此成本足夠低（因為其做市活動與 ATD 一樣，是自動化的）的批發商有能力支付零售經紀商的費用，以將客戶的訂單發送給他們。而即使有 1 美分價差，執行這些訂單仍然可以獲得穩定的利潤。儘管這些零售訂單必須以普通人的標準快速處理，並且仍然需要自動價格預測，以便讓演算法決定是在內部完成訂單還是將其發送到公共市場，但在這些市場中對速度的需求遠低於 HFT。「你實際上有數百毫秒或最多一秒的時間來做出響應，」受訪者 BD 說。

二〇〇七年七月二日，銀行巨頭花旗集團宣布將以 6.8 億美元收購 ATD，不是收購一間 HFT 公司，而是整個批發商。ATD 的「批發商的做事部門……是被花旗收購的，」BD 說。收購的日期很重要。在評論員開始稱之為「大穩定」的時代裡，像花旗集團這樣的銀行開始變得傲慢自大。〔班奈克（Bernanke）2004〕，而這個看似溫良的時期很快就會以可以想像的最戲劇化的方式結束。在花旗集團斥資巨額收購 ATD 後的幾週內，包括花旗集團在內的銀行體系開始陷入嚴重困境。

遭受重創的銀行沒有成功完成這筆巨額收購。二〇一四年

十月一天下午，一位受訪者帶我參觀了 ATD 十幾年前建造的新的、有魅力的辦公室，它仍然是花旗集團收購的批發商運作的基地。這個空間靜悄悄，停車場幾乎是空的。沒錯，交易日結束了，但也還沒有到那麼晚。一九九〇年代與二〇〇〇年早期，ATD 的辦公場所仍舊生機勃勃，年輕的交易員程式設計師「在交易結束後，用他們強大、相互連接的電腦玩射擊遊戲、反恐精英電玩、毀滅戰士系列和雷神之鎚系列來釋放壓力與沮喪，然後回到辦公室繼續處理數字和代碼」（受訪者 BT）。

空蕩蕩的停車場是個預兆。二〇一六年五月，ATD 不復存在：花旗集團將整個批發業務賣給芝加哥對沖基金及 HFT 公司 Citadel，後者將其關閉，合併到自己的批發活動中。然而，雖然 ATD 的故事已經結束，但他所幫助創造的世界還在前進著。下一章透過檢視主權債券和外匯市場，展示了那個世界的特殊性，在這些市場中，既定的交易秩序比股票交易更成功地抵禦了 HFT 的挑戰。

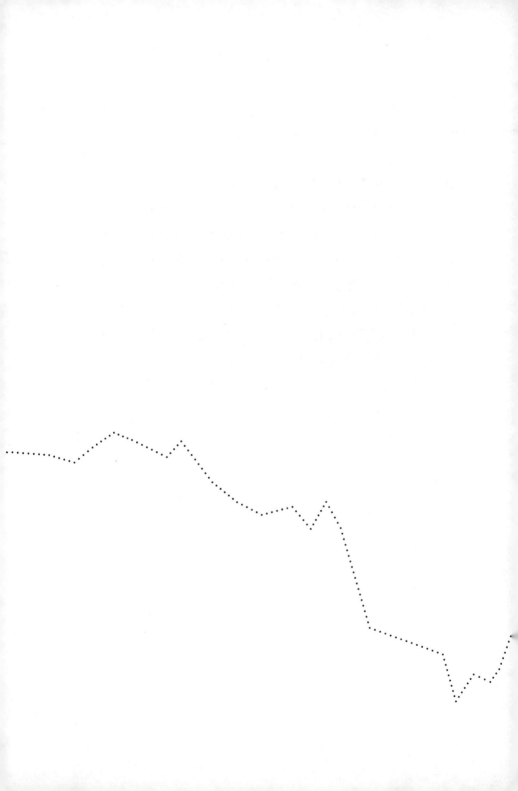

step 4

交易商、客戶，
以及市場結構的政治

……若我是個明智的監管者、政治家，我是真的會想在艱困時期迎合我的人民，還是想迎合這些演算法交易天才的盈利能力？

二〇一七年十月。在曼哈頓市中心擁擠的辦公室內，我坐在一位美國國庫券商旁邊。他買賣美國國庫券（美國的主權債務證券）三十多年，生動地向我描述了一九八〇年代末期投資銀行所羅門兄弟（Salomon Brothers）鼎盛時期擁擠而喧鬧的債券交易室。這是《虛榮的篝火》（The Bonfire of the Vanities）〔沃爾夫（Wolfe）1988〕和《說謊者的撲克》（Liar's Poker）〔路易士（Lewis）1990〕的世界。

　　交易商受訪者 A 那天下午有工作要做，也有故事要說。交易商是個古老的角色：出售證券給機構投資者等客戶，從客戶那裡買入，接著平倉與其他交易商交易的交易頭寸。（一名交易商也能簡單充當代理人，代表客戶進行買賣。）然而，在受訪者 YA 的職業生涯中，國庫券交易商可用的工具產生了變化。三十年前，幾乎所有的交易都會涉及到人聲：在交易室裡大吼大叫、客戶和交易商通電話、交易商和交易商經紀人（其作用是協調交易商之間的交易）透過永久開放的電話線交談。

　　現在，我的受訪者主要是透過電子交易。在我抵達時，他出價購買了 5000 萬美元的美國兩年期國庫券。這動作稀鬆平常地像是回覆一封例行的電子郵件。他打開一個名為 BrokerTec 的電子交易系統的界面，用鍵盤和滑鼠選擇想要購買的國庫券、數量和買價。一個視窗出現在螢幕上，要他確認訂單。滑鼠稍微動一下，點選「是」送出買價。幾乎是一瞬間，它就和其他買價一起出現在 BrokerTec 電子訂單簿的畫面中──全部都是匿名。

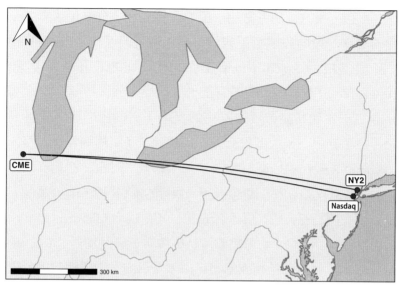

圖表 4.1：「美國國庫券三角」。來源：作者的訪談。

　　最有可能的是，他提報的買價有一小部分是直接人為行為
的結果。BrokerTec 上大多數的買賣都是演算法完成，特別是
HFT 演算法。它們在紐澤西州計算機數據中心 NY2 的計算機
伺服器上運行或在專用的矽芯片（現場可程式化邏輯閘陣列，
或 FPGA，見第 5 章）中執行，BrokerTec 的計算機系統即位
於該數據中心。交易商的買價將沿著哈德遜河沿光纜傳輸到
NY2。到達後，便進入有時被市場參與者稱為國庫券三角的地
方：三間數據中心——以光纜、微電波以及第 5 章所討論的毫
米波相互連接，每間都配有計算機伺服器——美國國庫券與國
庫券期貨在此處進行交易（見圖表 4.1）。

不過，我的受訪者有另一種進入超高速、自動化國庫券三角的方法。他向我展示了如何用另一個交易系統，Bloomberg（彭博）FIT（Fixed-Income Trading）。在 FIT 上購買與在 BrokerTec 出價不同。他螢幕上 FIT 視窗中的按鈕寫有美國國庫券二十三間初級市場交易商的其中十二間的名字。這些公司，除了其中一家大型銀行外，都被賦予了紐約聯邦儲備銀行（Federal Reserve Bank of New York）的官方地位，紐約聯邦儲備銀行為財政部的市場代理。（不是銀行的那間初級市場交易商，是交易商間經紀人康托菲茨傑拉德公司〔Cantor Fitzgerald〕，以下會討論。）我的受訪者點擊這長串按鈕，發送包含了 RFQ 或是報價請求的訊息給相應的初級市場交易商，詢問他們出售給他 5,000 萬美元兩年期國庫券的價格。他們的賣價幾乎是立即出現，由初級市場交易商的自動化系統生成。再點擊兩下，他可以接受其中一筆賣價，但他沒有這麼做；這只是一次演示。因為如此，他選擇了一個標準規模的小筆交易——小筆交易，也就是說，在一個每天買賣價值約 5000 億美元的國庫券市場中是例行公事（在二○二○年三月冠狀病毒引發的騷亂中，每天高達 1 兆美元）。① 若他的要求是更大筆金額的報價，則會由真人負責，而他不想當個討厭鬼浪費交易員的時間——不像 BrokerTec，FIT 並非匿名。的確如此，若他有足夠大筆的交易要進行，就不需要使用像是 FIT 的系統。他可以發送彭博即時訊息，與初級市場交易商面對面交涉。他甚至可以用三十年前的方法：拿起電話，口頭完成交易。

圖表 4.2：交易商—客戶市場結構

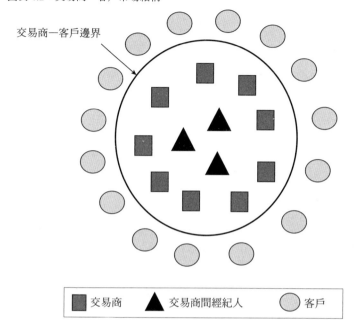

交易商—客戶邊界

| ■ 交易商 | ▲ 交易商間經紀人 | ● 客戶 |

交易商與客戶

　　我的受訪者透過詢價、即時消息或電話與初級市場交易商以非匿名方式進行交易是直接的例行公事，這表示美國國庫券市場在很大程度上仍是交易商—客戶市場（見圖表 4.2）。如同第 1 章所述，這樣的市場是由社會經濟角色之間的區別所構成。那些被歸類為客戶或顧客的組織——甚至也包括最大的對沖基金、投資管理公司或是非營利企業，同樣的，小銀行也在

內──之間並不會直接交易，而是透過交易商。相對的，交易商（現在美國國庫券交易中最大的交易商幾乎都是大銀行）會和客戶、也會彼此交易，後者的案例通常是透過交易商間經紀人。在一個交易商─客戶市場，換句話說，交易商是「價格製造者」（持續或應要求傳播他們幾交易的價格），同時間客戶本質上就是「價格接受者」。[2] 交易商與客戶的區別並非完全僵化不能改變──像我的受訪者任職的公司這樣的小交易商可以有自己的客戶，也可以與較大的交易商建立客戶關係──但仍然建構了交易的方式。

事實上，我們在本書已經提過了交易商─客戶市場：這就是那斯達克的組織方式，直到第 3 章所說的來自 SOES 土匪、島嶼以及其他 ECN 的挑戰使市場結構不再相同；歐洲股票還有個交易商─客戶市場，與後者在交易所進行的交易相戶競爭。

與這兩種情況一樣，世界上一些主要金融市場的交易商─客戶市場結構已被大幅削弱，並在很大程度上被演算法和匿名電子訂單簿的組合所取代。確實，這樣的侵蝕現象無所不在。例如，不論是個人或是機構投資者都無法完全不透過中介進入美國股票交易的主要機制；他們必須透過在 SEC 註冊的「經紀交易商」這樣做。然而，實際實踐起來，如果一家大型投資管理公司願意，即可以很容易地讓經紀交易商授予它的市場參與者直接進入市場，如此它的人類交易員和演算法就可以直接進行交易，並且只受有限的經紀交易商的系統的電子監督。[3]

表格 4.1：高流動性金融工具主要類別之間市場結構的差異

	美國	歐洲
期貨	由匿名訂單簿與 HFT 主宰	由匿名訂單簿與 HFT 主宰
股票	大多由匿名訂單簿與 HFT 主宰	大多由匿名訂單簿與 HFT 主宰
主權債券	交易商－客戶市場，但交易商間的交易中使用匿名訂單簿和 HFT	大量電子交易，但幾乎是完整的交易商－客戶市場，幾乎沒有 HFT
外匯	交易商－客戶市場；部分由匿名訂單簿和 HFT 統領	交易商－客戶市場；部分由匿名訂單簿和 HFT 統領
掛牌期權	匿名訂單簿，但只有數量有限的「經典的」HFT；有一些面對面的交易（因冠狀病毒危機而暫停）	有些匿名訂單簿的交易但有許多交易中介
利率交換	多數電子交易，但基本上是完整的交易商－客戶市場；只有有限的 HFT	幾乎屬於完整的交易商－客戶市場少數 HFT

來源：作者的訪談

換句話說，股票交易事實上變成了市場參與者所謂的全方位市場：任何主要參與者只要願意，都可以直接交易，交易商和客戶之間的區別意義有限。大多數金融領域的全方位市場都是以匿名電子訂單簿為中心，而且，正如我們在第 3 章中看到的，這正是 HFT 演算法蓬勃發展的那種市場。

然而，如表格 4.1 與 4.2 指出，匿名訂單簿／ HFT 市場結構還相當不普遍，且在一些市場中交易商仍然扮演中心角色。這個章節檢視主權債券與外匯市場，其中 HFT 演算法已經取得了進展，但並沒有完全取代傳統的交易商－客戶結構。存在於這兩個市場的問題並不是全面抵抗技術改革；電子交易已經

表格 4.2：在選定市場中以交易商為中介的交易比例（二〇一五年資料，除非另有標示）

美國股票	17%
歐洲股票（2018）	19%
美國國庫券	65%
英國績優證券	90%
德國公債	>95%
外匯	60%
利率衍生產品（例如：交換交易）	90%

來源：安德森等人（2015），卡夫（Cave, 2018）。

廣泛被應用，但在結構上仍然很大程度上尊重交易商和客戶之間的區別。很大程度上，特別是在主權債券的情況下，市場是分歧的，交易商間交易（BrokerTec 是一個主要例子）和交易商與客戶之間的交易（例如彭博 FIT）兩者有獨立的電子系統。

交易美國國庫券

股票和主權債券的交易變得如此不同相當令人訝異，因為它們在傳統上非常相似。股票和債券是在如 NYSE、倫敦交易所及巴黎泛歐交易所等地的交易大廳進行買賣。一九二〇年代，美國債券的交易開始從 NYSE 轉向以電話為中介的交易商—客戶市場：首先是美國國庫券和市政債券的交易，到了一九四〇年代，是公司發行的債券的交易〔密克爾（Meeker）1930: 260；畢埃思及格林（2019）〕。需要完成大量買賣的機

構投資者似乎更喜歡與交易商私下進行交易，而非在 NYSE 更公開的場域上進行交易，對於這些有價值的客戶，交易商僅會相對適度的替價格加價。（相對之下，畢埃思及格林（2019）表示，散戶投資者（即個人）在二十一世紀前十年透過交易商交易債券所支付的費用高於一九二〇年代 NYSE 的相等成本。如第 2 章所討論，也如畢埃思及格林所指出，將市場視為最具流動性的市場是種自我實現的預言：投資者透過在那裡進行交易來維持這點，結果是「流動性可能不會被吸引到最有效率的交易場所」（2019: 270）。）

第二次世界大戰導致美國政府借款大幅增加，導致財政部及其市場代理紐約聯邦儲備銀行（FRBNY）開始與美國國庫券交易商密切合作（例如，透過戰後立即成立的財政部借款諮詢委員會；麥考密克，2019）。一九六〇年，FRBNY 開始指定選定的銀行和證券公司作為初級市場交易商。[④] 這些公司承擔了在美國國庫券初次拍賣中投標的義務，並協調了隨後的交易。

這些初級市場機要商中，所羅門兄弟大概是最引人矚目的一個，受訪者 YA 描述了那裡典型的交易商與客戶的互動：「一位顧客（比方說客戶）會打電話，要嘛確切知道自己想做什麼，要嘛深入交談，」例如，客戶說：「你看見什麼？……你的交易台想怎麼做？」假設，舉例來說，客戶決定購買五千萬美元的十年期美國國庫券，那麼接聽電話的所羅門銷售人員很有可能會站起來對著交易台大喊……「湯姆，替某某某（客戶

姓名）提供五千萬美元十年期」……然後交易者會對你喊出一個價格……接著你要告訴客人這個價格，對方就有機會接受或者拒絕。（受訪者 YA）

如前所述，交易員過去與現在都用交易商間的市場來平倉他們在與客戶交易時所持有的頭寸。一九八○年代，交易商間的交易主要是透過康托菲茨傑拉德公司等之間的經紀人進行，透過永久開放的電話線將每個交易商的每個獨立交易員與為他提供服務的六個左右的交易商間經紀人連接起來（同樣的，幾乎都是男性）。一開始，交易商間經紀人會重複向交易商口頭報價——現有的價格清單，但到了一九八○年代，所有主要的交易商間經紀公司提供交易商顯示價格的螢幕（受訪者 XV）；見圖表 4.3。然而，提供顯示價格的螢幕是種禁忌。當交易商間經紀人 RMJ 證券於一九八○年代開始這麼做時，這「把他們給炸了，對吧？」（受訪者 XV）。RMJ 一系之間幾乎失去了所有交易商之間的業務（受訪者 XP）。不到一週，該公司改變了方向，退回到作為交易商中介人的傳統角色。

作為最大的交易商間經紀人，康托菲茨傑拉德公司不像 RMJ 那樣容易受到規範。它的螢幕被交易商廣泛認為是交易商間市場不可或缺的指南，並且能夠在沒有倒算的情況下至少讓一些非交易商（芝加哥水池交易員，例如交易國庫券期貨的受訪者 CY 和 MG）能看見這些螢幕。最初，交易商和芝加哥公司都不能直接在康托菲茨傑拉德公司或其他交易商間經紀人提供的螢幕上進行買賣；他們必須要請經紀人執行。然而，一九

圖 4.3：一九八〇年晚期國庫券交易員的交易台。照片來源：受訪者 XU。

九九年，康托打造了自己的內部系統（重新命名為「eSpeed」）「可以透過你自己的鍵盤以及你輸入交易的能力進入」（受訪者 YD），讓交易商直接進入康托的電子交易商間國庫券訂單簿。

　　但是，交易商的客戶依舊無法進入 eSpeed。不過交易商仍擔心康托遲早會透過授予客戶進入權「使銀行脫媒」（受訪者 XO），從而將國庫券債變成一個全方位的市場。「我們（主要交易商）相聚，」XO 說道，「並說讓我們聚集起這個交易商聯盟，讓客戶可以直接獲得我們的買價和賣價，而不必透過康

托。」其結果是一九九八年推出的電子交易系統 Tradeweb（結構與此章節開頭提到的後來的彭博 FIT 系統相當類似），此系統並非匿名的訂單簿，而是一種自動化流程的方法，機構投資者客戶透過這個方式致電少數交易商，要求他們報價，在這樣的互動中，雙方都知道彼此的身分。作為一項重視交易商與客戶間區別的創新系統，並且只需要對現有工作流程（結構化電子查詢，而不是透過電話或彭博即時訊息）進行適度更改，Tradeweb 取得了驚人的成功。

主要交易商也不滿讓康托的 eSpeed 主導電子交易商之間的交易。如其中一位交易商指出，「你不能應付一個人。你就是沒法應付一個人……你不能讓霍華德（康托菲茨傑拉德公司著名執行長，霍華德‧盧妮克〔Howard Lutnick〕）掌握所有資訊」（受訪者 XO）。另一個主要交易商聯盟，BrokerTec，也隨支成行，並於二〇〇〇年推出了用以競爭的匿名電子交易商交易平台。之後康托因一起人類悲劇遭受重創。其主要辦公室位於世貿中心北塔 101 至 105 層，在二〇〇一年九月十一日被劫持的客機撞擊上高塔，其經紀人和其他員工總計 658 人死亡，超過康托總員工數的三分之二。盧妮克的兄弟罹難，他自己逃過一劫全因那天他的兒子第一天上幼稚園，而他想要陪伴在旁。然而，ESpeed 的計算機系統位於紐澤西州羅謝爾公園哈德遜河對面。交易平台很快地再次運作，而 eSpeed 和 BrokerTec 在交易商間國庫券交易中仍然陷於爭奪市場份額的鬥爭。

一個類似於股票交易場所和 HFT 公司之間的「鉸鏈」（於第 3 章中討論）的過程開始於美國國庫券交易。HFT 公司獲得了專業技能和資本交易份額，並開始試探 BrokerTec 和 eSpeed。交易平台預期有些交易商會「對於市場被稀釋感到沮喪」（受訪者 CA），但也知道 HFT 公司的加入可以顯著增加交易量。一旦一個平台允許 HFT 公司進入（我的採訪中有初步證據表示 BrokerTec 最初的市場份額小於 eSpeed，但它是第一個採取行動的），其他平台也必須這樣做。正如受訪者 AB 所說，他的 HFT 公司大量參與了交易商間國庫券市場，他表示：「在 BrokerTec 和 eSpeed 上運營對我們來說相當重要。如此一來就不會有人因為害怕我們幫助另一個人獲得更多的市場份額而大聲抱怨了。」交易商意識到目前有強大對手的存在時──HFT 公司「速度很快，他們正在摘取交易商（執行更新速度不夠快的交易商報價）」──顯在抵抗已經「來不及了」。「BrokerTec 和 eSpeed 的優勢在大部分出自於使用 HFT」（受訪者 CC）。

　　與股票交易一樣，BrokerTec、eSpeed 和 HFT 公司之間的鉸鏈徹底改變了國庫券交易商市場。舉例說明，BrokerTec 和 eSpeed 都有個稱作逐步處理協定的特徵，這大大惹惱了如受訪者 C 這樣的 HFT 交易者，這使達成交易時必須暫停，讓交易的雙方（假設是人類）有機會以同樣價格協商更大一筆的交易。這種暫停是承襲了人類經紀人協調交易商間交易的方式，暫停時間變得越來越短，使 eSpeed，以及尤其是 BrokerTec 在

結構上與 HFT 友好的股票交易場所非常相似。例如，二〇一二年，BrokerTec 開始承租那斯達克的超快 Genium Inet 股票交易撮合引擎技術，這是第 3 章討論過島嶼的撮合引擎的後代，比 BrokerTec 先前的系統速度快上三十倍（受訪者 CC）。那斯達克自己從康托那裡買下了 eSpeed。（這正是為什麼和 NY2（BrokerTec）和 CME 一起在圖 4.1 中的國庫券三角的第三個頂點是那斯達克的數據中心。）到了二〇一五年，BrokerTec 上交易量最大的十家交易公司中只有兩家是交易商，而這兩家成為了佔主導地位的交易商間平台〔JP 摩根大通、巴克利（Barclays）〕；見表格 4.3. 另外八間都是 HFT 公司，而且——正如第 1 章所述——在二〇一五年的兩個多月內，這些公司交易了價值約 7 兆美元的美國國庫券。

一個全方位美國國庫券市場：Direct Match

即使交易商有些不愉快，但 BrokerTec 和 eSpeed 都沒有反對 HFT 演算法進入交易商間國庫券市場。交易商「真正更在意的是，」受訪者 CA 說，「螢幕上沒有客戶端流程」——換句話說，確保客戶繼續透過交易商，而非直接交易。然而，當我於二〇一六年在紐約進行採訪時，一個新的匿名電子訂單簿交易平台 Direct Match 即將推出，該平台旨在讓客戶不僅能與交易商，而且也能與彼此交易國庫券。這個頗具爭議的新提案。關掉錄音機後，前交易員受訪者 GN 告訴我說，僅是邀請

表格 4.3：二〇一五年五月和六月在 BrokerTec 上國庫券交易最活躍的參與者，按交易量計算

	交易量（十億美元）	「前十大」股票交易量
Jump	2,291	28.5%
Citadel	1,004	12.5%
Teza	905	11.2%
KCG（Knight Capital Getco）	798	9.9%
JP 摩根大通	649	8.1%
Spire-X（Tower）	564	7.0%
XR Trading	554	6.9%
巴克萊（Barclays）	483	6.0%
DRW	400	5.0%
Rigel Cove	400	5.0%
前十大總體交易量	8,049	

來源：BrokerTec 未公開列表，由史密斯（2015）轉載。正如史密斯指出的那樣，前十名的交易量似乎超過了從 BrokerTec 二〇一五年五月和六月的日均交易量報告中推斷出的總交易量；因此，排名前十的交易量很可能是在稍長的時間段內計算而出的。然而，HFT 公司的主導作用，尤其是 Jump，與受訪者的報告一致。

此類全方位交易平台的代表在主要交易商處進行演講，就「是件會威脅到職業生涯的事」。儘管如此，這還是吸引了大量關注，且時機點似乎大有可為。如前所述，最大的交易商幾乎都是銀行，而且監管機構自二〇〇八年金融危機後規定了更嚴格的資本需求（特別是對可允許的槓桿率的限制，這限制了銀行沒有從投資者那裡籌集更多資金時可承擔的交易頭寸規模）大大降低了銀行持有大量債券的意願和／或能力。

事實上，Direct Match 是為國庫券市場打造一個相當於島嶼的平台所做出的努力，即第 3 章中討論的電子股票交易場所。國庫券「必須看起來像股票，」深度參與 Direct Match 的受訪者 CC 這麼說。Direct Match 的撮合引擎採用的基礎設計與島嶼的一樣，且──如同島嶼──它計畫要提供一個比 BrokerTec 和 eSpeed 所能提供的更小的「利率變動」（最小的價格漲幅）。若 Direct Match 如島嶼那般成功，HFT 和匿名訂單簿的結合或許可以翻轉整個國庫券市場，而不僅是交易商之間的部分。

　　Direct Match 的首要障礙原來是清算。如早前所述，在股票和期貨交易中，中央清算場所立於交易的兩方中間（從賣方手中購買，賣給買方），維持匿名並保護雙方免受匿名的另一方的違約行為。在國庫券市場，扮演該角色的是固定收益清算公司（Fixed Income Clearing Corporation，FICC），交易平台必得進入 FICC。但是，想獲得 FICC 的會員資格，這點過去和現在都令人氣餒──「至少有 2500 萬美元的淨資產以及手頭上有 1000 萬美元或更多的現金」（史密斯，2016: 44）──而 Direct Match，身為小型的新創，並沒法達到要求。然而，一間屬 FICC 會員的大銀行（但既不是初級市場交易商也不是國庫券的主要交易商，因此似乎沒有利益衝突）明確表示同意處理 Direct Match 上的交易清算。

　　儘管如此，Direct Match 推出前一週，銀行「不再接聽電話。終於接電話後他們以利益衝突為由拒絕此事。從未得到解

釋，」受訪者 CC 說。沒法進入 FICC，也沒有 2500 萬美元成為 FICC 會員，Direct Match 從未推出。

HFT 公司與雙邊貿易

Direct Match 曾試圖透過開放、匿名、電子訂單簿來模擬美國國庫券的「全方位」股票交易。股票交易也有了黑池，即參與者沒法看到訂單簿的電子交易會場。例如，受訪者 CC 的 HFT 公司成功設立了自己的股票交易黑池，且將此想法和軟體轉移到國庫券交易很容易，「技術迫使我們，」然而，他表示，要在美國國庫券採取不同的路線。國庫券市場參與者做出交易決策最重要的技術系統是 Ion Group 的匯集器，它收集了整個市場上顯示的所有買價和賣價。擁有隱藏訂單簿的黑池對於 Ion 系統以及大多數市場參與者來說都是不可見的。

CC 的公司以及其他活躍於 BrokerTec 和 eSpeed 上的 HFT 做市商因此沒有嘗試替國庫券交易創建黑池。總的來說，他們也沒有尋求直接與交易商的客戶進行交易，因為培養這些客戶意味著花錢（「我們需要一支銷售隊伍出去與每個人交談，」受訪者 AG 說）且不確定是否會成功。相反地，HFT 公司試圖藉由與個別交易商的直接雙邊貿易安排來補足他們在 BrokerTec 和 eSpeed 上的交易活動：一開始是中型的國庫券交易商（如傑富瑞〔 Jedderies 〕和加拿大皇家銀行〔 Royal Bank of Canada 〕等銀行），然後近期甚至是最大的交易商。像這樣

的安排，HFT 公司將電子可執行的國庫券價格傳輸給交易商——例如，可以那如交易商 Ion 系統的價格——而（在某些情況下）交易商的系統也將可執行價格傳輸給 HFT 公司。對於後者，這樣的私底下雙邊協定很有吸引力，因為它的演算法不會像 BrokerTec 和 eSpeed 這樣的匿名訂單簿市場那樣可能面臨被其他更快的 HFT 演算法「選中」的風險。因此，HFT 公司可以提供比這些市場更好的價格，反過來這也使與 HFT 公司的雙邊交易對交易商相當有吸引力。

這些私人、非匿名、雙邊協定的迷人之處在於 HFT 公司小心翼翼地不利用其系統更快的速度：

> 假如高盛在他們的訂單簿上留下舊的價格⋯⋯然後我提高了那個價格⋯⋯我就會接到高盛的電話說：「嘿⋯⋯這有點太慘了，刪了吧，」或者我們可以修改交易。我們會這樣做⋯⋯有時候賺取太多利潤的話我們的策略是採取自動關閉的緊急措施。也就是說，我們會停止和高盛交易，因為我們賺太多了（受訪者 CA）。

私人雙邊協定的缺點是建立的成本高昂。他們需要時間與精力（技術和監管方面都得達到要求，特別是「了解你的顧客」這條規則）。然而，二〇一五年新的平台 Liquidity Edge 推出，利用下文討論的全新外匯交易場所之一的 Currenex 的軟

體來系統化國庫券的雙邊協定，從而減低成本。不像 Direct Match，Liquidity Edge 並不是一個公開的全方位交易平台，不過，就和外匯交易一樣，它不只是允許銀行交易商，同時也允許 HFT 公司以電子方式將可執行的國庫券價格傳輸給客戶。交易的進行是以公開而非完全匿名為基準（參與者可知道交易對手的識別碼和他們從事的交易類型），而公司可以選擇「他們想要替誰定價」（可執行的價格流向）以及如何「表現地積極或是保守」（受訪者 GL）。事實上，這代表銀行不必擔心被擁有更快演算法的參與者重複選中。儘管如此，根據受訪者 GL 的報告，銀行並不滿意新平台的優點（「這取決於你在銀行內交談的對象是誰，」GL 說，交易室尤其不會太高興），但銀行更多利潤的業務有足夠多似乎都被保留下來徹底停止反對流動性邊緣的出現。

「記住，今天是星期四」

因此，HFT 在交易商間國庫券市場中扮演起一個重要、甚至佔領主導地位的角色，但在和客戶的交易中重要性仍然沒有那麼高。還未出現完全成熟、匿名的全方位國庫券市場，最壞的情況下，交易商—客戶結構緩慢的逐步崩解。與股票交易的另一個鮮明的對比是，SEC 對股票交易方式的干預（如我們在第 3 章中見到的）幫助重塑了市場結構並間接地促成了 HFT 的成長。SEC 在美國國庫券中的存在比在股票中小得多，而且

它根本沒有像制定措施改變美國股票交易那樣，也制定改變國庫券交易的措施。國庫券免受大部分管理證券交易和賦予 SEC 權力的法律框架約束（例如，一九三四年證券交易法和一九七五年證券法修正案）。SEC 必須與財政部及其代理人，以及紐約聯邦儲備銀行共享其對國庫券交易的有限管轄權，而這兩者似乎都很滿足於現狀（至少直到最近出現關於流動性的擔憂前是如此）。「對 SEC 來說很艱難，」前 SEC 官員（受訪者 RF）這麼說，「在財政部反對的情況下採取行動。」

財政部一直作為借款人出現在國庫券市場上，而紐約聯邦儲備銀行創立並監督初級市場交易商系統，但只有兩個真正的例外是政府機構近幾十年來沒有干預影響美國國庫券市場的結構，且兩個例外都不出人所料。首先是於一九九一至九二年，當時所羅門兄弟一位資深交易員被發現在所羅門客戶不知情的情況下以客戶的名義出價，一直在規避「反壟斷」規則（在任何拍賣中，任何一家公司都不能獲得超過 35% 的美國國庫券）〔加博（Gabor）2016: 975〕。作為回應，財政部、SEC、聯邦儲備銀行擴大了進入國庫券拍賣的途徑並加強了監督，但卻完全沒有觸動到維持初級市場交易商（財政部等，1992）。第二次的干預是在美國國庫券價格波動之後——一場巨大、迅速翻轉的價格飆升——的二〇一四年十月十五日。同樣地，市場結構並沒有發生重大的監管變化，儘管二〇一七年國庫券採用了公司發行（自二〇〇二年定期發行）的債券的稀釋形式 TRACE（Trade Reporting and Compliance Engine，債券的交易

報告與合規引擎）交易報告系統。[5] 然而，如同第 3 章所討論，幾乎所有美國股票交易都是透過全國統一的清算和結算系統進行（最終由國會授權），許多國庫券交易發生在固定收益結算公司的範圍之外，HFT 公司雖然是交易商間國庫券市場的主要參與者，但通常不是 FICC 的成員，得透過 FICC 成員的銀行間接進入。

為什麼缺乏政府監管機構對美國國庫券的交易和清算的干預，在塑造股票交易方式上具有如此大的影響力？「記住，今天是星期四，」前財政部官員（受訪者 VS）於二〇一六年十月這麼對我說。大多數的星期間——沒錯，大多數的工作日——國庫券都需要被售出。「通常從星期一到星期四，有一場或者一場以上的拍賣進行，還有初級市場交易商，不論你喜不喜歡，都必須提報買價，」VS 說。對財政部而言，這項義務是「求心安」，他繼續道，而初級市場交易商制度賦予了聯邦儲備銀行「使用道德勸說」的能力。國庫券市場「不像股票市場……這個市場很特殊……是為國家提供資金的市場。」

在沒有初級市場交易商的幫助下，美國很有可能維持著幾乎是持續不斷地國庫券銷售（撰寫本書期間，甚至是政府赤字大幅增加所需要的大量銷售），但政策制定者無法事先確定這一點。因此，初級市場交易商似乎享有布朗（Braun，2018）所說的「打造基底的權力」——私人行動者藉由成為國家在財政方面採取的機制的一部分而積累的權力。這大大地縮減了政策制定者出手干預的興趣，干預可能會，例如，增強競爭（就

像股票交易中類似干預的行為）但同時可能削弱初級市場交易商系統，甚至可能導致銀行不再執行成為初級市場交易商涵蓋的義務。政府對國庫券交易的監管干預很少，這意味著該市場的交易商—客戶結構比股票交易中的同類結構更加完整。國庫券中的 HFT 在很大程度上不得不妥協於這種現有的市場結構，而非（如在股票交易中）幫助推翻它。

HFT 受阻：歐洲的主權債券

HFT 在歐洲主權債券交易中取得的進展比其在美國國庫券交易中取得的部分成功要有限得多。和美國一樣，歐洲主權債券交易是分歧的，有獨立的交易商間市場和交易商—客戶市場。儘管電話交易仍然很重要，尤其是在英國，但兩個市場都有成熟的電子交易系統。正如他們在美國所做的那樣，客戶使用 Tradeweb 和彭博的系統（或 MTS 的交易商—客戶系統，見下文）以電子方式向初級市場交易商請求報價。和美國的巨大差異在於，據我所知，沒有一家 HFT 公司能夠進入任何歐洲主權債券交易商市場。英國的交易商間市場仍然由傳統經紀人主導（正如受訪者 FZ 所說）。歐元區交易商間市場與美國的市場較為類似，因為有一個歷史悠久、使用廣泛的交易商間電子平台 MTS。MTS 於一九八八年由義大利財政部和中央銀行作為政府市場債券（Mercato dei Titoli di Stato）成立，於一九九七年私有化，並於一九九八年創立了泛歐交易商間平台

EuroMTS。BrokerTec 和 eSpeed 還推出了歐洲主權債券交易平台，但到了二〇〇六年，它們的聯合市場份額僅有 0.1%〔佩索德（Persaud），2006，表 1〕，我的採訪數據清楚地表明，它們和 MTS 相比仍是相形見絀。根據受訪者 EK 所說，MTS 成為

幾乎是歐洲收購的一部分（歐盟成員國的義務和權利）：如果你成為歐元的一部分，尤其必須擁有自己的 MTS 市場，因為這不僅給你債券交易，同時也有……回購以這些債券作為抵押貸款購買債券的能力（參見加博，2016），這對貨幣市場而言至關重要。

政府、初級市場交易商和 MTS 成為 MTS Group（2003: 3）所描述的「流動性協議」的一部分。這關乎了初級市場交易商，和美國一樣，這些交易商幾乎都是大型銀行（參見 AFME 2017 中的列表）。初級市場交易商承諾在政府債務管理辦公室出售該政府主權債券的拍賣中投標，並藉由「遵守特定標準」持續發布可執行的報價來促進這些債券的後續交易（MTS Group，2003: 3）。這些出價和持續做市的義務很容易導致虧損〔受訪者 YB；見雷蒙恩（Lemoine）2013〕，但銀行繼續充當初級市場交易商，部分原因是擔心被「置於……名單」（受訪者 YB）以及被非正式地排除在更有利潤的政府業務之外，例如債務銀團和私有化。

二○○六年，當時在 BrokerTec 和 eSpeed 上成功交易美國國庫券的美國 HFT 公司開始與 MTS 接洽，以獲得歐洲交易商間主權債券交易的機會。在歐洲，MTS 佔據了足夠的主導地位，以至於 BrokerTec 和 eSpeed 之間的激烈市場份額爭奪戰促進了 HFT 進入美國。然而，有些關於規則的評論（例如在義大利）——在倫敦交易商間經紀人 ICAP 委託的一份報告（佩索德，2006）中，該經紀商收購了 BrokerTec——指定 MTS 作為初級市場交易商的平台，必須履行做市義務。當 HFT 公司開始要求進入，MTS 的領導階層對 HFT 可能促成的增長和國際擴張抱有野心〔鍾（Chung）與泰特（Tett）2006〕，「感到有必要傾聽並開始對話」（受訪者 YB）。在美國，相互競爭的交易商間平台在沒有公開和（據我所知）沒有尋求財政部或紐約聯邦儲備銀行的許可的情況下，就可以進入 HFT 公司。相比之下，在歐洲，最有可能是由於 MTS 在歐元區所扮演的半官方角色，MTS 決定公開談論與 HFT 的「對話」，以及其執行長也與《金融時報》（Financial Times）進行了交談（鍾與泰特，2006）。交易商的反應是有敵意的。雖然歐洲初級市場交易商協會的語氣相當慎重——「允許第三方進入……可能會破壞歐元政府債券市場的微妙平衡」（引述自鍾與泰特，2007）——背後有一些「交易商團體……剛剛發瘋了，真的是瘋了」（受訪者 YB）。一位銀行家警告《金融時報》：「人們非常憤怒。最後可能會是以一場大規模的叛亂告終。這可能會導致體系四分五裂」（鍾與泰特，2007）。

受訪者 YB 表示，這場爭論使得 MTS 的幾位高階管理人員丟了工作，任何允許 HFT 公司進入歐洲交易商間主權債券交易的建議似乎都被無限期擱置了。HFT 受訪者聲稱無法進入英國、歐元區和其他歐洲交易商間市場。「他們不讓我們進去」（受訪者 BU）；這是「一個我們無法進入的俱樂部」（AG）。⑥ 這不是肆意地排除，而是關乎一個明確的規則和被視為理所當然的協定問題。規則包括，例如，交易商間市場參與者的最低資本要求大大超過了大多數 HFT 公司擁有的金額（資本要求範例見 AFME，2017）。被視為理所當然的協定則是「會員僅限於中介機構（主要是銀行）」〔經濟財政部（Ministero dell'Economia e delle Finanze）2017: 11〕。

規則當然可以更改，協定也會受到質疑，但無論歐洲政府的整體意識形態多麼鼓勵競爭和「新自由主義」，依舊沒有這樣做。自二〇〇〇年代初開始，歐盟對股票交易市場結構的積極改革（例如，取消集中規則；見第 3 章）在主權債券交易上並沒有得到反響。如同一位參與監管改革的政治家受訪者 SC 告訴我的那樣：

> 交易商……必須得到政府債務管理辦公室的授權才能參與……自營交易公司（例如 HFT 公司）不符合標準……大多數情況下是如此。
> 作者：你有沒有感覺到監管／政治圈的人們對此相當滿意？

> 受訪者 SC：他們可以掌控小部分的交易商，所以得以控制他們的主要發行（主權債券的初始拍賣），倘若他們真的將它徹底地帶給更廣泛的受眾，那麼就無法做到這點。

例如，受訪者 CR 指出，義大利財政部「對 HFT 公司等非銀行機構感到有些不舒服」，因為它們的進入會進一步降低「作為初級市場交易商的盈利能力」，並可能威脅銀行擔當這個角色的意願。同樣地，初級市場交易商也闡明了政府不願被 HFT 公司的論點所左右的原因，即因為「演算法交易使市場更有效率」：

> 你可以隨心所欲地大喊大叫，也可以打電話討論沒法進夜總會，但是……如果我是一名義大利政府債務經理，我有 2 兆歐元債務要償還，每年 3000 億歐元要發行，我才不在乎你是不是美國對沖基金，也不在乎你講的價格效率。去爬個山吧……若你想來，就保證會跟我購買百分之三的債務並獲取銀行執照，來吧。若辦不到，去死吧……若我是個明智的監管者、政治家，我是真的會想在艱困時期迎合我的人民，還是想迎合這些演算法交易天才的盈利能力？

二〇一九年，我參加了由許多歐洲政府債務管理辦公室成

員參加的主權債務會議。儘管有人擔心銀行是否有能力繼續以必要的規模製造政府債券市場（特別是在義大利，其國家債務特別龐大，因此主權債券市場巨大），但政府債務管理辦公室保證初級市場交易商體系（對於交易商—客戶市場結構而言）似乎仍然很強大。因此，近期來說，HFT 公司成為歐洲主權債券主要交易商並沒有什麼前景。

外匯：「你是在要求我當眾脫衣」

與股票、期貨和主權債券一樣，外匯對於二〇〇〇年代初期新興的 HFT 公司來說也是一個潛在的有吸引力的市場。電子外匯交易量已經相當可觀，主要貨幣（如歐元—美元、美元—日元、美元—英鎊等）的交易量很大。然而，在外匯交易中，就和在主權債券中一樣，HFT 與完好的交易商—客戶市場產生了衝突。與國庫券情況一樣（但與歐洲主權債券的情況不同），已經成功地在外匯交易中站穩腳跟，但這是——正如我們將在下文和第 6 章中所見——是在與現任者長期的衝突並向外匯市場既定秩序妥協之後才得以如此。與主權債券相比，外匯市場結構政治的核心組織一直是私營部門。外匯交易本質上是一種跨國活動，因此其市場結構的大部分方面都不在各國政府設立的監管機構的管轄範圍內。⑦

最大的外匯交易商傳統上是主要的商業銀行。（直到一九九〇年代初，即使是最負盛名的投資銀行也只是這些商業銀行

的「客戶」或「顧客」。舉例來說，正如受訪者 FU 回想的那般，即使是「高盛也是客戶。它不是交易商。）在一九七〇和一九八〇年代大部分的時間裡內，外匯市場的運作方式與國債市場雷同。尋求貨幣交易的客戶會致電其中一間交易商銀行的銷售人員並詢問報價。如果隨後達成了一筆交易，而且金額很大的話，交易商會透過在交易商間市場交易來解除他所承擔的風險（同樣地，這份職業也幾乎全是男性，有時這點很可怕，正如薩辛格〔 Salzinger 〕於二〇一六年的文件內所述），也可以透過語音，或者電話和口頭承諾與另一家銀行的交易商進行交易，或是也可透過交易商間的經紀人進行交易，在這種情況下，透過永久開放的電話線與經紀人交談和國庫券市場做法相同。這些外匯交易中使用的語音同時也有 Telex 訊息的輔助，例如用以確認口頭商定的交易。（Telex 系統使用電傳打字機——Instinet 使用的那種，如第 3 章所述——讓大型組織之間交換消息，這些消息通常由操作員預先準備在打孔紙帶上。）

　　總部位於英國的新聞服務和金融數據提供商路透社在將計算機螢幕上的價格顯示和最終電子交易引入主要以電話為中介的外匯市場方面發揮了主導作用。這必須謹慎行事，以免引起交易商的強烈反彈。（這項工作的先驅之一、受訪者 FV 記得，他曾試圖說服一家歐洲大陸的外匯交易商，讓他們相信在其他銀行交易室的路透社螢幕上顯示其指示性報價的好處，結果卻得到了令人難忘的解釋，解釋這點為何毫無吸引力：「但是先生，你這等於是要我當眾脫衣。」）一些路透社員工，尤其是那

些在美國進行電子交易的早期實驗（例如 Instinet）的員工，被引入成熟的交易商間外匯電子交易的想法所吸引。但是，其他人意識到，對於路透社來說，直接採取行動是交易商無法接受的。

路透社推出的踏腳石為 Reuter Monitor Dealing，後來更名為 Conversational Dealing。所涵蓋的電子「對話」是由交易商自己直接發送的類似電傳的短訊（而不是透過通常負責操作 Telex 系統的職員），從而替代或輔助了交易商使用電話與其他銀行的同行談論交易。這些消息是經由路透社自己的網路所發出，該網路的速度快到足以讓一家銀行的交易商與另一家銀行的交易商進行類似對話的消息交換、詢問報價，並且（如果其中一方可以接受的話）同意交易。一九七五年，路透社向歐洲銀行展示了該系統的原型，並謹慎地強調它不涉及自動配對買價和賣價的電子交易。正如唐納德·里德（Donald Read）公司歷史中引用的路透社內部報告所說：

> 我們的報告強調，改變當前市場實踐並非我們的目標。個人接觸是交易商之間相當敏感的一個話題，不會受到這些提案的影響。交易商將繼續使用電話。沒有打算創建配對系統。（里德，1999: 366）

儘管最著名的外匯交易商組織，外匯商人國際協會（Cambiste Internationale Association）說：「我們不會擁有的即

是自動交易」，但它「贊同」威脅較小的對話系統，保留了交易的「面對面」這項性質（受訪者 FS）。然而，開發此系統遠非容易。路透社內部的技術人員為工會成員，和為了該項目引進的非工會顧問之間關係緊繃，事實證明，說服歐洲仍然是國有的電信壟斷企業租用必要的線路給路透社具有挑戰性。[8]

儘管存在這些困難，Reuter Monitor Dealing 於一九八一年在歐洲和北美成功推出，接著於一九八二年在中東和遠東地區成功推出（里德，1999: 369）。事實證明，這在交易商中很受歡迎；向其他銀行的同行發送近乎即時的電子訊息的能力加快了他們日常工作的速度，同時仍然提供了足夠的靈活性，可以在協商交易的訊息中添加客套話或是些有用的資訊片段，從而和交易商之間的個人情誼。事實上，這些訊息為卡琳・克諾爾—塞蒂納（Karin Knorr Cetina）和烏魯斯・布魯格（Urs Bruegger）在本書的學術領域「金融社會研究」中的經典研究提供了重要的數據來源。[9] 到了一九九三年，《金融時報》報導稱全球有 19,000 個路透社終端可以進行對話式交易，「全球約 50% 的外匯交易都發生在這些終端上」。〔布里茲（Blitz）1993〕。

一九八〇年代後期，該公司開始開發成熟的交易商間配對系統，以消除對「對話式」電子交易的反彈，該系統最初被廣泛使用，這一點再次引起了交易商間的警戒。那時，電子配對的想法和一九七〇年代比起爭議要小得多，但路透社的作用可能進一步擴大的威脅引起了主導外匯交易的銀行的深切擔憂。

受訪者 FT 回憶當時與其他銀行家討論過這個問題:「有人問『你認為路透社在外匯業務中的市場份額是多少?』」另一個人回答:「噢……百分之五十……順帶一提,他們這個 2000-2 電子配對的東西是在做什麼?」受訪者 FT 這麼回答:

> 「噢,」我說,「看起來他們是想自動化經紀人所做的事情。」「經紀人有多少市場份額?」「30 ~ 35%。」你可以看出,那個當下每個人的頭頂上都有顆燈泡亮了起來。他們(路透社)從 50% 增加到 85%,這是我們(交易商)的業務。現在,這已對交易商的特許經營權構成了真正的威脅。現在我們必須做點什麼。

正如美國國庫券交易商擔心康托菲茨傑拉德公司會允許交易商的客戶進行電子交易一樣,他們的外匯等價物也擔心路透社會這樣做:

> 一些銀行交易者……爭論如果路透社願意的話,可以藉由向正在成為國際資本重要推動者的非銀行客戶出售更多系統來改變貨幣市場的結構。(布里茲,1993)

正如美國國庫券交易中發生的那樣,由十幾間世界領頭的外匯交易銀行組成的財團成立了一個電子交易商間交易系統(電子經紀服務,Electronic Broking Services,EBS)以與路透

社競爭；還成立了另一個財團 Minex，專注於為東亞銀行提供電子交易。例如，一九九二年，路透社、EBS 和 Minex 在雪梨一年一度的國際外匯交易商協會聚會中相互對峙，路透社展台（據報導耗資 100 萬美元）將標榜是「鎮上最好的酒吧」的展台與一個 80 座的劇院結合在一起，用於展示其新的電子交易系統（匿名，1992）。

EBS 的建設是一項要求嚴苛的技術工作。許多實質的基礎設施已經存在——花旗銀行是一個財團成員，擁有覆蓋全球大部分地區的電子網路，並可供 EBS 使用——但必須考慮外匯交易的兩個不同的層面。第一個是，外匯交易的每個參與者在某種意義上都「看見」了不同的市場。這是因為在外匯交易中沒有股票、期貨和（在更有限的程度上）國庫券中那樣的清算所，正如已經討論過的那般，這些清算所消除了市場參與者的風險，即交易對手幾乎立即違約將一筆交易變成了兩筆：一筆在賣方和清算所之間，另一筆在清算所和買方之間。自二〇〇二年開始有了銀行所有的外匯結算系統（持續聯繫結算，Continuous Linked Settlement），但這並不是清算所；它僅保護交易雙方之間的最終貨幣轉移。因此，外匯交易的每個參與者都面臨其貿易夥伴違約的風險，直透通過持續聯繫結算處理交易為止。因此，每家銀行都會不斷計算並限制其對其他銀行的敞口程度：

如果我沒有在另一家銀行的信用，或是我的信用用完

> 了，我將看不到他們的價格……這表示你不能像那斯達克那樣的交易所一樣廣播價格……你必須為每個人計算並發送特定價格。每個人看到的價格都不一樣。（受訪者 FL）

外匯交易的第二個顯著特徵是，與任何其他類別的金融資產相比，它在更大程度上「隨著太陽移動」（受訪者 FL；另見克諾爾—塞蒂納和布魯格，2002a），其每日週期始於東亞，然後移至歐洲，最後來到美洲。EBS 有兩種主要的競爭設計：一種是擁有一個單一的中央系統，維護銀行間信用額度矩陣並配對全球所有交易；第二個涉及三個相互通信但獨立的撮合引擎，分別位於東京、倫敦和紐約。經過測試，第一種設計的單一撮合引擎沒法滿足需求。「有五十間銀行連接到中央的撮合引擎，引擎沒法運行」（受訪者 FL）。所以當 EBS 於一九九三年推出，它有三個撮合引擎，世界各地的外匯交易商銀行與之連接，在某些情況下，是透過沒有任何撮合引擎的城市中的中介節點。

EBS 全球系統的野心和複雜性在初期遇上了麻煩，但在全球主要交易商銀行的支持下，他們的交易員受到鼓舞在其上頭發布買價與賣價（如受訪者 FL 報告），EBS 很大程度上贏得了與路透社在電子配對外匯交易市場份額的競爭。（東亞系統 Minex 最終併入 EBS。）如受訪者們所述，路透社系統在「纜線」中佔據了主導位置——英鎊兌美元的交易，因其在跨大西洋電報市場的傳統角色而被稱為電纜交易——同時在英聯邦貨

幣方面也具主導權，但 EBS 成為世界其他主要貨幣對的交易商間電子交易的主要平台，例如德國馬克（以及後來的歐元）兌美元和日元兌美元。

然而，該留意的是那些沒有發生的事。首先，一開始只有非常有限的自動化。早期幾乎所有在 EBS 上的交易都是由人類直接發起的，使用的是專門設計的鍵盤。將計算機直接連接到 EBS「被 EBS 的合約禁止；你不應該在這上面附加任何自動化的、非人類的東西」（受訪者 FL）。這就是為什麼雷曼兄弟的交易員開發了如圖 1.2 所示的 Clackatron。它可擊中 EBS 鍵盤的按鍵，但並沒有直接與之連接。[10] 其次，「對話交易」和使用 EBS（有時是路透社配對系統）的電子交易同時進行。[11] 第三，或許是最重要的，外匯交易的交易商—客戶結構沒有任何根本性的變化。你不能就那樣走進來說：「我想在 EBS 上進行交易，」受訪者 FL 這麼說。「若你和銀行間沒有信用關係，就看不見他們的價格。這將毫無意義。」EBS（在它突出的市場中，還有路透社的配對系統）成為交易商實踐日常工作的一部分，而沒有改變交易商—客戶的分歧構成這些實踐的方式。正如一位前交易商（受訪者 XI）告訴我的：

一筆典型的交易是，對沖基金會打電話給銷售人員，說「我們可以要求一個 1 億美元兌日元的價格嗎？」銷售人員會對著我大喊，然後我會查看 EBS，判斷匯率是會上升還是下降，接著大喊回去。他們會進行交

易，然後我將擁有交易頭寸。相當標準的流程。

「嗯，這就是它在 FX 的運作方式」

然而，在二〇〇〇年代初期，外匯市場的交易商一客戶結構受到新的電子交易平台的挑戰，這些平台往往是受到島嶼和類似股票交易場所成功的啟發。「讓我們回憶那個年代，」受訪者 FX 說，一九九〇年代末期「是網際網路 1.0 時代，也是個非常、非常振奮人心的時期，」有著大量網際網路業務推陳出新。為了比主導 EBS 和路透社的大型交易商銀行更廣泛的客戶而創立電子外匯交易系統是個相當吸引人的項目，圍繞此項目創立的公司可以成為網際網路新創公司，並從一九九〇年代後期有利的融資環境中受益。

此時期推出的大多數新的電子交易場所並沒有反對將外匯市場劃分為制定價格的「交易商」和作為價格接受者的「客戶」。有些只是銀行建立的系統，允許其客戶以電子方式而不是透過電話尋問其報價。花旗銀行和大通銀行在一九九〇年代後期推出了這樣的系統（匿名，2000），最後所有主要的外匯交易商銀行也都如法炮製。其他系統（FX Connect、Atrizx 和 Currenex）是多個交易商可以透過電子方式將價格傳輸給客戶的平台，或者客戶可以透過這些平台向多個不同的交易商索取報價。同樣地，現有的外匯市場結構對這樣的平台持保留態

度，而非完全抵制。

　　然而，有兩個新的電子外匯交易場所確實為客戶提供了不僅可以根據交易商的報價進行交易的能力，而且還可以在交易場所的電子訂單簿中自行發布價格。一個是一九九九年推出、以個人交易者為導向的 Matchbook（以及規模較小的類似對沖基金的交易集團）。Matchbook 是電子股票交易場所之一NexTrade 開發的撮合引擎的重新設計版本，它認為自己「開始以幾乎和島嶼旨在實現股票交易的相同方式使外匯市場民主化」（受訪者 FX）。但 Matchbook 發現，在沒有銀行參與的情況下，它需要自己的交易商來填充其訂單簿。二〇〇〇年網際網路泡沫化時，Matchbook 發現籌集更多資金非常困難，最終倒閉。然而，另一個新場所 Hotspot 有個電子訂單簿，公司、機構投資者和其他傳統大客戶可以自己在其中買賣報價，而不是僅僅按照交易商的價格執行。「我們希望銀行也參與其中，因此……我不會這麼快說，但某些銀行已經適應了……並開始決定，好吧，我們仍舊可以從這個過程中賺到錢，再加上我們可以從……不一定是我們的客戶的顧客身上賺到錢。」（受訪者 FW）。

　　HFT 公司開始外匯交易的速度比進入美國國庫券交易商市場的速度還要慢。「那是一個特別困難的市場……特別難闖入，真的，」受訪者 AB 說。「這是個銀行—交易商的網路……而且，是的，銀行當然希望維持這種狀態。當時他們從這些市場賺了很多錢。」為了實質地參與外匯交易，HFT 公司必須找

到一家銀行來贊助它並承擔與其交易相關的信用風險。「每當有人打來要求進入交易平台，」受訪者 EN 表示，「我們都會詢問對方是否有現存的銀行關係。」

然而，到了二〇〇五年至二〇〇六年，HFT 公司開始尋求並獲得進入的許可。銀行是大型組織，其不同部分可以有不同的優先權。雖然典型銀行的外匯交易員不太可能歡迎來自 HFT 的競爭，但其大宗經紀部門相反，而且也確實透過贊助 HFT 公司的交易並向它們提供信貸賺取到費用。在我的採訪中有一些證據表明，第一個對 HFT 公司開放的外匯交易場所是 Hotspot。「他們接納任何人，」受訪者 FU 這麼說。在股票交易的過程中，HFT 幫助建立了允許 HFT 參與的交易場所的市場份額，在外匯交易方面也是如此。Hotspot 的市場份額上升。這給其他場所帶來了壓力，尤其 EBS 也開放 HFT 進入。受訪者 FU 回憶起和擁有 EBS 的銀行交談的內容，對方表示必須在開放（包括對 HFT）和仍然對交易過程有「部分控制權」之間做出選擇，「或者你可以讓交易在 Hotspot 進行，然後沒有控制權。」然而，即便在 Hotspot 上，HFT 公司的進入也引發了交易商銀行相當大的不滿。銀行用在 Hotspot 上發布價格的系統速度很慢（「當市場變動時，他們可能需要 100 毫秒（十分之一秒）來調整價格，」受訪者 FW 說，而且銀行的系統時不時會故障導致價格凍結。因此，HFT 公司以銀行為代價「暫時擁有大量免費資金」（受訪者 FW）。

然而，外匯交易在結構上與股票和期貨交易不同，在這種

交易中，清算所可以在不知道交易另一方身份的情況下進行買賣。如上所述，從某種意義上說，外匯不論過去和現在都不是一個單一的市場，而是大量雙邊交易關係的集合，在整個過程中很少能保持完全匿名。即便在其中一個新的交易場所，銀行至少也可能發現得知花錢的市場參與者的識別碼。如同一位受訪者指出，「有時候……你是誰取決於你的客戶識別碼……『是40657』。這麼一來銀行就可以只說，『我受不了 40657。我這個月才在他身上損失五萬美元，而他不是我的客戶。』」

有時候，一個平台會逐出一家受到過多此類投訴的 HFT 公司。受訪者 BK 表示他的公司開始在新的平台上進行交易，「但我兩天後就被趕出來了，因為他們說我們太貪婪了。」然而，這樣的驅逐似乎不太常見，「因為他們（交易平台）從你身上賺錢」（受訪者 FI）。更常見的是銀行要求交易平台停止提供特定的參與者可執行的價格（可能藉由將銀行對參與者的最大信用敞口設定為零），且平台也同意這樣做。受訪者 FW 憶及銀行和 HFT 公司涉及時的過程和憤怒：

> 事情是銀行真的瘋了。所以 ECN（電子交易場所）基本上有過濾網，我們可以替某些做市商關閉掉 HFT 參與者，這就是你可以做的，然後 HFT 的人會生氣：「為什麼我不能進去？」
>
> 「你讓平台上的所有銀行都瘋了……他們不願提供你可執行的報價。」

> 「噢，那不公平。」
>
> 「嗯，這就是它在 FX 的運作方式。」

　　銀行拒絕向 HFT 公司顯示其價格，因為與他們進行交易是在花錢，然而這也只是部分解決方案。例如，這並沒有阻止 HFT 公司在 EBS 和其他交易場所削弱銀行的報價，尤其是當這些場所（某種意義上是跟隨島嶼的腳步）「十進制化」時——意即將價格的最低漲幅減少十倍。[12] 在一個存在多個相互競爭的電子交易平台的市場中，簡單地將 HFT 公司排除在外是不可行的。外匯交易商也沒有任何相當於初級市場交易商角色的功能，幫助保護歐洲主權債券交易的既定安排。因此，外匯市場結構的衝突在很大程度上採取了不同的、更直接的實質形式，我將在第 6 章中談到。

不同的歷史，不同的訊號

　　本章節和前兩章討論的四種金融工具的市場歷史截然不同——期貨、股票、主權債券（特別是美國國庫券）以及外匯——留下了實質性的痕跡，包括 HFT 在四個市場中可用的「訊號」之間的差異。這些將總結於表格 4.4 中。由於美國股票交易中廣泛使用的訊號已在第 3 章中討論過，讓我將之與期貨、國庫券和外匯交易中可用的訊號相比較。

表格 4.4：HFT 公司活躍的主要市場中三種訊號的可行性

訊號	期貨當頭	訂單簿動態	碎片化
股票	是	是，「黑池」為部分例外	是
期貨	不適用	是	否
基準國庫券	隨時間變化	是，但許多平台沒有訂單簿	是，但 HFT 公司並不在大多數交易商一客戶平台，因此可用性有限
即期外匯	偶爾	是，但許多平台沒有訂單簿	是，但「最後觀望」和其他方法通常會避免被 HFT 公司利用

來源：受訪者們。黑池是參與者看不到訂單簿的交易場所（儘管有時可以透過「呼」（pinging）來推斷其內容，即重複輸入小筆訂單）。基準美國國庫券是最近發行的二年期、三年期、五年期、七年期和十年期票據以及三十年期債券。即期外匯是指近乎即時交割的交易。「最後觀望」是一種自動化程序，在場所的計算機系統根據做市商的報價執行交易之前，場所的系統會向做市商的系統發送一條訊息，提醒它即將發生的交易並給它一個很短的時間拒絕交易。

期貨：無碎片化

到目前為止，美國股票交易和期貨交易之間最鮮明的對比是，透過第 3 章描述的過程，股票交易在多個交易場所變得分散（而這種分散是一類關鍵訊號的來源），而，如第 3 章所述，幾乎所有金融期貨交易都在一個場所進行，即 CME。二〇一五年，CME 在美國所有期貨交易（包括實體商品期貨交易）中的市場份額為 89%，尤其是金融期貨的份額更高：例如，CME 擁有美國 99.97% 的利率期貨和這些期貨的期權（梅耶，2015）。

由於期貨通常「領先」其標的資產（除了下面提到的重要例外），這使得演算法交易期貨基本上只有我關注的三種 HFT 訊號之一，訂單簿動態。「期貨一般……在大多數交易最活躍的產品中，都是訂單動態，不論你交易的是什麼，」受訪者 AC 這麼說。當然，期貨市場的 HFT 受訪者似乎比他們在股票那塊的同事更關注訂單簿。「電子欺騙」——將賣價或買價輸入訂單簿，目的是欺騙基於其內容進行預測的演算法，現在因被視為市場操縱的一種形式而被禁止（見第六與第 7 章）——對他們來說似乎更值得關注。此外，股指期貨交易中沒有碎片化以及由此產生的單一流動性池——最重要的此類期貨，特別是基於標準普爾 500 指數和那斯達克 100 指數的期貨，僅在 CME 上進行交易——可能有助於解釋股票交易中「期貨領先」如此長壽的原因，詳見第 2 章。

　　如第 2 章和第 3 章所述，導致股票碎片化的原因在期貨交易中並不存在。由於一九七四年《商品交易法》修正案背後沒有相應的國會推動結構改革，而且與現有期貨交易所結盟的人影響了他們的起草，這些修正案沒有強制要求統一的期貨清算和結算系統（授權股票的一九七五年證券交易法修正案），使新的期貨交易場所更難撼動現任者。一九七四年的修正案也沒有授予新的期貨監管機構 CFTC 如一九七五年立法賦予 SEC 干預市場結構的明確權力。此外，雖然 SEC 是一個永久的聯邦機構，但 CFTC 依賴於國會定期的重新授權，否則（在撰寫本文時）它就得依賴年復一年的資金。雖然 SEC 也是仰賴國

會的資金，但事實上 CFTC 沒有獲得永久的保證，受訪者 RE 說道，如此可能使其在推行可能引起金融業強烈反對的政策方面不如 SEC。

國庫券與外匯

本章節討論的兩個市場的訊號，主權債券（尤其美國國庫券）及外匯，同樣也與股票的訊號不同。如上所述，國庫券市場——即使是世界上流動性最強的證券之一基準（交易最活躍的）國庫券——分為兩個獨立的部分：HFT 公司自二〇〇〇年代初就可以進入的交易商間市場，以及它們仍然處於邊緣地位的交易商一客戶市場。因此，HFT 人員無法充分利用國庫券交易的碎片化，因為他們在交易商相互交易的主要平台之外的交易場所參與有限。再者，許多交易商一客戶交易沒有帶有確定買價和賣價的中央訂單簿，限制了訂單簿動態與該交易相關的程度。也沒有直接的「期貨當頭」模式。受訪者指出，在某些時期，標的國庫券領先於國庫券期貨，而非相反的情況。最合理的解釋是，由於長期存在的「回購」制度，國庫券證券交易中可能存在非常高的槓桿水平，在這種制度下，這些證券作為抵押品為購買這些證券的貸款提供擔保。[13]

在外匯交易中，跨多個場所的交易相當分散，但 HFT 演算法沒法徹底利用它的能力，在這種情況下，要結合本章前面描述的交易排除和第 6 章將討論的「實質政治」措施。外匯交易

中也沒有明顯的「期貨當頭」模式。據受訪者報告，至少在很多時候，外匯現貨市場（例如 EBS、路透社及其新競爭對手的市場，在這些市場中，貨幣交易幾乎是即時交付，並且傳統上可以使用高水平的槓桿）引領期貨市場，其結果是芝加哥的訊號對外匯交易的重要性不如股票交易。例如，當（如下一章所述）鋪設了一條新的超高速光纖電纜以將芝加哥期貨市場連接到交易股票、國庫券和外匯的東海岸數據中心時，受訪者 BB 同時交易期貨和外匯的 HFT 公司決定不支付費用超高昂、最高速度的「一級」光纖，而只支付更便宜的服務，在這種服務中，它租用的那段電纜被盤繞起來，使傳輸速度減慢了大約一毫秒。相比之下，交易期貨和股票，或是期貨和國庫券的 HFT 公司別無選擇，如果可以的話，只能支付最快的物質傳遞形式。

因此，不同市場中，HFT 演算法可用訊號的差異在於，HFT 公司有不同的材料優先排序，分別對應到不同的對象。更廣泛地說，市場結構的政治通常是一種實質政治，即攸關交易的物質應該如何安排的問題。因此，是時候更深入地了解 HFT 的重要性了。

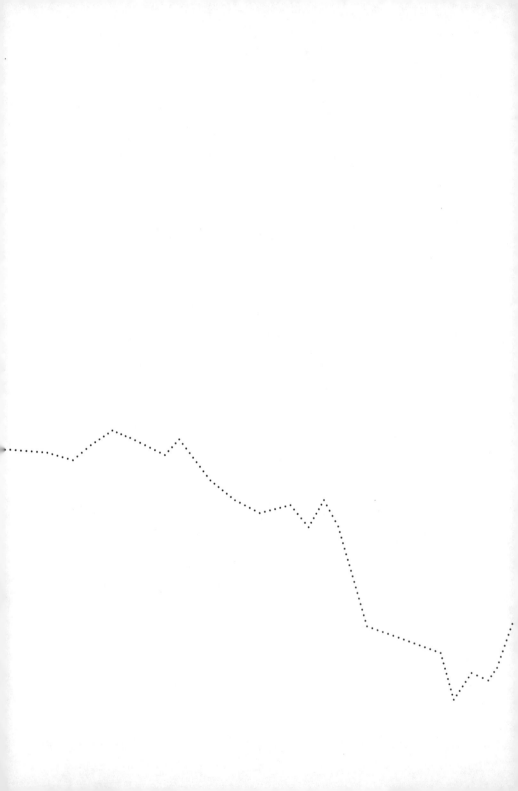

「我不只會失業，還可能失去雙腿！」

你是如何獲得交易訊息的？

讓我們從數據中心開始。如圖 5.1 所示，芝加哥的 Cermak 在自動交易的短暫歷史中發揮了重要作用。例如，歷史上最具戲劇性的篇章——二〇一〇年五月六日的「股市閃崩」將於第 7 章中詳述——即是起源於那裡。Cermak 於一九二九年竣工，最初是一家印刷廠，為美國最大的印刷廠，也可能是世界上最大的一間。其龐大的印刷機器印了《時代》（Times）、《生活》（Life）、《西爾斯目錄》（the Sears catalog）以及電話簿。那些印刷機早已不復存在，但它們所在位置特別鞏固的地板現在安置著一排排電腦。其中有些屬於電信公司。「網際網路的骨幹」穿過了 Cermak，我訪問的主人如此告訴我。Cermak 的「匯接機房」是 Comcast、Verizon 和 BT（前身為英國電信）等運營商擁有的獨立私有網路融合在一起，一個看似統一、無縫的網路世界之一。CME 的計算機系統在二〇一二年之前一直在 Cermak，而後它搬到了前面章節中提到的專門建造的郊區數據中心，這使得 Cermak 和以前相比不再那麼顯著。然而，它繼續託管自動交易，許多 HFT 公司仍然存在於此。

參訪 Cermak 就是穿過無盡的、沒有窗戶的走廊，走廊是白色的牆壁和一扇扇平凡的藍色門。即使是像我的主人這樣熟悉建築物的人也很容易迷失方向。門後的房間依舊嘈雜，但印刷機的　嘟作響已被無數風扇和硬碟的穩定轟鳴所取代。Cermak 這樣有多個樓層的數據中心中很不尋常，但該建築最初是一家印刷廠，此事實有助於連結這些樓層。它們被二十一根龐大立柱貫穿，巨大的紙捲曾經穿過這些立柱升起和降下，

圖 5.1：Cermak。作者田野調查所攝。

將電纜穿過其中一個立柱就可以輕鬆縮短它。

　　我的主人的工作是出售在 Cermak 內的空間，賣給公司用
於安裝他們的計算機系統。說到這點，他說：「我賣電。」到了
二〇一二年，Cermak 已成為伊利諾伊州第二大電力消費者，
僅次於芝加哥的歐海爾國際機場（Equinix，2012: 5）。Cermak
被連接到兩個不同的電網，它們可以提供 100 兆瓦的電力，而
如果兩個電網都啟動失敗的話，大型柴油箱隨時準備為大型備
用發電機提供燃料──我的主人解釋說，這種發電機是動力遊

輪。幾乎所有流入 Cermak 的電力最終都會轉化為熱量。

受訪者 CZ 告訴我，任何數據中心的關鍵因素都是功率密度，通常是透過數據中心可以負荷的每個機架的最大電力輸入水平來計算。（機架是標準尺寸的金屬框架，計算機和其他設備安裝於上。）[1] 限制數據中心功率密度的通常不是電力供應；相反，需要從建築物中提取熱量，因此溫度將足夠低計算機才能可靠地運行。就 Cermak 而言，這需要含有類似鹽水的冷卻劑的高容量冷卻系統：需八百五十萬加侖（三千兩百萬公升）。在 Cermak 周圍走動時，你經常會看到內含冷卻劑的管道穿過建築物，且不時會感受到一股非常冰冷的空氣。

即使是我的導遊也無法進入 Cermak 大部分的房間，這些房間的門都裝有生物特徵鎖。一旦你進入一個房間，裡頭發生什麼事你只會獲得少量線索。至少在設有交易公司伺服器的房間中，計算機通常都是裝設於緊密包裹、上了鎖的籠子內。因此，我對 HFT 至關重要的數據中心發生內所發生的事情的了解，更多是來自與人們交談而非四處走動。雖然不同交易所系統的配置各不相同，但某種程度上有足夠相似的結構性，如圖 5.2 所示。考量到一個由交易公司——我們稱它公司 A——系統組件發送的訂單（買價或賣價）在設有交易所計算機的數據中心進行交易。（實際上，這個組件可能是一個成熟的計算機伺服器，但也可以是一個現場可程式化邏輯閘陣列，或是 FPGA，一種此章節末將會描述的特殊矽芯片。）在數據中心內，對數據進行編碼的電子訊息通過電纜，通常是以光纖中激

圖表 5.2：數據中心內部：高度示意圖。箭頭表示電子訊息流的方向。例如，交易公司的系統發送訂單（和取消訂單）到訂單閘道器，然後在以下情況下向該系統發送「確認」消息，例如，公司的一個訂單已被添加到訂單簿中，並且已被執行。為了讓交易公司的系統盡快了解不涉及公司的交易（和其他訂單變更），後者必須向交易所支付來自其市場數據發布系統的數據饋送和超快速連接的費用。來源：作者訪談。

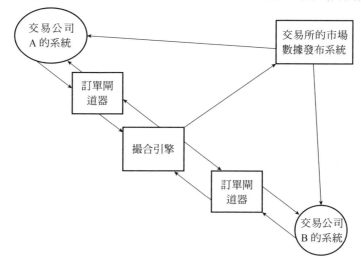

光產生的光脈衝的形式；本章後面描述的無線技術是用於數據中心之間的通訊，而非在它們內部進行。通常，一家交易公司從交易所租用至少兩條電纜來連接它的系統與交易所的系統。訊息可以經由這些電纜流入兩個方向，但最好還有第二個連結可用，以防萬一設備故障中斷了第一個連結。

最有可能的是透過至少一個數字開關，組成公司 A 交易訂單的電子訊息將會到達一個交易所系統中一個被稱為訂單閘道器的組件。（閘道器可以是一台計算機伺服器，但不必是一台

單獨的機器，而 CME 現在使用 FPGA 作為訂單閘道器。）閘道器負責檢查訊息格式是否正確，也許也替訊息打上時間戳印（即記錄收到它的準確時間），並將其路由到正確的撮合引擎。大多數主要交易所都有多個這樣的引擎，每個都負責維護其交易的金融工具的特定子集的訂單簿。

如果相關訂單簿內有來自 A 公司系統、撮合引擎可以配對的現有訂單——如果傳入的訂單是以特定價格或低於特定價格買入的出價，將是以現有的以該價格或高於該價格賣出的訂單作配對——引擎執行交易，交易所的計算機系統分別發送「完成」的訊息至兩間交易公司的系統中，通知訂單已被執行。（如果其中一個訂單比另一筆大，那麼「完成」可能只代表部分訂單。）另一方面，如果訂單簿中沒有可以與傳入的訂單相配對的現有買價或賣價，後者僅會被簡單地添加到訂單簿中，並且會向交易公司系統發送一條「確認」的訊息。[2] 同樣地，如果交易公司的系統發送一則取消或修改一個現有訂單的訊息，當交易所完成後便會發送確認的訊息。

撮合引擎也會發送訊息給交易所的市場數據發布系統或是饋送伺服器，編碼新的訂單，執行、取消或是修改訂單。[3] 如今，這些消息在傳播之前幾乎都是匿名的（提交訂單的公司、交易團體或是個人交易商的識別碼會被刪除），市場數據發布系統發送這些匿名訂單更新的訊息——同樣地，通常是以光纖電纜中的光脈衝形式——到那些購買這筆快速的「原始」數據源的公司的計算機系統中。系統有時會直接對單則訊息做出反

應（例如，報告大筆交易的訊息），但主要是使用數據源來維護交易所訂單簿的最新「鏡像」④。原始數據源通常會從交易所的系統經由與交易所相同的電纜傳輸到每個公司的系統中告知完成或確認訊息，但是數據饋送和直接傳送訊息在交易所系統內所採用的路徑不同，因此一條路徑會比另一條快。我們將在本章後面回頭討論這一點，因為這種「小事的重要性」的問題（與數據中心內部甚至單個計算機系統內部的配置和物質程序有關），影響力可能很大。

金線

不過，讓我們首先考慮「大事的重要性」——訊號如何在數據中心之間數公里、數十公里甚至數千公里的範圍內傳輸。對於 HFT 演算法而言，來自外部的訊號通常都和運行它的數據中心內部發生的事情一樣重要。世界金融數據中最重要的路徑是從芝加哥到紐澤西州數據中心這條路線，其中股票、國庫券、外匯以及期權在此進行交易（請見圖 1.4 與 4.1）。由於第 2 章中探討的原因，來自 Cermak 的訊號以及自二〇一二年以來，尤其是來自 CME 郊區數據中心的訊號對於在紐澤西州進行的演算法交易至關重要。

當 HFT 開始在一九九〇年代後期及二〇〇〇年早期蓬勃發展時，在遙遠的距離間傳輸訊號的首選技術是光纜和電信公司已經廣泛鋪設的此類電纜網路。基於讓所有人類使用的目的，

那些現有的網路不論過去和現在速度都非常快，因此電信不需要關注其訊號傳輸的速度。相反，他們選擇的路徑（例如鐵路線旁邊）很容易需要協商開挖溝渠鋪設電纜的許可；他們塑造了他們的網路，以便他們為最大數量的大型人口中心提供服務；他們也用了軸輻式結構，不是透過兩點之間最直接的路徑發送訊號，而是透過他們自己的交換機或位於中央數據中心（如 Cermak 或 Halsey）中的匯接機房，紐瓦克的數據中心便是紐澤西州的主要電傳通訊樞紐。如下所述，電信公司還優先考慮了易於維修而不是最短的電纜長度。

在 HFT 的早期，像 ATD 這樣的先驅主要與緩慢的人類競爭，現有的光纖網路對於 HFT 來說也足夠快。然而，到了二〇〇〇年早期，HFT 公司發現自己越來越相互競爭，自己開啟了 HFT 的速度競賽。芝加哥傳來的訊號的巨大重要性意味著 HFT 公司開始關注將這些訊號傳輸到東海岸數據中心所需的時間。但他們發現很難讓通訊供應商理解這種擔憂。單純要求一家電信公司提供最快速的路徑並沒有用：

> 你可以去找你的 Verizon 銷售人員，他們的目錄裡沒有這樣的產品。他們只賣電路。Verizon 供應系統……沒辦法真正理解最短的路徑。他們只知道你想要一個 T-1 或一個 T-3 或者管他 A 點和 B 點之間的什麼東西，他們會提供任何碰巧可用的東西（電纜）[5]。順帶一提，如果他們需要平衡一些負載，他們會重新配置

> （轉移到其他電纜）……他們從未真正想過有人會在乎確切的物理路徑。（受訪者 TO）

當 HFT 試著招募電信專家時，這樣的態度相當常見：

> 我正在替運營團隊找新的負責人，並面試了一大群人。每次有人說：「這些經驗我都有且我知道如何為您省錢，」時，顯然就不是合適的人。（受訪者 CF）

當然，CF 的首要考量是傳輸速度，而不是成本。儘管如此，他還是找到並開始與一家電信公司的特定銷售人員密切合作，該銷售人員掌握了這一目標，之後更「有了延攬他進 HFT 公司、並讓他帶上另一個人的想法，在芝加哥與東岸之間建立一個沿著『最直接的路徑』的暗光纖連接，」（CF）。暗光纖是一條線永久專供某公司使用的光纖電纜，而不是電信中正常會使用的共享纜線。

芝加哥交易員開始將這條精心規劃的暗光纖連接稱為「金線」。它的速度賦予了所討論的 HFT 公司在二十世紀頭十年的關鍵時期握有相當大的優勢，此時期 HFT 業務開始成形。該公司主要是一個做市商，有系統地在訂單簿中發布具有吸引力的買價和賣價，使其他人可以執行，並且，如第 3 章所述，這種電子做市有助於促進具有 HFT 友好經濟和物質特徵的交易場所的增長。如同將在第 6 章中討論的，做市演算法面臨的一

個主要風險是他們的買價及賣價變得陳舊（當市場有變動時它們更新得不夠快），然後被更快速的演算法摘取。擁有金線——芝加哥和東海岸之間最快速的連接——讓相關的做市商很大程度避免了這種風險。（相反地，如果做市演算法面臨被摘取的高風險，他們必須增加價差——他們的買價和賣價之間普遍的價格差異——以補償由此產生的損失，也使得有些交易場所的價格不那麼有吸引力。）雖然無法確定，但因此，在那些關鍵的年份裡，它可能是一個做市商，而非第 6 章所說，擁有金線的「吃單者」。公司能夠做市的規模鞏固了 HFT 做市商和對 HFT 友好的交易場所之間關鍵的「鉸鏈」（第 3 章中討論）。

金線不是新的電纜；相反地，它是透過租賃從芝加哥到紐澤西北部和曼哈頓的測地線附近的現有光纖電纜段來「拆解」或「交織」在一起（受訪者 CC）。（如第 1 章所述，測地線，或大圓圈，是地球表面兩個定點間的最短路徑。）即使過了十年，受訪者通常都是要嘛不知道，要嘛不願意告訴我金線的確切路線。然而，受訪者 CC 說，它大致是沿著 80 號州際公路穿越俄亥俄州北部、賓夕法尼亞州和紐澤西州北部。[6]

「只是鋪設光纖」

鑑於金線是由現有電纜的片段構成的，它無法完全沿著測地線鋪設。因此，毫不意外，至少有一位交易員意識到，如果

有人擁有靠近測地線的電纜，任何其演算法依賴於芝加哥和東海岸之間快速傳輸價格的公司都將不得不使用它，因而可以收取高額費用。期權交易員丹·斯皮維（Dan Spivey）籌措資金建設這種全新的電纜；主要投資者是網景通訊（Netscape Communications）的前執行長詹姆斯·巴克斯代爾（James Barksdale），網景是一家開創性的網頁瀏覽器公司。

斯皮維和巴克斯代爾的新公司 Spread Networks 與眾多地方政府和土地所有者協商，以爭取新的、更多的直接電纜。麥可·路易士（Michael Lewis）的《快閃大對決：一場華爾街起義》（Flash Boys）的第 1 章（列於本書附錄中關於 HFT 的文獻）中有段精彩的描述，描寫該公司為了在「小型鋪砌道路、土路、橋樑和鐵路，以及偶爾的私人停車場、前院或玉米地」旁邊和下方鋪設電纜協商權利時遇到的困難（路易士，2014:11），然後協調了 250 個獨立團隊，每個團隊 8 人負責挖掘、鑽孔和鋪設電纜。Spread Networks 盡可能保密這個項目。由於每個團隊都只有致力於一小部分的路線，工人不容易猜測出它的目的，他們被告知，如果有人問起應該溫和地這麼回答：「只是鋪設光纖」（路易士，2014: 8）。Spread Networks 至少花費了數百萬（一位受訪者表示可能已多達百萬）鋪設新電纜，但事實上交易公司肯定別無選擇，只能支付大筆費用來租賃電纜中的光纖，而結果證明這麼做是正確的。前 HFT 交易員彼得·柯瓦克（Peter Kovac）報告說，每月的費用是 176,000 美元，並要求簽訂數年的租約。

靠近測地線帶來了物理上的困難：一方面，阿勒格尼山嶺橫亙在路上，儘管受訪者 TO 告訴我現有的說詞誇大了鑽穿岩石的範圍，包括了作者和同事的說詞皆如此（麥肯錫、貝恩扎、米羅、和帕多—蓋拉，2012）。然而，最有說服力的是兩個顯然是次要的情節，由路易士（2014: 29-22）不加評論地描述。第一個地點位於芝加哥曾經高度工業化的南郊，在 Spread 計劃的路線與卡盧梅特河交會的地方。河下鑽探歷經六次失敗；Spread 一直到在河底發現一條廢棄已久的隧道才克服阻礙，因為電纜可以穿過此隧道。第二起事件發生在賓夕法尼亞州鄉村的一個小鎮，就在一座橋的東邊，這次跨越了一個巨大的障礙，寬闊的薩斯奎哈納河。Spread 設法獲得了在橋樑的混凝土支架上鑽孔並在道路下鋪設電纜的許可。然而，在橋的東方，道路沿著河岸延伸，而非繼續向東。為了讓 Spread 的電纜做到這一點，公司需要獲得許可，將其埋在兩個停車場中的其中一個的下方。他們向所有人個別出價了 10 萬美元，但兩者都沒有讓步。一位經營冰淇淋工廠的人擔心擴大的電纜可能會成為阻礙；另一個之前曾與 Spread 在同段路線上的同一個點僱用的承包商鬧翻。直到第二位所有人終於心軟了，新電纜的東西兩段才相接。

　　這兩起事件我們可以稱之為 HFT 位置專制的第一個明確表現。愛因斯坦式物質性——當毫微秒變得重要時，光速成為了一種約束——使得 HFT，如第 1 章所述，對精確的空間位置非常敏感。在其他地方，Spread 的電纜可以有穿過卡盧梅特河、

可以簡單地繞過賓夕法尼亞停車場。但是不論是哪種做法，都會造成一個微小但可能相當重要的時間延遲。據我所知，隧道和停車場的所有人都沒有意識到他們控制了突然成為「夾點」的地方，用受訪者 DE 在第 1 章所說的話語來形容再恰當不過：名符其實的字面意思，而不是單純的比喻，使用行動者網路理論的術語則為「強制性通過點」（卡隆，1986: 204 及 205-6）。不過很快地，那些擁有或控制關鍵地點的人著實開始意識到他們可以收取高額費用讓他人通過或進入那些夾點。正如本章所討論的，以經濟學家的術語來說，那些所有人確實可以「租借」：讓他人支付（遠）高於一般他們可以接受的進入或通行的最低費用。（大部分在美國鄉下小鎮擁有停車場的人，我想都會很高興接受低於 100,000 美元的費用，因為挖溝、鋪設電纜、填埋溝渠並重新鋪設地面時，部分地段被封鎖幾天帶來了輕微不便。）[7]

　　Spread 新電纜的西端於二○一○年八月開始運行，最初是 Cermak；後來進一步向西延伸到 CME 的新郊區數據中心。來自 Cermak 的電纜向南和向東靠近密西根湖岸，然後穿過印第安納州和俄亥俄州的農村，沿著伊利湖的南岸，接著穿過賓夕法尼亞州農村到達紐澤西州和那斯達克的數據中心，再往北到紐瓦克的 Halsey 數據中心（如前所述，紐澤西的主要電信樞紐），然後是其他紐澤西金融數據中心，最後來到了曼哈頓。傳送路線接近測地線是電纜的基本原理，但是居於首位的速度以及其他影響，即使在路易士精彩的章節中也沒有討論。鋪設

普通電信電纜時，施工人員的標準做法是增加相當大程度的鬆弛（通常是電纜總長度的 5% 到 10%）：

> 處理光纖時，你要把它拉鬆……你拿起電纜，然後盤繞在每個放大器中心或是……檢修孔上，這樣做的原因是光纖每隔一段時間就會被切斷。有人在施工、火車出軌、橋台腐蝕之類的，然後電纜斷了。你想要的是一條稍微鬆一點的電纜，你可以把兩端接在一起，把它們拼接在一起，然後你就可以走了。（受訪者 TO）

Spread Networks 很難讓鋪設電纜的工人（如前所述，他們沒有被告知其目的）不按照這樣的標準做法：

> Spread 和施工人員一直在爭吵，因為他們想做他們一直在做的事情：「為什麼不想拉鬆纜線？」他們不理解延遲的問題：「何必要管那幾微秒（百萬分之一秒）的時間？」（受訪者 TO）

速度優先也影響了交易公司如何使用新的電纜。現代光纖傳輸採用一種名為高密度波長多工器的方法，其中單根光纖上的多個通訊管道藉由對每個管道使用不同波長的光來防止彼此產生光學干擾。電信公司希望最大限度地提高每根光纖的傳輸容量，因此可能會使用多達一百條不同波長的不同管道。該公

司接受這種密集包裝會導致少量的光干擾，考慮到這一點，將會使用軟體來處理正在傳輸的訊息，在上頭添加額外的二進制數字，以便能夠檢測傳輸中的錯誤並進行修正。這種「將來的錯誤修正」，正如它所說的那樣，會增加一點微小的延遲，所以 HFT 公司通常不會這麼做。反之，受訪者 TO 表示，他們打包了很多將更少的通信渠道（可能只有十個）整合到一個單一的 BER 中的擴展電纜。他們將數量少得多的通訊管道（可能只有十個）裝入 Spread 電纜的單根光纖中。

然而，速度並不是唯一加諸於傳播電纜的必要條件。另一點可能令人驚訝但被認為是公平的。如果他們擔心其他訂購者仍然保有速度優勢，那麼他們就很難招募到訂購者。因此 Spread 投注大量心力確保這不會發生在付錢擁有優先使用權的訂購者身上。[8] 芝加哥和紐澤西之間的距離足夠遠，沿途需要光或光電放大器，Spread 打造了十一個混凝土倉庫來容納這些設備。倉庫只有大約 15 米長（50 英尺），但正如受訪者所說，「現實是你要向上、往下和穿越等等。如果你這麼做十一次，就能積少成多。」即使光脈衝以每秒 200,000 公里（約每秒 125,000 英里）的速度傳播，穿過倉庫的不同路徑也會產生相應的時間差。因此，Spread 非常謹慎地確保每個用戶的光纖盒中的路徑長度相等。一位受訪者告訴我，即使是不同股光纖中輕微的玻璃的物理性不均勻也得到了補償（儘管我還沒有獨立的證據證實這一點）。透過少量盤繞，將折射率略低的線束做得稍微長一些，以確保傳輸時間盡可能相等。

Spread Networks 鋪設的新的電纜對交易產生了直接影響。無法或選擇不支付使用它的高成本的自動交易公司突然發現自己在某些情況下處於嚴重劣勢。例如，受訪者 CV 的公司一直是芝加哥有影響力的美國國庫券期貨和標的國庫券交易先驅。「我沒法付錢給 Spread Networks，」CV 說。「我不夠大。」其他公司有更快連接紐澤西到芝加哥的連結，「正在擊垮我們，」他這麼說：

> 您無法足夠快取得連接。你無法到達交易的另一邊。你會來到其中一方，替紐澤西州的國庫券下訂單，到那時它已經消失了……這真是一團糟，且公司虧了很多錢。

「便宜、安靜且快速」

儘管 Spread Networks 專注於速度，但卻對第 1 章中提到的物理現象無能為力：製造光纖的玻璃使光速變慢。Spread 使用了 Lucent 的 True-Wave® RS 光纖，這種光纖具有最低的折射率，因此具有最高的傳輸速度，無需頻繁的拉長

即可使用，因此不需要更多的延遲誘導倉庫。TrueWave 中玻璃的折射率約為 1.47〔朗訊科技（Lucent Technologies）1998；確切值取決於使用的波長〕，這代表光在其中傳播的速

表格 5.1：從 CME 的數據中心到紐澤西州那斯達克的數據中心的最高水平單向傳輸時間，以毫秒（ms）為單位

Spread Networks 之前	大約 8 毫 ms
Spread Networks（2010 八月）	6.65ms
玻璃纖維中的限制（折射率 1.47）	5.79ms
AB 服務／亞歷克斯・皮洛索夫（Alex Pilosov）微波連結（2010 九月）	5.7ms
最快速微波連結（2016 五月）	3.98ms
愛因斯坦極限	3.94ms

來源：勞格林等人（2014），亞歷克斯・皮洛索夫，麥凱兄弟（McKay Brothers）／昆西數據（Quincy Data）及各式來源。愛因斯坦極限是在真空中以光速沿測地線傳輸的時間。自二〇一六年以來，微波連結獲得改善，但最近的傳輸時間並未完全公開。例如，由於 CME 數據中心於二〇一二年搬遷，因此並不完全能夠類比。

度僅為愛因斯坦極限的三分之二多一點，真空中的光速（見表格 5.1）。⑨

那些規劃傳播網路電纜的人非常清楚，一種可行的替代方案是透過大氣進行無線電傳輸，其折射率隨氣壓、溫度和水蒸氣濃度而變化，但僅略大於 1.0，這意味著無線訊號在真空中幾乎是以光速傳播。在過去的幾十年間，微波無線傳輸確實廣泛用於長途電話。特別是在一九五〇年代，AT&T 建立了一個廣泛的美國微波網路，即 Long Lines 系統。然而，當光纖電纜開始被廣泛使用後，此網路就退役了。

因此微波無線傳輸很容易被視作昨日黃花技術，最初似乎對超高速傳播電纜毫不構成威脅。微波是一種「視線」技術：它需要一個近乎直接、從源頭的接收器直接穿過大氣層的直

線。由於地球的曲度，因此在任何長路徑上，例如芝加哥和紐澤西之間的路徑，都需要中介中繼器（通常在如圖 2.2 所示的高塔上）來接收、放大，有時還需要過濾電子訊號，並重新傳輸訊號。這種設備造成了延遲，雖然人類感官無法察覺，且在日常中使用的電信微波也完全不受影響，似乎它們不僅會耗盡微波在 Spread Networks 電纜上可能具有的任何速度優勢。

不過，也許微波中繼器設備的延遲只是其設計者沒有理由關注速度的結果，所以也許微波仍然可以比 Spread Networks 的測地線電纜更加快速？第一個建造芝加哥—紐澤西 HFT 微波連結的是一位受過蘇聯教育的計算機科學家亞歷克斯·皮洛索夫，移居美國的皮洛索夫為多間華爾街銀行擔任顧問，並成立了一家提供高速網際網路連結服務的公司。「我賣掉了我的房子，」他告訴我，「我借了盡可能越多的錢，」但他仍然沒有超過 500,000 的錢與重大工程項目合作。他說，後者必須要「便宜、安靜、快速」。他無法負擔大筆開支，提醒資源可能更豐富的競爭對手，也無法在他的連結運行和賺錢之前拖延更長時間。

二○○九年，皮洛索夫開始造訪 HFT 公司，希望能招募到一位顧客。他塑造了一個非常規的人物。亞歷山大·勞莫尼耶（Alexandre Laumonier）在對 HFT 的微波連結的精彩描述中（見文獻附錄）如此報告：皮洛索夫在曼哈頓的公寓經常是「極客、藝術家、作家和行動分子」的避難所，其中包括一些參與占領華爾街的人（勞莫尼耶，2019: 48），皮洛索夫告訴

我，在一家 HFT 公司，他的暱稱是「小貓」，因為他第一次去那裡時穿的 T 恤上有這個圖案。在參訪公司時，皮洛索夫沒有透露他打算使用的傳輸技術，只說他的連結將「比光纖更快」。一家 HFT 公司承諾如果皮洛索夫確實向他們提供了這樣的連結，就會支付款項，而皮洛所夫負責託管存款「只為證明我不是一個傻子」。

皮洛索夫找到了一間捷克小公司，該公司的微波中繼器設備以當時的標準來說速度很快。它的速度是其簡單的設計偶然打造出的副產品，皮洛所夫支付公司費用進行改善，以進一步提高速度。他和他的主要合作者、工程師和計算機科學家安東．卡佩拉（Anton Kapela）（參見勞莫尼耶，2019: 49-51）一同維持微波連結低調。皮洛索夫沒有在 Cermak 或是連接紐澤西端點的數據中心的屋頂上安裝可以作為訊號的天線，而是將它們放置在一定的距離之外。（有一次，他的連結透過一輛麵包車上的天線運行，他說服紐澤西數據中心附近保齡球館的老闆允許他將車子停在保齡球館的停車場。）

皮洛索夫本人詳細研究了他的微波連結的最佳路徑，例如確定在密西根湖（距芝加哥約 80 公里〔50 英里〕）上實現視線連接的方法是在湖邊摩天大樓的頂部安裝天線（他選擇了 Aon 中心，它高 347 公尺──比 1,100 英尺還高）。

他編寫了自己的計算機代碼，確保對其他訊號的干擾不會阻止聯邦通訊委員會批准構成其連結的天線（他延遲提交必要的「路徑協調通知」，因為它們「會提醒其他人我正在建造一

些東西」）；他自己做了結構計算證實他選擇的塔足夠堅固以支撐要安裝的天線；並提交了必要的文書工作以獲得塔所有者、市政當局等的許可。這是一份實際的工作。勞莫尼耶（2019: 53）描述皮洛索夫送了兩瓶蘇格蘭威士忌給紐澤西州一棟建築的負責人，皮洛索夫在屋頂安裝了天線，視而不見地將電纜從屋頂拉到人行道上。皮洛索夫能省則省錢。例如，他告訴我他使用的其中一座塔曾經是 AT&T 的 Long Lines 的一部分，它仍然有一個舊天線，皮洛索夫將之帶回使用而不是購買替代品。

位置的霸權暫時和緩。為了履行皮洛索夫與他的客戶 HFT 公司的合約，他的微波連結必須比 Spread Network 的電纜更快，而且微波相對於光纖的物理速度優勢給了他相當大的自由度，可以離開測地線並選擇合適且成本不會太高的塔，還可以在沒有無故拖延的情況下安裝天線。他甚至能夠找到一條路線，在該路線上他可以在整段路上使用 6 GHz（千兆赫茲）的無線電頻率；這是美國可用於商業用途的所有微波頻率中最可靠的頻率，但它的普及意味著在某些塔上，現有連結受到干擾的風險可能導致無法安裝新的 6 GHz 無線電。皮洛索夫的路線一直向南延伸至匹茲堡南郊（距離測地線約 100 公里或 60 英里），但即便如此，皮洛索夫和卡佩拉還是成功地實現了比 Spread 電纜更快的目標；見表 5.1.[10]

然而，無論是在構造還是使用方面，沒有任何微波鏈路能夠逃脫物質世界的偶然性。發射和接收微波訊[11]號的天線形狀笨拙，而且通常又大又重——一個大的直徑可達 2.4 公尺（近 8

圖 5.3：微波天線。麥凱兄弟提供。

英尺），重達 500 磅，或者說將近四分之一公噸──天線必須安裝在超過 100 公尺的高塔上（超過 300 英尺），準確定位並保持不透水，天線和電纜都必須牢固地連接在塔上以抵禦強風（見圖 5.3）。完成所有這些工作的高塔攀爬者需要有足夠的體力和力量才能爬到塔頂並在上頭工作，如圖 2.2 所示，並且在工作中要能夠一絲不苟地注意細節。皮洛索夫發現，與他簽約安裝天線的攀爬者俱有這些特徵中的第一個特性，但並不總是也有第二。他發現他的天線有時候沒有準確對齊，電纜沒有牢固地固定在塔上等等。

他的公司（以及我採訪過的至少另外兩家公司）最終聘請了自己的攀爬者，而非簡單地直接與承包商合作。皮洛索夫告訴我，他聘用了一個「全職工資」的小團隊，大約位於賓夕法尼亞州西部路線的中點，「以應對緊急情況並進行維護。」雖

然組裝得很快，但事實證明他的網路非常可靠。「我認為最長的停電時間是 24 小時，」他說那是雷擊的結果。他的設備不應該因此損壞，但當他檢查時，發現應該保護它的銅接地線被偷走了。

「最好成為時間中的前 99%，而不是第 100%。」

儘管皮洛索夫努力不透露他在做什麼，但 HFT 公司很快就意識到微波連結可以應用於交易。一旦知道有人提出比 Spread 速度更快的連結，不難猜測可能的技術為何。二〇一一年開始芝加哥與紐約之間建造了十五到十七條微波連結（受訪者不確定確切的數字）。鏈接之間的速度競爭使產生租金的位置暴政重新興起。完成連結大約一年後，皮洛索夫告訴我：

> 一家鐵塔公司來找我，就像這樣：「到底發生了什麼事？我們現在有另外六個人都想打造這條紐約到芝加哥的路線，基本上就是同一座塔。他們都說他們有一些災難恢復的商業目的」或者其他的廢話。我就說：「好吧，我會告訴你發生了什麼，但你必須向我保證，你向他們收取的租金必須是向我收取的三倍。我跟你保證，他們會付錢的。」這就是來龍去脈。事情就這樣發生了。

其中一些新連結由 HFT 公司直接委託和擁有，但這些直接擁有的連結現在已被競爭淘汰剩下兩個主要的超快速、近測地線的連結：一個屬於 Vigilant（由 HFT 公司 DRW 擁有），另一個是由 HFT 公司 Getco（現在是 Virtu，收購後者後）和 Jump 共同擁有的 New Line。Vigilant 和 New Line 歷史最悠久的競爭對手是麥凱兄弟，由羅伯特‧米德（Robert Meade）和史蒂芬‧泰奇（Stéphane Ty）創立，這兩位物理學家都在金融領域做了大量工作。麥凱兄弟本身並不交易（雖然米德和泰奇過去都曾交易過）；它向交易公司出售私有帶寬——微波相當於暗光纖——或者透過附屬公司出售快速數據。Vigilant、New Line 和麥凱受困於激烈的競爭中以獲得最快的速度。除了擁有 Vigilant 和 New Line 的那些交易公司之外，交易公司擁有的較舊的、較慢的連結似乎都已被出售或直接被放棄，因為透過在麥凱的連結上租用帶寬速度較快，花錢經營一個比此速度還要慢的連結毫無意義。[12]

米德和泰奇相識於哈佛大學物理學博士班——而麥凱兄弟此名稱是來自於被命名為哈佛大學戈登麥凱應用科學實驗室。儘管他們「大部分個人資金投入到項目中便打了水漂，」泰奇說，但他們比皮洛索夫擁有更多的資金，且工作速度也較慢。他們很清楚他們的新連結將面臨最終的競爭，並專注於以這樣一種方式做設計，讓競爭對手很難達到同等快速或更家快速。為此，他們必須打破現有的電信微波網路設計的謹慎傳統，這種傳統非常重視可靠性，幾乎不重視速度。正如泰奇所說：

> 我們意識到……網路不必以「古老而保守的方式」設計。微波工程師已經應用了完美運執行的配方，但它強加了我們放寬的規則。這種工程約束的放寬使我們能夠專注於對我們來說最重要的約束，也就是總路徑長度。我們無情地優化了這個決定因子，以創建一個持久的網路。

米德和泰奇將他們的一些中繼器放置得比以前遠，部分原因是他們也必須穿越密西根湖，但也因為長「跳躍」——塔之間的間隙——將中繼器的數量減到最少，從而也減少了造成延遲的原因。它們之間最長的跳躍大約是 110 公里（約莫 70 英里）。「大多數的微波工程師都會說這真是蠢到不行，」泰奇這麼說道，因為那些工程師認為這樣的距離上傳輸會很不可靠甚至不可行。泰奇記得一位工程師甚至說過「超過 50 公里的微波連結是不可能的。」

對速度的追求需要的不僅僅是長距離跳躍。如前所述，在美國可用於商業微波傳輸的波長（6、11、18 和 23 GHz）中，6 GHz 是最可靠的。隨著頻率的增加，連結變得更容易受到相關人員所說的「雨衰」的影響：下雨時訊號衰減或是失去訊號。（正如泰奇解釋的那樣，雨滴「可以導電，它們與電磁場相互作用……而該磁場消耗能量讓電子在雨滴內移動。因此削弱了自己。」）然而，若麥凱兄弟將自己限制在 6 GHz，就不得不離開測地線，因為當他們建立起自己的連結時，會有太多現

有的 6 GHz 連結靠近測地線，如此便無法僅使用該頻率。因此米德及泰奇的公司不只使用 6 GHz，同時也使用了 11 和 18 的頻率，甚至也用 23 GHz 以保持他們的路線盡可能靠近測地線，即使他們知道這會增加被雨水破壞的可能性。正如泰奇對我說的那樣，「我們有個小小宗旨：最好成為時間中的前99%，而不是第 100%。」

麥凱兄弟的全新連結二〇一二年七月啟用。當時，微波速度競賽如火如荼進行中，並且如上所述，此後一直都很激烈。微波傳輸的各個方面都受到了無情的審查。以前的做法是將中繼器設備放置在每個塔底倉庫裡的機架中，但這意味著訊號必須沿著塔向下傳播並再次返回，因此現在用於 HFT 微波連結的中繼設備是防風雨的，並改為放在高塔上，就在天線旁邊。令皮洛索夫震驚的是，數字系統（能夠採用先進的過濾技術來降低與其他訊號相互干擾的風險）被捨棄，為了速度轉而使用了更簡單的純模擬中繼器可。技術成熟度和速度並不總是成正比。

早期的 HFT 微波連結使用原先就已在原地的塔，或者有時候是使用諸如 Aon 中心之類的建築物，麥凱兄弟最初也將其設置於密西根湖上關鍵一跳的西端。然而，現有的塔通常都不位於測地線的最佳位置，或者已經佈滿了天線，也或者價格高得令人望而卻步。這些地段的所有人已經掌握可能可以收取的租金費用。例如，當我詢問泰奇麥凱最初路線中的一個意想不到的拐點時，他告訴我說那是為了繞過一座原本運營商同意出租的塔，但後來卻突然打電話給麥凱。「基本上他們是在強制推

銷我們買東西，因為他們知道我們還需要最後一項資產才能夠打開連結。」

為了在速度上保有競爭力，很快就有建立新塔的必要。例如，從芝加哥到紐澤西州北部沿著相關測地線的微波路線正好需要穿越伊利湖，但即使穿越的距離可能很長，可能也離湖的南岸不遠（見圖 1.4）。直到二〇一八年一月，泰奇告訴我其實沒有必要真正穿過湖。「靠近伊利湖就夠了，」他這麼說。然而，到了當年十一月，他報告說麥凱正在將他們的路線移到更接近測地線的地方，並且確實會穿過伊利湖。距離南岸大約 5 公里（3 英里）的凱利斯島（Kelleys Island）上的小社區同意建造一座高塔。勞莫尼耶（2019: 57）報告說它高 137 公尺，或說 450 英尺。這座塔將「提高小區覆蓋率，」泰奇說，因為它帶有手機天線和微波盤，並且「為島上帶來了錢財」，而從麥凱的角度來看，它得以穿越伊利湖，不是跳過一大段距離，而是分成兩次適當的長度。

芝加哥—紐澤西微波速度競賽有多激烈可以從愛因斯坦極限剛好低於四毫秒（見表格 5.1；一毫秒是一毫秒的千分之一）的路線上的速度差異之微小中看出。二〇二〇年五月，泰奇告訴我，這三條從 CME 數據中心到紐約 4／5 多間數據中心的最快微波連結現在分別不到一微秒（百萬分之一秒），而他預計不久後紐澤西州另一端點（那斯達克和 NYSE 數據中心）也能有此速度。速度差異如此微小意味著即使是最微小的延遲也需要密切關注。其中包括光纖尾巴，即數據中心公司設備與其

最近的微波天線之間必須透過「慢速」光纖電纜傳輸的短距離。最初，距離 CME 郊區數據中心最近的主要競爭微波網路的天線都在距離相等的不同塔上。到了二〇一六年，HFT 公司 Jump Trading 的一家附屬公司斥資近 1400 萬美元購買了位於數據中心附近路旁遠端的一塊場地，並在場地的一角設置了一座發電機和兩個微波天線（路易斯，2017）。

　　Jump 這次的鉅額購買很有可能是被競爭對手 DRW 的附屬公司 Webline Holdings 所啟發，該公司已獲得聯邦通信委員會的許可，可以將微波天線設置在一根桿子上，該桿子也比高塔更靠近 CME 的數據中心。另一方面，麥凱兄弟獲得了相關市政當局的許可，可以在 Jump 的天線所在地的馬路另一邊建造一座新的小塔。在這樣的競爭中，目標不再僅僅是讓天線盡可能靠近數據中心，將其視為整個建築物；相反地，需要考慮的是最接近天線的電纜可以從哪個確切位置進入該建築物。CME 從未允許公司將其天線放置在數據中心屋頂的最佳位置。只能使用一小組入口點（受訪者不透露確切數量），且 CME 不允許公司將其設備放置在距離這些入口點 100 英尺（僅 30 米多一點）以內的任何地點。「我們和每個入口點之間都有 101 英尺的距離，」二〇一八年十一月泰奇告訴我。「形式上我們合規了。我們比一百英尺稍微高了一點，確保符合 CME 的規定。」

　　所有這些艱苦而代價高昂的努力──每一項努力都替有問題的微波連結節省小小一段、但在經濟看來至關重要的傳輸時間──都因數據中心的所有者建造了一座離建築物更近的塔而

一一克服。撰寫本書期間，新的這座塔是離數據中心最近的一座。它最多僅比 Jump、DRW 和麥凱在數據中心入口點附近安裝的天線近幾十米，但新塔小幅減少了光纖尾巴的使用，此影響足以使速度競賽的競爭對手別無選擇，只能付費在其上安裝微波天線。可惜我無從得知這需要花費多少錢。

因此，微波速度競賽的主要特點是對精確位置的敏感性——同時也是要掌控精確位置。它還體現了與日常物質世界的其他糾葛。最重要的或許是降雨可能導致高頻微波訊號帶（特別是 18 和 23 千兆赫茲）逐漸消失的方式，有可能會致使連結失去效用。其前所述，由於測地線旁已擠滿較低頻率的訊號帶，因此可能不得不使用這些較高頻率的訊號帶。值得關注的是，正如將在下一章中描述的那樣，即使在今天的高科技自動化市場中，價格模式有時似乎也受到芝加哥和紐澤西之間是否有下雨的影響。雪，尤其是濕淋淋的雪，也可能極具破壞性，強風有時也會導致天線失去準心，而爬上高塔重新校正相當危險。更令人驚訝的是，因為可以被夏季日出這樣非惡性的因素觸發，這是由「波導」引起的微波衰弱，此現象是當地的大氣條件導致微波訊號路徑彎曲，進而造成訊號衰弱甚至是無法接收訊號。[13]「波導，」泰奇描述到：

經常發生……差不多在日出的時候……當有一個恆定的熱源時，像是夏日時湖面溫度上升，入夜後周圍土地變得冰涼但湖水仍舊溫暖。

同樣地，皮洛索夫也這麼說他的連結，「基本上夏天每個早上都會經歷這種衰弱。」

紐澤西的毫米波和激光

芝加哥—紐澤西光纖和微波鏈路自過去至今賦予了 HFT 巨大重要性的是我稱之為「期貨當頭」的訊號（其歷史已在第 2 章中探討），總體上，是期貨交易和股票及其他標的金融工具買賣之間的連結。另一類訊號我稱之為碎片化（意思是相同股票在不同地方交易產生的訊號；見表格 3.2），隨著交易美國股票的交易所和其他場所數量的增加而變得越來越重要。這些交易所和交易會場及其撮合引擎幾乎都於圖 1.3 所示的紐澤西數據中心三角內。（靠近哈德遜河的第四個數據中心 NJ2 近期很重要，但在 HFT 中不再扮演重要角色。[⑭]）由於所有頂尖的股票都在紐澤西州的所有股票交易數據中心內進行交易，這些數據中心之間的數據傳輸——紐澤西「地鐵」，如相關人員所稱——成了一項幾乎與連接芝加哥的微波一樣重要的活動。大倫敦周圍、位於 Cermak 和 CME 郊區數據中心之間的芝加哥也有類似的鐵路網。然而，為了簡單起見，我在這裡主要將焦點放在這些集群中最重要的，位於紐澤西州道地鐵網。（基於同樣的原因，除了芝加哥—紐澤西之外，我也不打算討論金融界的長途微波路線。這些其他連結中最重要的是發布美國宏觀經濟數據的華盛頓特區與芝加哥和紐澤西的交易數據中心之間

的連結。以及連接倫敦金融市場和法蘭克福的連結。後一條路線在勞莫尼耶（2019）有仔細地探討。）

交易股票在各個紐澤西數據中心之間傳輸速度的重要性——現在是不言而喻的——需要時間才能得到充分體現。如Anova金融網（Anova Financial Networks）創辦人麥可・佩西可（Mike Persico）指出，當他於二〇〇九年首次涉足紐澤西地鐵時，「低延遲（快速）（通常）只是一個營銷話術。」那些使用這個詞的人往往也「不相信。他們沒有享受過這點。」例如，作為機構投資者經紀人的大銀行似乎通常都只是跟電信公司租用光纖連結，並沒有詳細詢問這些連結所採行的路線。因此很容易發生的是，正如受訪者TO告訴我的那樣，銀行租用的電纜不是直接紐新澤西股票交易數據中心之間運行，而是透過紐瓦克的電信中心哈爾西間接運行。（例如，在路易士的《快閃大對決：一場華爾街起義》（2014）中報告的，一些關於HFT演算法利用機構投資者訂單的投訴很可能是出自於此類問題，銀行不夠重視這些訂單在數據中心之間分配的物質方式。）

即使是金融通訊網路的專家，如受訪者UD最初也沒有優先考慮速度。「這項準則的用意是確保它（網絡）工作、並且是始終如一地工作，而不是為了優化低延遲，」他這麼說。最終他確實創建了一個低延遲的光纖倫敦地鐵網路，但幾乎是純屬偶然。

「二〇〇七年那時，光纖是按公里數賣的……而因為我們錢不多，所以考慮購買最短的路徑，也就意味著最便宜的光纖

網路。」換句話說，試圖間接省錢讓他節省了傳輸時間。

　　無論是在倫敦還是在紐澤西，速度越來越被優先考量。許多專業公司開始在紐澤西數據中心之間創建快速、直接的光纖路由。這些公司知道他們不可能僅僅透過租用現有的電纜來創建一個有吸引力的快速紐澤西地鐵網路，但也不希望承擔巨額費用挖掘全新的路線。正如麥可‧佩西可所說：

> 只是租賃的話，最後只會換來一樣的路徑。所以最後你要做的是……尋找所謂的「私人先行權」。很多時候那可以視作大學。可以是間公司。你請求使用他們的土地，他們會給予你地役權……讓你挖掘他們的地產……拉動玻璃光纖，接著你將其與公共的通行處相連接。正確的說法是……「微創」。因此，你會在某些戰略市場細分中進行微創，以改善無差別的路徑。

　　當佩西可的公司 Anova 在紐澤西進行微創時，他也意識到了亞歷克斯‧皮洛索夫建構的長距離微波連結，並發現它甚至比 Spread Network 的近測地線電纜還要快。所以他開始考慮在紐澤西著手一些類似的行動。但是使用微波並不吸引人。受訪者報告說，它的傳輸能力有限，約為每秒 90-150 兆比特。這點並不是限制從芝加哥到紐澤西傳輸數據的主要原因，因為只有少數芝加哥期貨合約——主要的股指期貨，尤其是 ES（第 2 章中討論），以及交易量最大的國庫券和利率期貨，或許還有

領先的能源期貨、外匯期貨、黃金期貨、白銀期貨等——對紐澤西的股票和其他標的現金工具（如國債）交易至關重要。如佩西可所說：

> 沒有多少人會將穀物（穀物期貨）或雞蛋置於微波路徑上。這並不重要，因為它們是更加孤立的市場。將這些市場數據導出 CME 數據中心的原因由於這項事實……他們有相應的產品（在別處交易）。

當股票交易中使用的訊號是由其他交易所交易的相同股票產生時，情況就不同了。一家 HFT 公司通常會交易數百甚至數千種不同的股票，因此它在一個數據中心的演算法需要含有紐澤西州其他數據中心所有這些股票的訂單簿中發生的情況的訊息。這可能意味著，實際上在一個數據中心內生成的整個訂單簿的更新資訊流需要傳輸到其他數據中心（儘管如下所述，仍然可以策略性地「編輯」此資訊流）。這很困難，有時甚至不可能透過微波以任何及時的方式傳輸這些大量數據。

佩西可和其他人開始尋找替代的傳輸技術，並確定將毫米波無線技術列為候選技術。由於毫米波傳輸通常是用於將行動電話天線杆連接到母公司移動通訊公司的計算機系統，因此在 E 波段頻率範圍（70-80 GHz）內運行的合適毫米波無線電設備很容易獲得。相當重要的一點是，毫米波連結具有比微波連結高出許多的傳輸容量——大約每秒 1 Gb（千兆位），或十億

個二進制數字。串聯操作兩個毫米波無線電，將它們的電波交叉極化（相對於另一個呈 180 度）可以將帶寬增加到 2 Gb/秒。佩西可說，如此通常足以在二〇一〇年傳輸幾乎完整的股票交易數據流。

然而，毫米波的傳輸能力有一個主要的缺點：比微波傳輸更容易受到雨水影響。佩西可向他公司的工程師表明了這個問題：

> 我一直在尋找高容量、低延遲的無線電，然後發現是毫米波，但缺點是為了獲得（幾乎 100%）的可用性……這是電信的標準，你只需要行走個一兩英里（天線鏈可能只有很短的跳數）。當時我看著我的工程師說：「好吧，假設不下雨，他們能走多遠？」「他們可以走 12 到 15 公里。」我說：「是的，這就是我要的。他們說，「在垃圾場中才可行。」我說，「95% 都在垃圾場？」他們說：「是的，太可怕了。」我說：「建造它。」他們看著我說：「真是瘋了。」

在毫米波連結中擁有大量天線和中繼器會使速度減慢太多，這就是為什麼佩西可準備接受相當高的因雨中斷以實現更高的速度。然而，可能的承包商和他的工程師一樣持懷疑態度：

> 他們會笑著說:「我有事情告訴你:第一,你是白痴,第二,我們不會這麼做,你應該說『謝謝』才對因為我幫了你一個大忙,這不可能行得通。」

　　儘管如此,佩西可堅持不懈,並於二〇一〇年底為金融業開通了第一條毫米波連結。它將 NYSE 與紐澤西數據中心 NY4 連接起來,該數據中心為新的電子股票交易場所之一 Direct Edge 提供撮合引擎。然而,這種聯繫是間接的。儘管 NYSE 於二〇一〇年八月在紐澤西開設了新的數據中心,但最初並不允許外部直接進入。交易公司只能透過一些 NYSE 的 POP(「存在點」)連接到它,其中一個位於第八大道 111 號,這是曼哈頓的一個數據中心,在網際網路中發揮著核心作用〔見布隆(Blum)2012: 163-64〕。佩西可的新毫米波連結從那裡運行到 NY4,距離為 11 公里(約 7 英里),分成長度適中的兩段,一段從第八大道 111 號到哈德遜河對面,另一段從那裡連接到 NY4。新連結立即取得商業上的成功。「我們有一批存貨,在六個小時內就賣光了,」佩西可說。

　　隨後,紐澤西州數據中心之間開始大力建設快速毫米波網路,如圖 1.3 所示,至少創建了七個這樣的網路(參見泰奇 2018 年的列表)。讓這些連結的路徑盡可能靠近紐澤西數據中心之間的測地線就和芝加哥—紐澤西路線一樣重要,因此非常具體的位置——塔樓或合適的高層建築,通常位於不起眼的工業區——都非常熱門。正如佩西科所說:

有時候，這些房東最終會得到相當於歡樂糖果屋的金獎券，因為當他們購買這些地產時壓根沒有想到這件事，然後突然之間……它變得相當有利可圖⑮。

光纖尾巴在紐澤西州和芝加哥一樣是個問題。路線終點天線的理想位置是直接放置於它所連接的兩個數據中心的屋頂上，但卻受限於無法使用那斯達克和 NYSE 數據中心的屋頂（SEC，2013b 及 2015）。天線可以放置在 NY4 的屋頂上，但屋頂上的確切位置很重要，一次訪問中，泰奇使用了麥凱兄弟卓越的系統，該系統顯示了公司無線連結的精確路線和數據中心的格局：

若你看著 NY4，假如你覆蓋數據中心的實際地圖，屋頂上會是軌道……這裡〔手指〕是軌道……還有這裡它們可以……從這裡往下走（將纜線鋪設到建築物內）。我們的在 NY4 內的陳列架離鐵軌沒有太遠。纜線從這裡往下接著去到我們的架子，我們隔壁的客戶將能有效率地連接上。這就是我們試圖優化的類型。

NYSE 數據中心是紐澤西毫米波傳輸面臨的「最大的技術挑戰之一」，佩西可說道：

它坐落在一個大碗（整個景觀淺淺的凹陷處）。碗的

> 邊緣是古老的森林。因此沒幾個路徑可以從 NYSE 的
> 數據中心進出 NY4&5 以及那斯達克數據中心。有幾
> 個角度可能是一張紙或谷歌地球上到達你最終目的地
> 的最佳角度，他們（當地社區）可能允許你建立一座
> 塔，但是不能觸到樹。所以說……一些最原先的網路
> 是迂迴彎曲的。

　　在 NYSE 的數據中心建立一座非常高的塔本來可以解決景觀下陷的問題，但這樣的高塔會非常顯眼，而且，泰奇說，數據中心周圍繁榮的社區不太可能允許。據佩西可索報告，解決方案是在數據中心以南一定距離處建造一座高塔，在一個更容易協商許可的區域，並且能夠「擊落」——也就是說，將毫米波從塔上高處的天線傳輸到靠近數據中心的較低天線之間，其角度足以避開碗的邊緣和上頭的樹木。

　　然而，毫米波遇到雨水的脆弱性仍然是一個未解決的障礙，不僅在其財務用途方面，將行動電話天線杆連接到其母系統這方面也是如此。專注於毫米波後者的用途，一家名為 AOptics 的公司把握了透過大氣層的雷射傳輸，將其作為可能的補強技術。降雨對雷射傳輸影響不大，但霧是一個主要問題；毫米波會被雨嚴重干擾，但不會被霧干擾。AOptics 借鑒為戰鬥機之間的雷射通訊開發的技術，開發了一種採用毫米波和雷射的雙模傳輸技術。

　　積極提供毫米波給紐澤西地鐵的 Anova 金融網和 AOptics

成立了一家合資企業，將後者的雷射技術應用在金融方面。佩西可是透過雜誌文章〈關於國防部如何將雷射技術運用於戰鬥機上〉而獲悉這項技術的。他們會使用雷射並將其安裝在飛機的腹部。它將在一個 360 度的萬向吊架上，旋轉的同時讓噴射機相互得以相互溝通。佩西可推論，若 AOptics 的自適應（即自動對準）雷射技術能在這種極其苛刻的環境中發揮作用，「如果一座塔在風中搖擺晃動，還能發揮效用嗎？」Anova 從 AOptics 獲得了這項技術的許可（最終在 AOptics 沒有找到它所尋求的主要行動電話客戶倒閉時購買了該技術的全部權利），並建立了一個集成雷射／毫米波的耐氣候的網路連結紐澤西多間股票交易數據中心，計算機控制的混合設備（其中之一如圖 5.4 所示）隨著天氣條件的變化在雷射和毫米波傳輸之間來回切換。[16]

高科技就是這樣，一種完全平凡的物質現象可能會造成極大的困難：設備需要在露天、塔樓或高層建築的頂部，鳥屎則不可避免地會落在雷射裝置的玻璃上頭，這樣可能會阻擋訊號。正如佩西可告訴我的那樣：

> 實際上花了七位數（超過 1,000,000 美元）用於製造一種抗鳥屎的塗層，在測試塗層時是用模擬的鳥屎，方式是將具有相同黏度的蜂蜜倒在機件上讓其成為一層會自然脫落的物體。

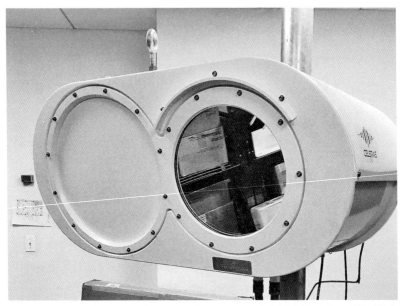

圖 5.4：Anovs 金融網的集成毫米波／大氣雷射單位。左為微米波系統，雷射系統在右。作者於田野調查所攝。

物質限制與結構優勢

一個比鳥屎更棘手的困難是，隨著紐澤西數據中心股票交易量增加，訂單更新消息的速率開始超過毫米波連結往常的每秒 1 十億位元（GB）傳輸容量。來自那斯達克和 NYSE 等場所的大量數據可以上升到、甚至短暫超過通常傳輸該數據的光纖電纜的每秒 10 十億位元的全部容量。這樣的大爆發是相當短暫的——「至少 10 微秒，」泰奇說，但「從來沒有⋯⋯10

毫秒」——但在突發活動期間傳輸的數據對交易至關重要。

在紐澤西州其他數據中心交易股票的公司可以支付費用給那斯達克和 NYSE，以接收這些交易所附屬公司透過毫米波傳輸的完整原始數據饋送。然而，當必須透過容量有限得多的無線「管道」傳輸每秒 10 十億位元的突發數據時，就會面臨網路專家所說的「緩衝延遲」：傳輸的速度無法跟接收速度一樣快（見泰奇二〇一八年的例子）。不過，HFT 公司可以透過擁有自己的毫米波連結（至少有一家這類公司這樣做）或在此類連結上租用私有帶寬來避免這種限制。它可以將原始數據饋送「編輯」到每秒 1 十億位元甚或更低，只保留對其演算法交易有用的訊號，然後在沒有緩衝延遲的情況下傳輸。例如，這樣的公司可能只透過毫米波傳輸實際交易，而沒有其他訂單更新（或者甚至可能只傳輸主要股票的交易，而非所有股票），同時依賴光纖電纜或更多「公共」毫米波服務，以完全更新其系統在其他數據中心的訂單簿鏡像。

這種在其他人之前接收到有用訊號的能力無疑是結構優勢的來源。因此，有趣的是，通訊供應商麥凱建議使用不同形式的無線傳輸以抵消這種特定的結構優勢：LMDS（Local Multipoint Distribution Service，當地多點分發服務）。這使用了一段頻譜——26-31.3 GHz——介於微波和傳統 E 波段毫米波之間。一九九〇年代後期，聯邦通訊委員會拍賣了 LMDS 頻率的使用權，當時人們以為 LMDS 將用於本地電視廣播。此事從未發生，因此贏得整個紐澤西州使用 LMDS 的權利的投標人沒

有行使該項權利。泰奇表示，二〇一三一一四年，在需要連接紐澤西數據中心的區域，「麥凱兄弟找上所有人說：『我們可以跟您承租嗎？』」與業主達成協議後，麥凱開始與無線電專家合作開發用於在該頻段發送和接收訊號的無線電設備。由於該頻段從未被使用過，LMDS 無線電在商業上並不可用。

根據泰奇所說，在數字層面，LMDS 無線電與傳統的 E-band 毫米波無線電並無太大區別，但 LMDS 無線電的模擬組件更容易改進，尤其是使其更加「線性」。

因此，考慮到頻道的物理特性，LMDS 的傳輸容量可以更接近訊息理論假設的最大可能值（換句話說，更接近「香農極限」）。[17] 這替 LMDS 提供了比 E-band 更大的容量。麥凱兄弟指出，LMDS 可實現每秒 5 到 7 十億位元的容量，接近完整原始數據饋送的最大數據速率。根據麥凱的計算，這種更大的容量（加上 LMDS 連結比 E-band 略快，因為 LMDS 需要較少跳數，且 LMDS 連結有可能特別與測地線緊密相依）消除了私有連結相對於透過 LMDS 傳輸的準公共數據的任何結構優勢。[18] 然而，正如我們將在第 7 章看到的，麥凱的 LMDS 網路（於二〇一九年夏天全面投入使用）並不是紐澤西州數據傳輸的物質政治經濟學的最後一幕。

微小的物質性

HFT 的「大的物質性」（數據中心之間的數據傳輸機制）

具有更大規模的跨洋層面：海底光纖電纜、短波無線電連結
〔凡・瓦爾扎（Van Valzah）2018〕，以及——也許最終——會
有成群的低地球軌道衛星，在大陸之間傳輸金融數據。但先讓
我把這些放在一旁（有關它們的討論，請參見麥肯錫，
2019c），回到「微小的物質性」：數據中心內部發生的事情，
來結束有關 HFT 物理性的此章節。

　　二〇一一年十月，在我與一位年輕的芝加哥交易員第一次
會面前，我在研究的早期就介紹了更具爭議性的層面。「每個
人都在同一地點，」他說。HFT 公司的計算機系統都與交易所
的系統位於同一棟樓內。「但是你是如何獲得交易訊息的？」
他接著說。「是等交易所給你資訊嗎？」說到此處，他手指向
圖 5.2 所顯示的路徑，訊息透過該路徑從交易所的市場數據發
布系統以交易所出售給交易公司的數據饋送的形式流向交易公
司的系統。「有些公司確實會等待，」他繼續道，但「有些公
司不會等待交易所告訴他們交易情況。」基於好奇，我試著追
問這個問題：

> 作者：噢，所以你怎麼做到的……？
> 受訪者 AC：我不能……我的意思是我不只會失業，
> 還可能失去雙腿！

　　AC 在我們隨後的一次會面中告訴我，這不只是一個生動
的措辭。他收到了公司一名高階員工的警告。「他臉上的表情

如石頭般嚴肅。完全沒有在開玩笑。」在我第一次與 AC 會面一年半後,《華爾街日報》(Wall Street Journal)〔派特森、史特拉斯柏(Strasburg)與普利文(Pleven)2013〕上的一篇文章報導了他所說的機制,使他能夠明確地與我談論它。如果一家交易公司在 CME 的其中一個訂單簿中進行了有買價或賣價,並且被執行,則報告該交易的「成交」訊息通常在交易出現在 CME 的數據饋送中之前先到達公司的系統。(一間芝加哥交易公司報告稱,在二〇一二年十二月和二〇一三年一月的其中兩週內,平均時差為 1 到 4 毫秒,即千分之一秒;派特森等人,2013: 2。)AC 表示,由於時差的緣故,在訂單簿中放置小額「偵察訂單」是值得的,可藉此獲得價格變化的早期訊息。

二〇一八年,位於休士頓的 HFT 公司 Quantlab Financial 告訴《華爾街日報》,二〇一七年十二月,CME 系統的成交訊息到達 Quantlab 系統與 CME 數據源中出現的相應執行消息之間的中位數時間差約為 100 微秒(奧西波維奇,2018)。Quantlab 的執行長約翰‧麥克‧胡斯(John Michael Huth)將時差稱為「漏洞」,可以被「金絲雀訂單」(canary orders)利用,相當於 AC 的偵察訂單:

> 它不僅提供了物質上的優勢……也促長了歪曲的怪異行徑。真正的供需關係……因為最大……成交優勢是由最接近隊伍頂端的訂單獲得(被執行),公司鼓勵

> 競賽，仔細定位探測器訂單以獲取最大的時間優勢。參與者可能會以小額、大量、被動的買單來劃定價格基準，承擔損失完全在他們的期望之中，以便根據搜集到的早期成交訊息積極銷售獲取更大的利潤——這些偵查訂單有時被稱為獻祭的「金絲雀訂單」。(胡斯，2018)

　　CME 的一位發言人向《華爾街日報》指出，它「大大減少了公開市場數據和私人交易確認之間的延遲」(奧西波維奇，2018)；Quantlab 的數字確實只有二〇一三年報告的平均時差的二十分之一左右。成交訊息的到達速度比交易所數據源中相應執行的報告更快，此事實也不一定是交易所有意識地決定應該發生這種情況的結果。將訂單更新組裝到數據饋送中涉及需要額外的計算機處理，並且在技術上很難確保簡單的成交消息速度不會更快(受訪者 BM)。與此同時，沒有必要先成交。歐洲主要的期貨交易所，總部位於法蘭克福的 Eurex，也曾經首先發送成交訊息，但在二〇一二年，Eurex 重新配置了其系統，讓現在執行數據饋送的報告幾乎都是在私人成交訊息之前到達(奧西波維奇，2018)。

　　是否應該在交易所數據饋送報告執行之前發送成交訊息是一個重大的政治經濟問題，HFT 世界對此間分歧，雙方都堅持己見。幾位芝加哥交易員首先主張先發送成交訊息。你「成交」是出自於「冒險」，其中一人這麼說，而無論如何這是眾

所皆知的事；如果受訪者 AC 的經理認為其他交易公司也沒有注意到時差，那就大錯特錯了。二○一三年五月我在芝加哥，即《華爾街日報》報導這種現象的原始文章發表一周後（派特森等人，2013），另一位交易員（受訪者 AJ）告訴我，時差已經從最初的單位「秒」縮小到「一兩毫秒」，他特別反對將這個問題描述為成對 HFT 公司有利的「漏洞」，如他所說：

> 我沒有獲得成交的 50%，所以它對是弊大於利……它讓每個人都受益。就是這樣。

AJ 甚至跟新聞主編抱怨，告訴後者他將不再與《華爾街日報》的其他記者合作。

六年後，二○一九年十月，受訪者 DI 告訴我，他認為至少有一則成交的訊息的提前到來是一種鼓勵，甚至可能是必要的，激勵公司們知道自己期貨合約的做市（在訂單步伐不買價與賣價）系統並不是最快的。他說，這是「一種產生優勢的方式」。如果其公司的系統收到期貨合約（例如國庫券期貨或股指期貨）的成交通知，該合約的價格往往比標的資產或資產更早變動，如此便可以利用這一點。如 DI 所說，「你可以『遠離』BrokerTec 或那斯達克……也可以『侵略。』」換句話說，如果你的演算法在 BrokerTec 的國庫券或那斯達克的股票中做市，它們可以取消即將變得陳舊的買價或賣價；或者他們可以從其他公司的陳舊買價或賣價中獲利。他繼續說道，Eurex 正

在「失去對市場的控制」，因為系統的更改，導致成交訊息現在比 Eurex 數據源中的相應訊息更晚到達。在他看來，原因是除了最快的 HFT 公司以外，任何其他公司在 Eurex 上做市的動力都減弱了。他表示 Eurex 正在試驗的第 6 章中所討論的那種「減速丘」是不受歡迎、遲來的努力，歸因於交易所將物質的保護擴展到較慢的做市演算法。

朝金屬邁進的纜線與訊息的物質性

關於成交訊息是否應該比交易所的數據饋送更快，這項激烈爭論是 HFT 的「微小的重要性」的政治經濟學的一個例子。這是一個議題，其中配置技術系統的替代方式在經濟上具有重要意義，並且在廣義上也具有政治意義（因為替代方式有利於某些參與者，同時對其他參與者不利）。另一個影響經濟的問題是數據中心的佈線，特別是將交易公司的主機代管伺服器連接到交易所系統的電纜。（如前所述，主機代管是將交易公司的伺服器與交易所的計算機系統放置在同一建築物中。）由於光纜中的光脈衝需要大約 1 納秒（十億分之一秒）才能傳播 20公分，因此使用短至一公尺的電纜可以節省 5 納秒。十年前，這只會帶來很小的優勢；現在，在許多交易所，五納秒的優勢很可能是交易成功與失敗的關鍵。

在託管的早期，交易所似乎通常都沒有固定的程序來管理交易公司的伺服器應該放置在數據中心的哪個位置。受訪者

BZ 表示，這樣的情況下，「你必須找到東西在哪理，」包括交易所撮合引擎的確切位置。「你必須從物理方面了解整個佈局，」不僅是空間佈局，還包括訊號通過的任何數字開關。理解這點可能就有了 BZ 所謂的「一點社會工程」——「帶人出去喝啤酒」——也可以根據由此獲得的知識採取行動。「你必須了解他人，」他這麼說道。「你必須能夠將你的設備放入數據中心內的最佳位置。」

在我的採訪中，尤其是在研究開始之時（二〇一一至一三年），我經常聽說有關 HFT 公司秘密鑿穿牆壁（或者，Cermak 的例子是，鑿穿建築物的地板）以縮短將它們連接到交易所的撮合引擎和市場數據發布系統的電纜的距離這類傳言。大多數主要交易所現在都有一項政策，規定了一套等長的「交叉連接」，即每個主機代管的交易公司伺服器連接到交易所系統的電纜必需等長，並透過延長（藉由盤繞）連接那些位於其系統附近的伺服器的電纜來實施這項政策。（這樣的盤繞電纜也是使 NY4 和 NY5（雖然它們是獨立的建築物）能夠作為單個數據中心有效運行的原因。無論交易公司的系統位於建築物中的哪個位置，那些數據中心內交叉連接至交易所的電纜長度皆相同。）

儘管如此，公司仍然可以透過支付更高容量的電纜將其系統連接到交易所來獲取速度優勢。[19] 與紐澤西州的毫米波連結相同，更高的傳輸容量意味著更低的緩衝延遲。至少在某些情況下，更昂貴的連結會繞過數字開關，這些開關會因為較便宜

的連結傳輸而導致微小但不可忽視的延遲。二○一七年一月，一位受訪者告訴我，他的公司測量了一個交易所提供的最慢和最快光纖連結之間的平均時間差是——可能影響甚鉅——三微秒（百萬分之三秒）。

HFT 對物質世界的密切關注不僅限於電纜和開關。我是在二○一一年十一月參加第一次 HFT 會議時了解到這一點的，當時午餐時間，一家科技公司的銷售人員圍繞桌旁，試圖向交易公司出售架設於計算機伺服器周圍的液體冷卻系統和一個特殊設計、已經完全被包裹在冷卻液中的伺服器。他們的行銷話術是，HFT 公司往後可以安全地「超頻」他們的計算機，或者讓它們的運轉速度比原先設計的還要快，一般情況下如此會導致它們升溫至危險的程度並故障。

最重要的是，HFT 演算法的編程必須考慮到運行這些程序的機器的物質性。在 HFT 中廣泛使用 C++ 程式語言，我的許多受訪者認為它最適合 HFT，它能對計算機的物理執行層面實現一定程度的「接近金屬」，這是其他程式語言難以做到的。使用 C++，受訪者 CZ 說，「你可以構建一個抽象的層級，然後，當你需要時，你可以直接透過處理硬體的部分。（應該註明一下，並非我的所有 HFT 受訪者都是 C++ 程式語言的擁護者。Java 的支持者認為，若運用得當，Java 也可以達到類似的速度。事實上，最容易引發 HFT 的從業者之間激烈爭論的，通常是提到哪種程式語言最適合一項活動的需求。）

HFT 物質性的另一個層面是買價、賣價、訂單更新和其他

訊息的實體性。它們透過將交易公司系統連接到交易所系統的電纜以計算機專家稱為封包的形式傳輸：結構化的二進制數字集（每個數字可能由幾千個這樣的數字組成）。在數據中心的電纜中，封包實際上是雷射生成的光脈衝的集合。因此，發送和接收封包需要時間。編碼數千個二進制數字的光脈沖沒有辦法一次被全部傳輸。在標準的 10 Gb 連結（換句話說，每秒可以傳輸大約 100 億個二進制數字的連結）上，每個二進制數字平均需要十分之一毫微秒來傳輸或接收，因此一個典型大小的封包，例如，5,000 個二進制數字需要大約 500 毫微秒才能完全接收或完全傳輸。因此，一家交易公司的系統可以透過「逐位元」（逐位二進制）處理傳入的封包來節省時間，而不是像幾乎所有其他形式的計算一樣，在開始處理之前等待接收完整的封包且需檢查傳輸過程的錯誤。（封包有標準的模式，封包中早期的二進位數字可能含有重要的交易資訊。）

　　消息的物質性最有趣的方面是基於訂單、買價和賣價的物理性的 HFT 技術。（這些技術很重要，但不可避免地是技術性的，若讀者願意的話，可以跳過本節的其餘部分並移至本章的最後一節。除了兩個例外〔馬夫魯迪斯（Mavroudis）與梅爾頓（Melton）2019: 158；馬夫魯迪斯，2019: 8〕，據我所知，關於 HFT 的學術文獻中並沒有討論這些技術，只有在交易員馬特·赫德〔Matt Hurd〕的部落格中有提及。）[20] 在這裡發揮作用的是受訪者 DH 所說的「當你處於硬體級別時可以玩的一些奇怪伎倆，如此你可以在網路上做一些奇怪的事情來讓事

情進展得稍微快一點。」具體地說，可以透過受訪者 DD 所說的「投機」、GR 所說的「投機觸發」來加速下單和取消訂單。例如，如果一家公司的系統預測到價格變動，它可以開始向交易所系統發送一個或一系列封包，編程一個響應該變動的指令。如果這樣做時沒有接收到變動的證據，則系統可以終止該指令，例如單純透過停止傳輸，或者，如 DD 所說，透過「加擾校對和」。[21] 在任何一種情況下，交易所的系統都會將傳入的封包視為異常或錯誤並予以丟棄，這也代表實際上沒有下訂單。

確實，有時候，如 DD 所說：「發送封包優先購買⋯⋯可能更有條理⋯⋯你可能一直在發送封包⋯⋯無論如何，希望你可以有個恰到好處的時機，將適當的二進制數字添加到封包中，將其轉換為有效的訂單。當我第一次了解到發送不完整訂單的優先購買權時，並不確定這是否普遍。漸漸地，我開始意識到它可能非常普遍。採訪者 CS（見第 1 章）所說的 42 毫微秒的超快響應時間似乎少不了這點。使用傳統計算機系統無法達到如此快速的反應；必須要有下一章節中描述的那種專用 FPGA 芯片。據我所知，傳入的訊號和輸出指令都必須透過名為 SerDes（序列化／反序列化）的 FPGA 部分，DD 估算這在每個方向上大約都需要 20 毫微秒的時間，因此投機觸發似乎需要有 42 毫微秒的時間做反應。

投機觸發似乎非常普遍，以至於世界兩大期貨交易所 CME 和 Eurex 都認為有必要減輕其影響力。他們似乎是擔心他們的

系統會因交易公司系統開始發送投機的訂訊息而超載，然後受到諸如加擾校對和這樣的特殊技術破壞。CME 已就一套檢測投機觸發的機制申請了專利〔拉里維耶爾（Lariviere）等人，2018 年〕，而 Eurex 在二○二○年二月告知其市場參與者，它正在「採取措施抵制可能對市場和系統結構有害、以及可能導致『過度使用系統』的行為」（Eurex，2020）。Eurex 並無打算禁止投機觸發，而是打算提供一種機制，透過該機制，已經開始發送訂單訊息片段的參與者系統可以透過發送含有「丟棄 IP（網際網路協議）位址的片段來轉移該筆訂單。」這將導致投機訂單的片段不需要交由訂單大門處理，因此不會導致 Eurex 的核心系統超載。[22]

固線的 HFT

HFT 對速度的需求使其越來越深入地融入物質世界。「現在，」受訪者 AG 說，早在二○一六年十月，至少最快形式的 HFT 所需的計算「全部在 FPGA 和硬體中」。FPGA 或現場可程式化邏輯閘陣列（見圖 5.5）是一種矽芯片，其中印有大量——實際上通常是巨大——數量的「大門」（完成簡單邏輯功能的微小電路），這些「大門」在某種意義上是可編程的，可以由使用 FPGA 的人以電子方式進行配置，以執行特定的計算任務。典型的此類任務包括處理和／或編輯來自交易所的數據饋送、檢測簡單訊號的存在（例如相關期貨合約中的價格變

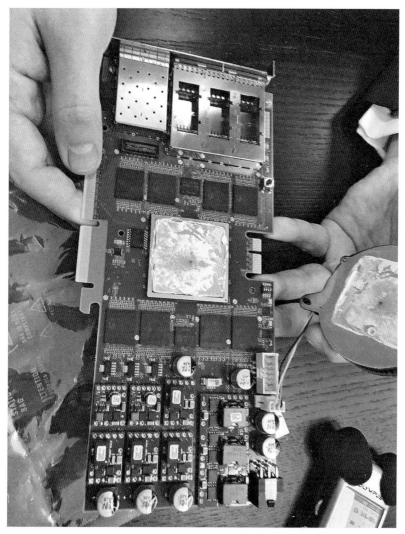

圖 5.5：用於編程和測試的「開發套件」中的現場可程式化邏輯閘陣列（FPGA）。FPGA 是中央大塊的芯片，上面有白色塗層。作者的實地考察照片。

動、訂單簿失衡或大筆交易），並向該交易所發送適當的訂單或取消訂單以響應該交易所。即使在交易過程中，也可以透過交易公司的傳統計算機伺服器以電子方式重新配置 FPGA。然而，FPGA 可以「在不涉及 CPU 的情況下對輸入的訊號做出反應」（受訪者 CS；CPU 是計算機的中央處理器），這就是 FPGA[23] 具有速度優勢的原因。

配置 FPGA 芯片的層本身是個物質程序。「我是一名經培訓的軟體專家，」CN 說，在我二〇一七年採訪他時，他的交易公司已經開始在 FPGA 中執行其 HFT。

「在軟體中，現在一切都是虛擬的。我可以擁有盡可能多的記憶體。」FPGA 並非如此，其物質性永遠不會被忽視。「FPGA 芯片就這麼大，所以你會遇到這個房地產問題，」CN 繼續說道。如果你試圖進行的計算或其對記憶體的需求「不符合芯片，那就表示你完蛋了」——也就是說，在 FPGA 中執行演算法是不可行的。正如空間位置在 HFT 的「大的重要性」中至關重要一樣，它對 FPGA 芯片的層也很重要。與大多數計算機設備一樣，FPGA 中的計算由一個「時鐘」協調：一個發出由微小的、規律的時間區隔的電脈衝的振盪器。「若你的設計中的元素」——換句話說，FPGA 芯片中不同位置的物理電路，用於執行你正在試圖固線連接到 FPGA 的計算——「被……物理距離相隔地太遠，訊號就無法在下一個時鐘週期之前到達它們必須到達的位置，如此你就不會有穩定的設計，」CN 說。

FPGA 中的物理位置「非常重要」，受訪者 UC 贊同這點。

儘管 FPGA 設計人員使用的工具自動化了必要的「佈局和路由」（正如此名稱），但「人們依賴工具」間接影響了物理位置。「很難做得正確」（CN）。「這是最難的技巧：了解它的物理限制，」UC 也贊同這說法。

FPGA 芯片的材料配置似乎離政治經濟的問題還有一大段距離，但值得注意的是，這些芯片的固線似乎往往能夠檢測和響應簡單類別的訊號，例如「期貨當頭」——的訊號的政治經濟學在第 2 章和第 3 章中探討過。還有一點有趣的是，至少有一些從事 FPGA 設計（以及基於 FPGA 的超快速數字開關）的公司似乎不太樂見這項活動。我從未直接詢問我與之交談的人對於 HFT 速度競賽的看法，因為如果他們自己提出這個話題會更具有啟發性，正是如此，大多數情況下，他們不會提起；他們似乎理所當然地認為這些競賽是事物必然的一個面向。因此，在一次產業活動的實地考察期間，我與一家基於 FPGA 的 HFT 技術供應商的談話內容令我相當震驚——他在和我談話的五分鐘內——告訴我他是這場他認為是軍備競賽的一分子。他指著面前桌子上的超高速數字開關說道，「你會在武器展上見到類似的東西。」他本是學術背景，說自己更喜歡研究和寫作，但他發現學術界的薪資不足以讓他在希望居住的城市中生活。

另一位 FPGA 專家，受訪者 UC 告訴我，FPGA 的專業供應商是如何「每隔一段時間（經常）發布更新，將 FPGA 的處理時間縮短 5 到 10 毫微秒」。他認為，縮減毫微秒可能最終在

網路安全等其他領域具有優勢，但就目前而言，他這麼說：

> 我不認為……除了金融業，還有其他任何行業會為此
> 買單。它的……看看這整個行業，你會感到麻木，那
> 裡有無數人接受長期培訓，日以繼夜不斷縮減毫微
> 秒。在那裡，你也能把這些腦力用在別的事情上，也
> 許是不同的東西，但事情就是這樣……

然而，為什麼現金的交易世界「就是這樣」？為什麼在
HFT 的物質性中如此深入地展開昂貴的速度軍備競賽？要回答
這個問題，我們必須檢視 HFT 演算法如何相互作用。這正是
下一章的主題。

step 6

HFT 演算法的交互作用
與交易所的介入

許多市場（例如，許多期貨合約、美國國庫券和許多美
國股票）是「受到跳動點約束」的……那麼當價格變動
時，在跳動點受限的市場會發生什麼事？

HFT 演算法透過出價購買正在交易的股票或其他金融工具、透過賣價出售它們，或者透過取消或修改現有的買價或賣價來發揮其作用。[1] 正如我們將看到的，取消訂單可能與提出一次買價或賣價一樣重要，但讓我們從買賣價開始。市場參與者將買價或賣價分為兩大類。乍聽之下分類像是一個小小的技術，而我花了很長時間才意識到這裡我們所說的是 HFT 中心的分歧，這讓我感到尷尬。它是該領域速度競賽的核心，有時賦予參與者的綜合技能定義性的特徵，有時甚至也讓他們有了自我認同。

我將這兩種訂單稱為「製作」和「回吐」，儘管參與者們使用的術語各不相同。讓訂單成為其中一個而非另一個的原因乍看之下微不足道：相對於訂單簿中現有訂單的價格。讓我們再次參考第 1 章中引用作範例的訂單簿，為方便起見，這裡再次列出（圖 6.1）。考慮以 29.49 美元的價格購買股票。這將被稱為「流動性提供」、「添加」、或「被動」指令。在下文中，我將其稱為「做市」訂單，因為此類訂單最系統性的用途即是「做市」。撮合引擎無法立即執行 29.49 美元的買價，因為沒有與該價格相配的出售賣價。相反地，撮合引擎只需將價格為 29.49 美元的買價添加到訂單簿的列表中。它留在那裡——可供其他市場參與者執行（因此稱為「做市」、「流動性提供」、「添加」或「被動」）——直到被執行或取消為止。在大多數交易所中，每個買價的出價列表（以及賣價列表）是一個隊列，一個時間先後的列表。

出價購買					出價出售			
$29.49	100	100*	200		$29.54	100	200	
$29.48	50	30			$29.53	50		
$29.47	100				$29.52	40	50	
$29.46	50	100	100	100	$29.51	50	50	200
$29.45	200				$29.50	100	100	100

圖 6.1：一份訂單簿。在大多數交易所中，每個價格的買價和賣價都在一個時間順序隊列中，最早收到的（在此圖中的左側）首先執行。只有在該價格的所有早先的買價都已執行或取消時，才會執行以 29.49 美元買入的新買價。現在考慮以僅高出一美分的買價購買股票：29.50 美元。這將會是一個「接受」訂單。（其他的術語是「進取」或「移除」。）撮合引擎可以立刻執行 29.50 美元得買價（雖然若是大筆訂單，只能執行部分），因為有要以這個價格出售的賣價。如此會從訂單簿中刪除這些現有訂單；因此才會是「回吐」或「移除」這樣的術語。

    在 HFT 盛行的那種交易所中，大多數「製作」和「回吐」訂單都是由演算法下單。交易演算法（包括，例如，機構投資者使用的執行演算法，儘管本章的重點是 HFT 演算法如何相互作用）[②] 之間直接交互的核心機制是將這些訂單相互配對的簡單過程。「回吐」訂單以相同的價格與「製作」訂單相互配對，即可以執行。這種機制非常簡單，很難想像裡頭有這麼多樞軸，而且現代電子交易平台上的製作和回吐價格之間的差異通常非常小。圖 6.1 中「製作」買價和「回吐」買價之間的 1

美分差異是市場價格的 0.03%，如此大小的差異是相當普遍的。然而，這種簡單的機制和微小的差異引起了強烈的迴響，產生了第 5 章中所討論的精心設計的物質安排，並且——至少對某些參與者來說，在某種程度上、在某些時候——具有道德、情感的分量。

在更詳細地討論演算法的製作和回吐的物質實踐之前，這種道德分量值得稍微探討。受訪者 BQ 選擇的這個字詞異常強烈：「我傾向於在『製造者』的 HFT 公司工作，因為我見識了『回吐者』內在的邪惡。」這種對於製造者的道德偏好取決於其最系統性的形式——做市的合法性。如前幾章所述，這涉及一種演算法，持續不斷在訂單簿中發布買價和賣價，處於或接近最高買價和最低賣價。例如，在圖 6.1 的訂單簿中，以列隊中的第一個買價買入 100 股 29.49 美元的股，以及以列隊中的第一個賣價賣出 100 股 29.50 美元的股票，兩者可能都是由相同的做市演算法輸入的。

儘管目標是屬經濟導向（賺取這兩個價格之間的 1 美分價差，以及交易所可能為激勵做市而提供的任何「回扣」或其他款項），但演算法製作承襲了傳統人類角色的合法性：做市商，隨時準備買入和賣出金融工具（以更高的價格，過去的價差通常比圖 6.1 中的 1 美分高出許多）。[3] 由於其他市場參與者的買價和賣價只有偶爾才會出現，無論是人工還是演算法的做市商都是提供服務給想要立即進行交易的市場參與者。憶起二〇〇七至〇八年全球金融危機最嚴重時在她任職的演算法做

市公司（我曾多次參訪該公司以與其中的其他人交談），受訪者 OH 講述了合法性來源的影響力。一名軟體開發員離開公司並說道：「我再也沒辦法看著我祖母的臉，說自己在金融業工作。」該公司的執行長在辦公區域中央的大型開放式交易室內召集全體員工開會，並且（正如我的受訪者所記得的那樣）告訴他們，「我將跟你們解釋為什麼你應該能夠正視你的祖母：因為我們是做市商，我們提供流動性。」另一位受訪者（OG，他設法將另一間演算法做市公司轉向「回吐」策略）描述了他所面臨的公司交易員的阻礙：「問問他們，我們接受市場嗎？『不不不，』好像你問他們是否會捅妹妹一刀一樣，非常堅決地否認。但我們必須有所改變。」

回吐訂單的專家拒絕這種製造訂單的道德化（正如後者的一些專家也確實如此）。例如，來自同一家公司的受訪者 BY 和 CV 引用了經濟學家所稱的價格發現中的回吐訂單的核心作用；讓不同市場的價格維持一樣（透過套利；見下文）；提供「服務」（受訪者 CV）給那些希望使用製造訂單（其他條件相同的情況下，這比回吐訂單便宜）交易的人；以及一個簡單的事實，沒有交易所就沒有交易。除此之外，在自動交易的實際實踐中，有時可以利用做市商的合法性來消除人們所稱的小瑕疵。在二〇一九年阿姆斯特丹的一次交易員大會上，我聆聽了該國金融監管機構的一位高階成員對荷蘭 HFT 公司的堅定辯護。他稱讚「稱為自營交易員或 HFT 交易員的做市商」，認為「只有做市商才能在交易場所進行交易」，並毫不掩飾地抨擊

了他的法國同行，那些人來自一個大銀行仍然活躍在交易中但不像荷蘭那樣有 HFT 公司的國家，正試圖將銀行式的資本需求強加於自營交易公司。然而，就在那前一天，我和一位經驗豐富的阿姆斯特丹交易員、受訪者 CS 坐在咖啡館裡，他告訴我如何套利（這涉及了盡可能同時買賣來利用短暫的價格差異，從而也經常涉及了「回吐訂單」）與做市交織在一起，無論是在他個人的行為中還是在該市 HFT 公司的更廣泛的交易中。「基本上你看到有錢都會撿起來，」他說。

此外，合法性──能夠「直視祖母的臉」──很少成為做市商的日常關注的事。更迫切的是該活動大多時候不穩定的經濟性。如 AG 指出，當你的演算法反覆以高於當初買入的價格賣出時，你賺了一點錢，但是「你會定期被碾壓」──也就是說，你的做市演算法在價格即將下跌時買入，或者在價格即將上漲時賣出。沒有做市商能夠完全避免被碾壓，但都盡其所能，通常結果是成功的，以確保由此產生的損失不會完全抵消重複獲取的小收益。為了避免這種情況，做市演算法必須保持低「存貨」（其總交易頭寸）。「你必須主動控制你的存貨，」AE 說。如果存貨開始上升，做市演算法就會『遮蔽』其買價或賣價以減少庫存」例如，如果執行了太多的買價，它就會降低其賣價的價格，以使其更具吸引力。若失敗了，它可能會開始採取行動，透過執行訂單簿中的現有買價來減少存貨。（偶爾需要一個做市演算法，這是製作訂單和回吐訂單之間的分歧幾乎不是那麼絕對的方式之一。）

此外，幾乎所有做市演算法都使用訊號，例如前幾章討論的「期貨當頭」，來預測近期價格走勢，並使用這些預測將「被碾壓」的風險降至最低。正如 BL 所說，「市場在變動，你需要知道它們什麼時候會變動，否則你的存貨價格會很糟糕。」這些訊號需要被「擠壓」，正如 BM 所說，這意味著要告知演算法交易的方式，這些訊號需要被縮減至單一個訊號。儘管使用了多種數學的「擠壓」方式，但 HFT 受訪者一致表示，迄今為止最常見的仍然是 ATD 在 HFT 早期採用的那種方法。本質上，演算法透過線性回歸方程式組合訊號，其中（如第 3 章所述）對一組預測變項（此處為訊號）進行加權，以便組合起來能最精準地預測單個相關變項的值。受訪者用了多種表達方式來指稱這個因變數——「公允價值」（AF 與 AQ）、「公允價格」（AE）、「微觀價格」（AN），甚至還有「完美價格」（AM）——但大多的是被稱為「理論值」。[④] 然而，這兩個詞都不應該被過度解釋。該術語在 HFT 中所指的只是對所交易金融工具價格的近期預測，「你可以合理預期在不久的將來進行交易的價格」（AF）。一家總部位於倫敦 XTX Markets 的做市 HFT 公司甚至宣傳回歸方程式的重要性即是做出這種預測的一種方式。我以為它的名字是商業中常見的首字母縮寫，但當我讀到刻在玻璃上的字時，才發現它是 XTX，是回歸分析中的普遍運算（數據矩陣乘以其「轉置」）。

「獲得隊伍中的好位置」

（讀者請注意：此小節有點技術性。因為其中的主要分析的重要問題將在第 7 章中討論，如果想要的話，可以跳過。）當然，做市商的目標是反覆獲得小幅收益，其他人必須根據「做市」演算法的買價和賣價來執行。顯然價格競爭是提高機會的方法：發佈比其他人高的買價以及比他人低的賣價。但價格競爭的可能性受到市場「價格變動幅度」的強烈影響，即最小價格漲幅受到限制。跳動點的大小由政府監管機構（如在美國股票交易中，其中價值一美元或以上的股票的跳動點大小為一美分）或是交易所或其他相關交易場所設置。若跳動點很小（就像在島嶼一樣，或者在該市場上進行了相當於股票價格十進制化之後的外匯交易場所），做市演算法確實可以經常採行價格競爭。然而，許多市場（例如，許多期貨合約、美國國庫券和許多美國股票）是「受到跳動點約束」的：換句話說，最低賣價的價格幾乎總是比最高買價高出一個跳動點，如圖 6.1 所示。由於交易場所的計算機系統會拒絕中間價格的買價或賣價，因此做市演算法不能直接在價格上進行競爭。提高的買價（在圖 6.1 的訂單簿中，以 29.50 美元的價格購買股票的買價）將是「回吐」訂單——它將執行最低價格的賣價——而不是「製造」訂單。

那麼當價格變動時，在跳動點受限的市場會發生什麼事？例如，假設在圖 6.1 的訂單簿中，所有以 29.50 美元賣出的賣

價都被執行，因此這個價格「水平」（如市場參與者所稱的那樣）已經用盡，最低價格的賣價現在是 29.5 美元。

做市演算法很可能會希望出價 29.50 美元的價格購買相關股票。因此變得至關重要的是，用一位前做市商的話來說，「獲得隊伍中的好位置」，因為這個新的水平——買價 29.50 美元——成形了（受訪者 DB）。如先前所述，在 HFT 活躍的大多數市場中，給定價格的買盤或賣盤形成了一個時間優先隊列。例如，以新的最佳出價 29.50 美元執行的第一個買價將是最先到達撮合引擎的出價。[5]

因此，做市演算法的買價和賣價盡可能接近隊列的前段是至關重要的。不僅排在隊列前面的訂單更有可能被執行，而且受訪者報告所說，排在隊列後面或附近的訂單在不利情況下被執行的風險更大。在本章後面使用的術語中，它很容易變得陳舊並被剔除。例如，當價格水平「搖搖欲墜」時可能會發生這種情況：例如，當買價被執行或取消且未被替換時，這通常代表價格即將下跌，因此這是一個不利的購買時刻。

隊伍中的位置在成功的 HFT 做市中的關鍵作用意味著下訂單的速度至關重要。正如受訪者 AX 所說，「隊伍位置非常重要……你必須快速進入。」然而，在美國股票交易中，進一步複雜的因素對於爭搶位於隊伍前端也至關重要。[6] 這些因素來自當前美國股票交易監管的核心部分，即二○○五年的 Reg NMS（在第 3 章中提及，也在第 7 章中討論）。在 Reg NMS 中，證券市場監管機構 SEC 同時嘗試達成兩個目標：確保交

易所和其他交易場所之間的競爭，同時維持這些不同場所中發生的事情的一致性。Reg NMS 力求實現這一目標的主要方式是，用深度參與其中的監管者（受訪者 RV）的話來說，是透過「虛擬連接市場」，而不是透過極具爭議的綜合限價訂單簿（CLOB）。（即使在第 3 章中討論的一九七〇年代 CLOB 衝突已經過了四分之一個世紀以上，「可怕的 CLOB……仍然讓血液沸騰，」RV 說。）

為了以虛擬方式連接市場，Reg NMS 強加了——今天仍然強加——「訂單保護」。受保護的訂單是在任何給定時間點對特定股票的最高買價或最低賣價，以及美國所有股票交易所中最低價的賣價。禁止其他交易所以低於這些受保護的價格執行交易；如此將會是被禁止的「交易」。相反地，他們必須將訂單發送至訂單簿中含有受保護的買價或賣價的一個或多個交易所以供執行。[7] 交易所也不得在其訂單簿中顯示和全國最佳出價的價格相同的出售股票賣價，或以和全國最佳出價相同的價格買入股票。這樣做等於「鎖定市場」，是被禁止的。

這些 Reg NMS 訂單保護規則的難點在於它們隱晦地假設了一個牛頓世界，在這個世界中，如交易公司或交易所的計算機系統這樣的觀察者原則上有可能立即意識到遠處發生的事件，因此可以想像系統可以在當前時刻比較所有交易所的價格。（如布迪許（2016:2）指出：「Reg NMS……隱含地假設交易所之間實際上是零延遲。」）然而，HFT 的世界不是牛頓式。如第 1 章所述，它是「愛因斯坦式」的：它是一個連最微

小的時間差異都非常顯著的世界，因此，這個世界受到愛因斯坦假設的嚴格約束，即沒有訊號在真空中的傳播速度可以超越光速。因此，觀察者能夠「看到」的內容本質上取決於觀察者所在的位置，以及重要的 HFT 時間尺度（而不是 Reg NMS 中隱含的時間尺度）。

受訪者 BD 向我介紹了 HFT 愛因斯坦式的物質性對演算法做市的影響，Reg NMS 禁止該演算法被「鎖定」市場的限制（在接下來的內容中，我更改了他示例中的價格以配合圖 6.1 中的價格）。想像一下，一個演算法正在紐澤西州那斯達克數據中心交易股票，我上面描述的情況發生了：那斯達克訂單簿中所有 29.50 美元的相關股票的賣價都被執行，且沒有被替換，因此一個做市演算法進而尋求發布 29.50 美元的買價。它所面臨的困難是，同樣的股票幾乎肯定也會在距離那斯達克約 50 公里（約 30 英里）的 NYSE 數據中心和距離那斯達克約 25 公里處、由 ECN BATS 和 Direct Edge 設立，現在位於 NY4 和 NY5 數據中心的交易所集群（現在是芝加哥期權交易所所屬）進行交易。由於在這個股票三角中交易的股票（如圖 1.4 所示）是如此緊密地結合在一起，這些交易所中所有 29.50 美元的賣價也很可能已經被執行，或即將被執行。然而，即使撇開第 5 章中討論的額外延遲來源（例如光纖尾巴）不談，這些執行的消息傳播的最快速度是真空中的光速，因此需要至少 80 毫微秒才將消息傳抵那斯達克的撮合引擎，以 HFT 標準來看，這是很長一段的時間。

如果做市演算法試圖在這 80 毫微秒或更長時間內進入那斯達克的訂單簿以 29.50 美元的價格購買，它將會被那斯達克的計算機系統拒絕，因為——考慮到這些系統可以電子「看到」的東西——其他交易所的報價似乎為 29.50 美元（報價是全國最低的，因此受到保護）。因此，29.50 美元的買價看樣子「鎖定了市場」也因此違反了 Reg NMS。一些做市演算法別無選擇，只能等待其他交易所訂單簿中這些賣價消失的消息到達那斯達克——也許演算法將不得不一遍又一遍地發送相同的報價，希望最終能被接受並接近隊列的前端——但他們將處於嚴重劣勢。

「現今（二〇一九年）美國股票交易中爭相排在前頭的競爭，」DB 說，「是僅發布日間掃架訂單。」掃架訂單，或稱 ISO，是個帶有計算機旗幟的訂單，表明提交它的公司也發送將執行的訂單，並因此從所有其他交易所的訂單簿中刪除任何受保護的訂單，否則，如果其撮合引擎將相關訂單添加到其訂單簿中，則會透過接收 ISO 的交易所被交易或鎖定。（訂單名稱中的「日間」僅表示它在整個交易時段內一直是有效訂單，直到被取消為止——也就是說，它不是如果無法執行則立即取消的「立即或取消」訂單。「僅發布」訂單是指若將它們添加到訂單簿後結果是「回吐」，那麼交易所的撮合引擎將自動取消訂單，換句話說，即是執行已經存在的訂單。做市演算法使用僅發布訂單來消除在訂單簿內容快速變化的情況下意外「回吐」的風險。）[8]

在上述情況下，使用僅發布日間 ISO 來試圖位於隊列的前端，本質上涉及了預測。讓我繼續以那斯達克數據中心的做市演算法為例。為使 ISO 發揮效用，演算法需要發送訂單以執行其他數據中心的 29.50 美元的賣價，然後才能確定這些賣價已經消失。（儘管如第 5 章所述，一家交易公司可能會使用私人毫米波連結來比那斯達克系統更早接收賣價消失的訊息，但同樣也是基於愛因斯坦式的約束。）因此，這些報價是否消失只是一個概率問題。如果沒有消失，那麼做市演算法很容易面臨重大損失：正如做市商所說，它會無意間「跨越價差」，並且將支付費用而不是收取回扣。[9] 做市演算法以上述方式採用 ISO 的決定是例行公事（ISO 在複雜的美國股票交易中被大量使用），但此類演算法始終需要透過處在時間優先隊列的前端或附近進而權衡可能的損失與收益。[10]

DB 報告，僅發布 ISOs 對成功在美國股票的 HFT 做市中至關重要。（較先前的 HFT 受訪者，如 AE，也跟我說了 ISOs 的重要性，但那時我對 HFT 做市的理解太過淺薄，無法完全理解此問題的衍生結果。）只有一些 HFT 公司可以使用它們的原因是因為能夠使用 ISO 標誌的公司，本身必須在 SEC 註冊為經紀交易商（就我所知，所有較大的 HFT 公司都是）或者必須透過允許其使用標誌的經紀交易商輸入其買價和賣價。這反過來又導致 HFT 公司或經紀交易商需要擁有 DB 所說的「合規基礎設施。」考量交易的步調，一個沒有任何幫助的人不可能達到正確使用 ISO 時所能做到的標準。所需要的是一個相當

複雜的技術系統，能夠實時捕獲記錄合規所需的市場數據。這是一個即使是大型 HFT 公司也會發現自己陷入困境的問題，並且對較小的經紀交易商要求特別高。⑪後者的其中一員告訴我：

> 我們有個客戶……就是喜歡做 ISO 訂單……他們正在取得自己的市場數據，因此若他們要獲取市場快照（獲證許明合規性所需的市場數據），這樣還不夠，因為我們需要控制獲取該快照的要素……我們需要審查代碼並確保客戶無法在沒有我們的情況下更改代碼。（受訪者 YF）

對於交易美國股票的 HFT 公司來說，無法使用 ISO 可能是一個嚴重的劣勢。受訪者 AE 表示，「大量財富轉移發生在這裡，」透過那些能夠使用 ISO 的人獲得隊伍中有利的位置。⑫

接受 I：「接受世界的訊息」

現在讓我從「製造」轉向「回吐」。後者比「製造」更為多樣混雜。（做市商風格最顯著的差異在於一家特定的公司，該公司目前非常成功的方法與我採訪的大多數做市商的方法大不相同。然而，在此討論該方法的話，HFT 中的其他人士即會辨認出此間公司。）所有 HFT 的「獲利」策略都必須確定在哪

些情況下執行訂單簿中的現有買價或賣價可能會獲利，但如何做到這一點有各式不同重要的方法，在本節和接下來的兩節中將進行討論。

一種方法是讓演算法處理比製造演算法所處理的更大量的訊息，或者以數學上更複雜的方式處理。如果這麼做，獲利演算法可以改善演算法的價格預測，那麼就會有獲利機會。這個情況不會一直發生，但受訪者（例如 BY）表示，當此情況出現時，獲利演算法通常會購買或出售比製造演算法更大量的被交易的金融工具。（在美國股票交易中，這種獲利的方式是上一節所討論的市場間清盤指令或 ISO 的另一種用途。HFT 交易員相當重視量化複雜的交易。這是一種「抱負」，受訪者 BW 說，他曾在一家公司工作，該公司的工作主要是下一節中描述的較簡單的類型，但要求非常高。「這更難進入，」他說。「更難執行，它需要更多的資金，持有時間更長，你對風險的看法略有不同；諸如此類。」

關於這種高要求的交易形式，受訪者 CV 提供了一個例子──「獲得世界訊息並能夠藉此預測出下一個價格變動」──一種在 CME 數據中心交易十年美國國庫券期貨的演算法。該演算法將考量到這些期貨買入、賣出和交易的模式，以及也在該數據中心交易的其他國庫券和利率期貨的交易模式。此演算法將透過微波鏈連結接收有關標的國庫券買賣的數據，這些國庫券在紐澤西州的兩個數據中心進行交易，如圖 4.1 的地圖所示。透過 Hibernia Atlantic 的超快跨大西洋電纜，它將接收有

關英國主權債券期貨交易的數據（這些期貨在倫敦郊外的數據中心交易）和等效的、在法蘭克福的一個名為 FR2 的數據中心交易的德國期貨的數據。日本政府債券的數據將來自跨太平洋電纜和更多的微波連結。該演算法將不斷將所有這些訊息融合到對其交易的期貨價格的預測中，並在看起來有可能獲利時進行預測。

所有這些資訊也可用於做市演算法，至少可用於那些由較大的 HFT 公司部署的演算法。然而，做市演算法通常必須要超高速（因此不會太複雜），因為它們需要位於或接近執行時間優先隊伍的前端，且會有報價變得陳舊和被摘取的風險（在下一節中討論）。正如來自一家非常成熟的做市公司的 CB 所說，「我們加、減、乘、除真的非常非常厲害」；換句話說，就是非常快。「我們不是在做高數學和高量化。」相較之下，很少有為了「獲利」的隊伍。獲利演算法「不爭搶隊伍位置」，因次「可能只有多一點時間來量化評估市場真正在說什麼，」BY 表示。一位背景主要是做市商的受訪者驚訝地發現，當他開始在一間深度參與獲利的公司工作時，「他們的機器非常慢」。他說，在他以前的做市公司，「我們會嘲笑這種機器，但它們藉由獲利演算法賺錢。」

因此，在某些形式的獲利中，速度可能不是最重要的優先事項，對我來說，採訪中的這項發現完全在意料之外，但卻與金融經濟學文獻相吻合（博嘉爾德，2015）。然而，受訪者 CV 警告說，較不重視速度，這點等到另一家收購公司「開始

與你競爭」時便會停止——也就是說，發現並開始利用相同的預測模式。更普遍地說，本節中討論的計算複雜、定量複雜的獲利位於光譜的一端。而另一端是下一節將討論的獲利。

獲利 II：摘取陳舊報價

如第 2 章所述，CME 數據中心的大型交易，或者其最重要訂單簿內容的重大變化，通常也預示著該數據中心當地和全球的變化，這會立即讓許多做市演算法的買價或賣價變得過時（「陳舊」）。如果發生這種情況，「獲利」演算法就不需要複雜的模型；它可以簡單地「摘取」——透過與明顯陳舊的買價或賣價進行交易來獲利。這種簡單、超快的獲利方式的原型（由多位受訪者和布迪許等人於二〇一五年描述）是當 ES 的價格（對應於標準普爾 500 股指的股指期貨）突然上漲或下跌時所發生。這通常會伴隨來——現今只要不到百分之一秒——SPY（相應的交易所交易基金 ETF，如第 2 章所述，它是一個追蹤相同指數的複合份額，）和相關股票的價格產生同樣的變動。特別是，如果在 SPY 中做市的演算法沒有足夠快地取消其現有的買價或賣價，則獲利演算法會將它們剔除。在 HFT 中普遍被認為具有預測價值的其他簡單的訊號的重大變化（見表格 3.2 及 4.4）也有類似的摘取機會。如第 1 章所述，阿基利納、布迪許以及歐尼爾（O'Neil）使用來自 LSE 的電子訊息數據來衡量這些速度競賽的盛行程度，而這些在金融經濟學家可用的

數據中通常是不對外顯示的。[13] 引人注目的是，他們發現在該交易所交易的 100 支領先股票中，每支股票每天平均有 537 場速度競賽。實際上看來，這些股票中的每支股票在交易日時平均每分鐘都會經歷一場競賽（阿基利納等人，2020：3-4）。

摘取在 HFT 中促成了一場速度競賽，而這和做市演算法中爭搶位於隊伍前端同等重要，甚至可能更為重要。[14] 摘取競賽是位於製造演算法、尋求取消陳舊的買價或賣價（換句話說，根據 ES 中的變動等訊號的到來而錯誤定價的買價或賣價）和獲利演算法試圖摘取——執行——那些陳舊的報價之間。這場競賽的緊急情況迫使涵蓋其中的 HFT 演算法以毫微秒的速度運行，而這樣的緊急情況是 HFT 世俗經濟學的核心。舉例來說，它們創造了一種鼓勵——許多情況下確實需要——鼓勵支付建造或使用第 5 章中描述的微波、毫米波或大氣鐳射連結的費用。此外，競賽使取消訂單不是次要的行政事務，而是做市經濟學中至關重要的部分。

在這場使用無線連結的競賽也使製造和獲利演算法之間相互作用的物質性變得明顯。最顯著的是雨水，這種最平凡的物質現象有時似乎會影響演算法的相互作用。特別是，將期貨價格從 CME 數據中心傳輸到紐澤西股票交易數據中心的微波連結在下雨時可能會故障，這對於交易來說是一個值得關注的事件。（例如，受訪者 CC 告訴我，「每當微波連結出問題時」，他的 HFT 公司的辦公室就會響起警報以提醒其交易員。）雨水對 HFT 演算法相互作用的後續影響有兩個不同的階段。經濟

學家施基爾克（Shkilko）及索克洛夫（Sokolov）（2016）發現了二〇一一至一二年第一階段價格數據的痕跡。在那個階段，如第 5 章所述，許多 HFT 公司在芝加哥和紐澤西之間建立了微波連結，且一開始似乎使用它們來摘取仍然依賴光纖電纜的做市演算法的陳舊價格。當雨水中斷微波連結時，那些獲利演算法仍能夠在不被摘取的情況下恢復做市，而且，正如施基爾克和索克洛夫所證明的那樣，流動性的衡量標準暫時得到了改善。

第二階段開始於通訊供應商麥凱兄弟開通了第 5 章中描述的新的芝加哥—紐澤西微波連結。麥凱隨後在與私有連結的激烈速度競賽中不斷完善該連結。麥凱連結被做市公司廣泛使用，並為了防止被竊取，替他們的演算法提供了一定程度的保護。在這個第二階段，下雨對演算法的交互作用似乎不再有影響。現在，如果下雨大到足以中斷麥凱連結，做市商沒法確定獲利演算法使用的私人連結是否也失效。因此，據麥凱的史蒂芬·泰奇（Stéphane Ty）（以及另一位受訪者 OW）表示，做市演算法必須「擴大價差」，正如市場參與者所說：降低買價並提高賣價，從而降低被摘取的風險（但也減少了流動性的標準度量之一）。

如第 5 章討論，微波傳輸面對雨水的脆弱性不是固定的物理結果；而是隨著使用更高的頻率而越趨脆弱。如該章所述，在美國商業用的頻率中，最可靠的是 6 GHz，但該頻段在芝加哥—紐澤西測地線附近相當擁擠（相同頻率的微波訊號會互相

干擾）。因此，靠近測地線需要使用更易受雨水影響的更高頻率，例如 18 GHz 和 23 GHz。然而，降雨對演算法交互作用的影響在歐洲似乎並不存在。歐洲類似於芝加哥—紐澤西測地線的是從大倫敦到法蘭克福的 FR2 數據中心的微波路線，該數據中心主宰歐洲期貨交易所的期貨交易和德意志交易所的股票交易。麥凱兄弟能夠使用主要低於 10 GHz 的頻率建立倫敦—法蘭克福連結，因此，泰奇指出，降雨幾乎沒有影響，因此歐洲的做市演算法不需要在下大雨時擴大價差，而他們的美國同行可能有此需要。

獲利 III：貓和老鼠

「獲利」演算法不僅可以透過「製造」演算法無法足夠快速地取消過時的報價而受益，還可以透過預測該演算法的可預測行為而受益。例如，可預測性可能源於許多製造演算法採用線性回歸方程式，將被廣泛使用的訊號（表 3.2 和 4.4 中列出的類型）組合成價格的預測。正如受訪者 AJ 所說，識別出一個可獲利的「獲利」機會可能包含了一種預測其他演算法預測的演算法：「你認為價格預測發生在一分鐘內、三十秒內、一毫秒內，還是十分鐘內？」若一個獲利演算法能夠預期到典型的預測，則可以預測出其他演算法將如何做出俺應。舉例來說，做市演算法正在交易 ES（與標準普爾 500 指數相對應的指數期貨），它們可能會從 NQ（指數期貨，也在 CME 的數據

中心交易，與那斯達克-100股票指數相對應）市場接收訊號。如果一個獲利演算法可以預測 NQ 的市場走勢（例如，透過分析 NQ 訂單簿中的買賣價差額），然後預測演算法的價格預測如何使 ES 市場因這些變動而產生變化，它有時可以識別出 ES 中的「即將發生的訂單簿不平衡」，因此它可以從價格報價的可預測變化中獲利（受訪者 CG）。

更妙的是，獲利演算法來「預測這個人（這個特定的做市演算法）將要做什麼」，進而藉由「貓捉老鼠的遊戲」獲利（CG）。例如，如果可以識別並重複觀察特定的做市演算法，則可以推斷出它何時接近庫存限制（它可以在特定股票或其他金融工具中持有的最大交易頭寸）並將開始「遮蔽」其價格以減少其庫存。然後，複雜的獲利演算法可以承擔交易頭寸，以期能夠以相對於這些遮蔽價格的利潤進行清算。遮蔽價格，以此交易的盈利能力通常很低（按照最小價格漲幅的順序：例如，每股一美分，如圖表 6.1 所示）。然而，如果已經被識別的演算法動作重複且頻繁，則如此微薄的利潤就可以積少成多。

採用特定的製造演算法成功玩貓捉老鼠遊戲的獲利演算法可能是所有獲利形式中對計算能力要求最高的。金融市場產生的數據量巨大（而且，在本書重點介紹的市場中，通常是匿名的），並且如線性回歸這類已建立的統計技術不太適合在這些大量數據中識別特定演算法的特徵；需要更新的機器學習技術。還需要有一個由多台計算機（有時是一千台或更多台）組成的強大網格來實現這些技術。當有人搜尋這些特徵時，這個

網格可以離線運行（如果需要，程序可以在夜間或週末運行）；作為這項研究結果的獲利演算法必須更容易在單台計算機上運行，就和它們在單一台計算機上一樣，必須很快速。然而，這並不容易。在這裡，被速度競賽激發出的最先進技術不是為了達到毫微秒反應時間，而是為了允許更複雜的計算。正如 CG 所說，「速度可以讓你同步執行複雜的事情」，在此同時「別人做的是簡單的事情」。

傳統上，演算法貓捉老鼠的遊戲依賴的是人類的智慧——「我們的一個交易員有個朋友在 HFT 公司的交易台工作，」BM 說道——以及人類看出「訂單」大小、時間、價格水平、如何對沖的暗示」的能力，這些都是公司的演算法的特徵（BM）。然而，就像在上一段中描述的情況一樣，機器學習技術也可以透過其他演算法隱晦地檢測可預測的行為。受訪者 DD 描述了使用「隨機森林」（一種被廣泛使用的機器學習形式），再次在互連計算機網格上離線「受訓」，以改進他公司的交易系統如何根據訂單的變化，也就是未來價格的變化做出推斷。[15]DD 表示，這個問題本質上觀乎其他演算法的行為：

> 它（隨機森林）只會習得何時適合這樣做（假設價格即將發生變化而進行交易）。大多數人都做類似的事情。這是一個有趣的遊戲，因為你正在努力解決問題，如果這是你決定何時交易的門檻，其他人也正在查看相同的數據，他們會採取相同的門檻，你希望你

> 的門檻在別人之前還是之後？考慮到其他人將做類似的事情，你想如何調整它？這本身就是一場遊戲。

DD 說，隨機森林的使用大大增加了公司的交易利潤。他的判斷是，它是透過悄悄學習其他演算法的閾值和行為來達到這點，至少在總體上是這樣。「這正是它的作用，」他說。

CG 表示，貓和老鼠的交易使用機器學習技術來識別特定演算法的行為，而交易系統的技術變化促發了此技術。「大多數人的計算機系統都是非常確定性的，」他說。例如，HFT 公司的系統響應傳入訊號（例如，透過向交易所發送新訂單）所花費的時間因公司而異，但對於每個特定公司，它往往是相當恆定的。這會創造出一個有潛力的可識別特徵，但之前由於交易所之間在時間測量方式上的不一致以及交易所系統中的「抖動」（處理訂單時的準隨機波動，將在第 7 章中討論）遮掩了這個特徵。然而，與全球時間標準 UTC（Coordinated Universal Time，世界協調時間）的精確原子鐘同步，以及交換系統中更大的確定性（越來越多使用 C++ 程式系統，得以更全面地掌控計算過程中的物質實現，有時還使用了第 5 章中討論的 FPGA）消除了大部分的遮蔽。

非法演算法？市場影響交易、報價撮合和幌騙

據我所知，剛才描述的那種貓捉老鼠的行為仍然相當不尋

常。前兩種獲利形式——定量複雜的價格預測獲利和過時報價的摘取——最有可能解釋製造和獲利 HFT 演算法之間大部分的交互作用。如前所述，複雜的預測受到了高度重視。相比之下，摘取通常被認為是不值得稱頌的。一位受訪者表示，如果一家 HFT 公司專注於此，「在道德上很難捍衛你的商業模式」。在芝加哥舉行的交易員大會中，一家 HFT 公司的成員在業內享有成功的聲譽，但正在與銀行發展雙邊交易關係，他提及了需要消除「HFT 的恥辱感」⑯

其他形式的演算法行動有時也具爭議。一種是市場影響交易，即其中一種演算法反射性地利用了自身行為對其他演算法可能產生的影響力。這可能是種貓捉老鼠獲利的延伸。例如，如果一家公司的演算法被回吐者的系統充分掌握，那麼後者可以用這種方式進行交易，從而對演算法的行為產生特定的、出於私利的影響。同樣地，要了解這種類型可能需要深入、複雜的研究，或者其他人類的智慧，也許是以在公司之間流動的交易商的形式。正如一位交易員對我所說的那樣，「你知道他們的系統是如何運作的，你知道他們正在做的決定。」然而，與其以易於偵測的方式利用另一家公司的演算法如何對特定訊號做出反應的知識——透過「射擊，即以某種方式影響看似明顯的訊號」——他認為最好「以他們長時間內不會發現的方式射擊。」做市商，尤其是小公司，肯定會「擔心人們會挖掘並發現我們在做什麼並得知我們如何退出」——也就是說，了解公司的演算法如何減少庫存和清算交易頭寸。「因此，如果他們

了解到必須促使我們嘔吐到多遠的距離，那麼那嘔吐物可能會被用來對付我們，」受訪者 BM 說。（這裡的「推動」是指以價格對公司不利的方式進行交易。嘔吐是指被迫以不利的價格清算頭寸。）

受訪者 AC 和 CS 描述了一種不敏銳的市場影響交易形式，包括辨識出訂單簿中的許多買價或賣價是來自一些若價格對他們不利的幅度超過一定程度時，即會「減少損失」（CS）或「嘔吐」（AC）的小公司。如果一家資本充足的公司的演算法可以檢測到這種「軟手時刻」，它就可以「清掃」或「滑動」（CS）訂單簿，像是在多個價格水平上執行所有出價，因而壓低市場迫使「軟手」演算法以暫時低價清算庫存，並從這些價格與「滑動」銷售中的平均價格之間的差異中獲利。一些受訪者懷疑這種策略是否有效。CJ 認為，主流金融市場中很少有參與者受到如此的資本限制，如此他們可以會因這種方式被迫退出交易頭寸。然而，一位受訪者承認「簡短描述」其他用戶並在這些軟手時刻清掃訂單簿是種策略，而我採訪過的一組監管機構告訴我，他們在市場數據中觀察到這種策略有被使用。被採訪者 CS 也目擊了這點，儘管他評論說，從這種策略中獲得的利潤往往出人意料地相當有限。

令人驚訝的是，你看到的這些滑動，它們是龐大的滑動，潛在價值數百萬、數百萬又數百萬美元，你看看，其中一筆交易的實際利潤是 2,000 美元或差不多的數字。（CS）

許多市場參與者會將這種清掃或滑動視作非法行為，而與

我交談過的監管機構似乎將它們視為潛在的非法市場操縱，如果他們的目標是迫使其他人嘔吐的話。（然而，監管機構很少對清掃者採取行動；他們較為關注下面所討論的「幌騙」。）

合法性問題不僅僅攸關演算法獲利。至少在過去，其中一個有爭議的「製造」訂單用法似乎是在有大訂單時進行「報價配對」，例如，最佳買價的大訂單存在於訂單簿中一段時間的時候。在小報價的市場中（例如，十進制後的外匯交易場所），報價配對演算法會輸入比大的買價高一跳的買價。如果演算法的出價被執行，那麼就可以這麼說，該演算法有了一個免費選項。如果價格上漲，它就會獲利；如果下跌，則可以透過執行原始買價將其損失限制在單一跳，至少在該報價仍然存在的情況下可以如此。[17] 報價配對的全盛時期似乎是速度相對緩慢的人類交易員仍然以手動、在專家終端上或使用鍵盤和滑鼠將大筆訂單輸入電子訂單簿。

交易商對外匯市場中 HFT 演算法的大多數憤怒都與這些演算法所謂的報價配對有關，而這種怒氣導致了第 4 章中所討論的市場結構變化的一些反轉（特別是，如下面，十進制的部分反轉）。當 Instinet 用戶的買價與賣價在島嶼上被報價配對時，也同樣有相似的怒氣。Instinet 和島嶼的客戶在很大程度上是分開的。島嶼的 SOES-bandit 根源意味著許多成熟的大公司不會在島嶼進行交易，而 Instinet 的客戶群主要是機構投資者、交易商和經紀人。因此，根據一位受訪者所說，甚至有可能以稍差的價格在島嶼上成功報價配對 Instinet 的買價和賣價。

島嶼上的這些報價經常被執行，因此他的報價配對演算法每天可以賺得「5-10-20,000 美元，並且始終保持零風險。」關於報價配對的爭論顯然是片面的。我知道並沒有人力圖公開捍衛其合法性。事實上，我的一位受訪者與他人共同開發了一種報價配對演算法（「有一天市場早早休市……X 和我一起去酒吧……我們想出了這個」），並取了一個顯得更加不合法（雖然，當然，純粹內部）的名字 Stalker，因為它會在其鏡像的訂單價格發生變化時更改其價格。

然而，Stalker 毫無爭議是合法的。幌騙的普遍做法是不合法的行為最初都明顯地想模糊其非法性。（最初，即使在電子市場中，大多數幌騙行為也不是透過演算法進行的，而是由使用鍵盤和滑鼠的人類交易者進行，即使在今日，經常使用演算法時，按照 HFT 的標準，它們顯得速度慢又簡單。）在一個層面上，幌騙類似於合法的做市，因為它也是將買價和賣價都輸入到訂單簿中。幌騙者——人工或演算法——在訂單簿的一側放置一個或多個大訂單（例如圖 6.2 中出售 3,000 和 1,800 股的賣價），而在另一側放置另一個或多個通常小得多的訂單（也許是購買 100 股的買價之一）。大訂單改變了可能算是最普遍的 HFT 訊號的水平，即訂單簿中的買賣平衡。雖然在圖 6.1 中買價和賣價大致平衡，且沒有明確的理由可以預測價格的上漲或下跌，但在圖 6.2 中，幌騙者的報價「傾斜」了訂單簿。HFT 演算法可以將幌騙者創建的大量報價視為價格即將下跌的訊號。這可能會導致這些演算法出售，可能是透過「獲

出價購買					出價出售			
$29.49	100	100*	200		$29.54	100	200	100	3000*
$29.48	50	30			$29.53	50			
$29.47	100				$29.52	40	50	1800*	
$29.46	50	100	100	100	$29.51	50	50	200	
$29.45	200				$29.50	100	100	100	

圖表 6.2：帶有「幌騙」的訂單簿，幌騙者的訂單標有星號。人工或演算法幌騙者在訂單簿中添加了兩個大的報價（出售 1,800 股和 3,000 股），但會在執行之前取消它們。這些訂單的造成的影響是導致訂單簿不平衡（提供的股票多於出價），這可能導致 HFT 演算法預測價格會下跌。因此，這些演算法可能會「賣出」幌騙者購買 100 股的出價。

利」，換句話說，就是針對訂單簿中已有的買價執行，比方說針對幌騙者 29.49 美元的買價。然後欺騙者會取消大報價，並可能逆向執行，欺騙 HFT 演算法預測價格會上漲，因此能夠以有利的價格出售剛剛購買的股票。[18]

　　交易池中類通常會容忍類似的幌騙形式，有時甚至被認為是成功的，類似於撲克中的成功虛張聲勢（受訪者 MG 和 RJ）。隨著逐漸轉向電子市場，人們對幌騙的態度有了轉變〔阿諾迪（Arnoldi）2016〕。儘管我的 HFT 受訪者中一些更傾向自由主義的人仍然捍衛幌騙行為，但此觀點仍屬少數。至少

在規模更大、地位更穩固的 HFT 公司中，人們普遍反對幌騙。雖然這些公司中的一些交易員或交易員團體過去曾有過幌騙行為，但他們現在清楚地意識到，如果他們的交易者採用了一種幌騙行為的演算法，則將面臨法律風險。事實上，HFT 公司經常因幌騙而蒙受損失；幌騙者主要利用的是 HFT 演算法不靈活的行為。我的幾位 HFT 受訪者向交易所和監管機構舉報了幌騙行為，甚至在隨後的法律訴訟中當了證人。正如第 7 章所述，美國針對幌騙行為的法律有了變化，其中一些（儘管並非全部）採取了對涉嫌幌騙者進行刑事起訴的形式，其中至少有一次以監禁結案。（在一個案例中，即使是為幌騙者編寫演算法的程式公司的負責人也被起訴，儘管結果為無罪。）儘管只有極少數涉嫌幌騙者面臨刑事起訴，並且沒有全部被定罪——證明有罪可能很困難——交易所和監管機構現在比十年前更加積極地挖掘和懲罰幌騙行為。

專業化、固線以及演算法生態

現在讓我從合法演算法行動有爭議的界線回歸到其中的中心分歧，即「製造」和「獲利」之間。原則上沒有什麼能阻止做市演算法——作為第 5 章中描述的非凡技術結構的一部分運行，並且通常是由相當複雜的預測模型提供訊息——獲利，我的採訪內容表明，例如，如果他們的價格預測介於最高買價和最低賣價之間，演算法則會製造，並在距離預測的價格差異足

夠大時獲利。然而，製造和獲利混在一起並沒有人們想像的那樣普遍。通常，儘管並非總是如此，交易團體有時甚至整間公司都是專注於其中之一。例如，那些在有隔間的公司的資深人士——由不同的交易團體組成——很熟悉這些團體的交易策略，並表示

這些團體通常要嘛專注於製造要嘛專注於獲利，而非兩者兼俱。

我認為必須一直提出意見（做市演算法必須不斷地就其買價和賣價做出決定）與偶爾有意見（獲利演算法只需要識別出斷斷續續有利可圖的獲利）……出於某種原因，這兩件事若想相結合，就必須破壞其中一方（AG）。

它們（「製造」和「獲利」）就像房車和卡車：就是兩種不同的專業……一般情況下，它們有時會重疊，但很少發生（MG）。

HFT 的金融經濟學文獻證實了製造或獲利的專業化。不同公司的演算法交易中製造與獲利的比例可能存在很大差異，差異隨著時間的推移大致穩定。大部分時候，一家公司這個月製造、下個月獲利是相當不尋常的。[19]

為什麼在製造或獲利兩方面有一定程度的專業化？如上所述，受訪者 AG 在一家公司擔任高階職務，該公司有一些團隊

負責獲利，有些團隊負責製造，他說：「這幾乎就像兩個截然不同的……思維過程。」複雜的數學計算需要他所謂的「極端定量分析」，在這種分析中，「你傾向於查看顯著性差異邊緣的訊號……試圖從大量噪音中挑出訊號。」另一方面，做市（如上所述）是一種完善的人類實踐，它為自動化做市的努力提供了模板，這些努力最初通常不包含大量的定量研究。正如幾位受訪者指出的那樣，以模擬和「回測」（使用儲存的市場數據進行測試）採取獲利策略更容易，因為它們根據訂單簿中已有的買價和賣價執行，與製造在訂單簿中增加買價和賣價的策略相反。因此，在製造中，

> 你不會事先知道你自己的交易會如何影響市場……你需要實際經歷過市場才能了解……我並不認為「製造」策略無法「獲利」、或是無法指示你何時應該穿越市場（即，「回吐」），只是「製造」方面的專家本質上不會這樣做，所以他們並不像其他人（「回吐」方面的專家）那樣擅長開發這些 alpha 訊號（定量複雜的預測因子），基本上這就是他們的整個方法論。（受訪者 AG）

　　兩種活動的不同技術要求也可以加強這種在製造或獲利方面的「認知」專業化。大規模做市本質上可以被認為是一個工程企業。它要求公司擁有一個交易系統，不僅要快速（以便獲

得有利的隊伍位置，並且——如果沒有下文討論的減速帶保護——避免被淘汰），還要極其穩健；做市演算法需要不斷取消陳舊的買價和賣價，並以價格略有不同的訂單取而代之。一家在許多不同股票和其他金融工具上做市的公司將同時在市場上有許多不同的訂單（如下所述，這個問題在期權做市中處於極端狀態），因此對於其交易系統凍結，即使是一兩秒鐘，也可能是災難性的。

　　相比之下，正如已經討論過的，流動性消耗者通常不需要這麼快的技術系統（儘管那些主要業務是摘取過時報價的人確實需要速度），並且在穩固性方面對獲利系統的要求通常較低。藉由使用立即或取消訂單，獲利公司可以最大限度地減少其在市場上的訂單數量。我們可以說，流動性消耗者可以專注於 HFT 的數學，而非它的工程；流動性提供者則是需要優秀的工程技術。一些做市商在也相當擅長定量複雜的價格預測——我的採訪內容表示，隨著時間的推移，對這方面的需求不斷增長——但並非所有人都是這方面的專家。因此，認知和技術專業化或許可以解釋為什麼製造商似乎並不經常在數量上也是熟練的獲利者，以及為什麼後者通常不會同時嘗試成為做市商。然而，這兩種專業化形式都不會阻止以做市商為主的公司實施更簡單的套利形式和摘取過時的報價。雖然我的受訪者沒有明確表示這點，但採訪內容顯示了做市公司確實這樣做了，尤其是那些擁有最快技術的公司。[20]

　　創建一個技術系統以促進大規模的做市可以帶來持久的影

響。在最早真正大規模的此類系統中（不是自動交易台的系統，而是下一波 HFT 中的一家公司部署的更大規模的系統），製造的優先考量在某種意義上是固線的或是「成熟的」，減低公司交易員編寫可以成功「獲利」的演算法的能力。[21] 系統下訂單和取消訂單不受交易者的直接控制。他們影響下單的唯一直接方法——例如，鼓勵系統獲利——是改變系統用來計算所交易金融工具「理論值」的公式：

> 你對訂單發出沒有太多控制權。你可以控制估值，隱晦地發送訂單。所以如果你想獲利，就得創造一系列可笑的事件，使你說出價格比當前市場價格高出 5 美分，這可能如你希望的那樣，該策略能夠獲利。（受訪者 AF）

即使交易者輸入了估值公式到系統戶裡，其庫存管理功能通常會導致它在盈利之前過快地消除由此產生的交易頭寸：

> 若你試圖做一些不同於系統最初設想和構建的事情，就得花費大量時間和精力去阻止它做它想做的事情。你進入一個位置，它想做的第一件事就是在另一邊下訂單以減少庫存⋯⋯我想持有頭寸五分鐘直到它能獲利。不，你不能那樣做。不是你不能，而是這麼做你得試圖重新編寫代碼⋯⋯非常、非常、非常困難。（受

　　這家公司的市場規模如此之大，以至於它的許多交易演算法在公司自己的系統內相互作用，而不僅僅是透過交易所的訂單簿與其他公司的演算法。如果它的一個交易員部署了一種演算法來進行特定股票的交易，那麼該公司的一個或多個製造演算法很可能也會活躍於該交易中。因此，這家 HFT 做市公司開發了一個軟體系統，以阻止其演算法在它們活躍的交易所相互交易。如果來自獲利演算法的訂單被發送到交易所，以針對已經在交易所訂單簿中的另一家公司的買價或賣價執行，則該買價或賣價將被取消，並且獲利訂單不會被發送。

　　這家公司使用內部的自我交易預防軟體導致其 HFT 演算法在自己的系統內相互作用。受訪者 AF 報告說，嘗試獲利行動會產生意想不到、立竿見影的結果，即公司做市演算法的盈利能力會提高。在更廣泛的市場中，後者一定程度上可以預防獲利演算法，因為公司自己的一種獲利演算法很可能會在訂單被摘取之前導致訂單被取消，因此，它的製造演算法將比其他情況下更少被「輾壓」，從而提高他們的利潤。該公司的交易員根據其演算法的盈利能力獲得獎勵，因此他們被暗中激勵繼續優先考慮做市，而那些尋求開發獲利演算法的人經常發現，該公司的自我交易預防系統阻止了這些演算法發送擁有潛在高義潤的獲利訂單。「人們就像這樣，『哦，我的製造策略很棒。』另一個人則像這樣，『我移除的獲利訂單從未成交。』」AF 這麼說。

外匯交易的物質政治

　　這家做市公司的系統無意間塑造了其獲利和製造演算法的相對成功，但現在讓我轉為討論演算法的相互作用是如何蓄意干預對方。在章節的最後我將討論股票與期權交易中的干預，但在這些市場中，至少公然的干預通常都需要獲得 SEC 等監管機構的批准。外匯交易的監管則寬鬆許多。如第 4 章所述，這是一項跨國活動，在這個世界中（歐盟除外）大多數金融監管仍然是從屬於國家。因此，外匯交易場所可以在不尋求監管批准的情況下進行干預，因此此類干預相見常見。

　　在對外匯交易進行這些重大干預的背景下，第 4 章中討論的挑戰是 HFT 企業對現有外匯交易商提出的挑戰，其中最大的交易商是（大部分現今仍然是最大的）主要為銀行。為應對此項挑戰，第一個被廣泛採用的干預措施是一種被稱為最後一眼的自動化程序，該程序引發了極大爭議。它起源於二○○五年左右，當時銀行不滿 HFT，因為 HFT 演算法從銀行做市系統的緩慢速度和技術錯誤中獲利。面對諸多抱怨，那些經營電子外匯交易場所的人開始提供「最後一眼」給銀行和其他做市商的演算法：在交易場所的系統完成涉及這些演算法之一的交易之前，它會向銀行系統發送一條訊息，提醒它即將發生的交易，並給它一個很短的時間予以拒絕。我最初了解到最後一眼是在二○一三──一四年的採訪中，受訪者 AT 告訴我，授予銀行系統最後一眼最普遍的時程是「在任何地方，從五到十毫

秒，最多幾百毫秒，有時長達幾秒鐘。」

最後一眼使最初利潤豐厚的 HFT 獲利策略無法用於外匯交易中。例如，「Tri arb 沒用，因為最後一眼的關係，」受訪者 AY 於二〇一三年五月這麼說。[22] 我在第 4 章中描述的 HFT 公司的最後一眼和銀行「關閉」的綜合結果是，HFT 在外匯中採用演算法的活動相對之下急劇下降——由受訪者 FN 報告——摩爾（Moore）、施林普夫（Schrimpf）和蘇什科（Sushko）（2016）也注意到了這種轉變。受訪者 FW 幫助了其中一個交易商／HFT 衝突特別普遍的外匯交易場所的營運，他回憶起當初自己告訴 HFT 公司他們的方法必須改變：

> 因此，藉由告訴他們（HFT 交易員），並與他們交談，然後說看，沒有人（沒有交易員）會容忍你都在他們每次出現問題時輾壓他們（摘取他們過時的報價）交易系統……一般來說，其中很多 HFT 公司……現在都變成了做市商，較少有掠奪性行為了。

因此，最後一眼是交易商和外匯交易場所經理為了遏制 HFT 演算法採用獲利策略而採取的算是成功的方法之一。然而，它的合法性引起激烈的爭論。受訪者 BB 是典型的 HFT 交易員，他原先的背景是股票和期貨，而後轉至外匯交易。他報告說，當他得知這種做法時感到難以置信：「這怎麼會合法？」甚至外匯交易界的一些人也不喜歡看似牢固但可以撤回的報

價。例如，在與一位交易商（XI）的訪談中，當他的一位同事（FG）走進房間時，我正在問他有關最後一眼的事。我的受訪者才剛說道，「最後一眼是外匯市場很重要的一部分。」他的同事反對：「令人憎恨！」然後他們就開始辯論：

XI：對於像 FG 這樣的正統主義者，我認同……

FG：這真的令人憎恨！

XI：但這對我們（主要交易商銀行）來說，有點像是促進高頻基金（依靠交易商給予信貸）。在我看來，他們獲得流動性應該是正確的，但它不應該是可被利用的銀行內部的弱點。

受訪者表示，自二〇一四年左右以來，最後一眼的使用率逐漸降低。來自監管機構的壓力可說是一種原因。儘管監管機構並未像在美股交易中那樣尋求重塑外匯交易的市場結構，但他們已開始針對具體問題採取行動。例如，在二〇一五年，巴克萊銀行同意就一系列指控支付 1.5 億美元的罰款，就此解決了紐約州金融服務部提起的訴訟──而這些指控的有效性仍俱爭議 [23] ──是關乎使用了最後一眼（紐約州金融服務部，2015）。幾乎毫無疑問，類似的監管審查的禁止和可能的巨額懲罰的威脅已經阻止了最後一眼的使用。「在最後一眼的窗口中……你有該客戶想要出售的私人訊息，」受訪者 CJ 說。交易商可能很難證明這些訊息有沒有被濫用。

最後一眼是對製造商與獲利者互動的直接實質性干預，以回應交易商對 HFT 演算法獲利的投訴。然而，也有人針對這些演算法的報價配對和其他形式的製造提出抗議。這些批評者聲稱，買價和賣價「可能會在出現時迅速消失，使市場流動性變得虛幻」〔史塔福（Stafford）及羅斯（Ross）2012〕，並阻礙銀行交易員的活動，尤其是那些仍使用手動鍵盤的交易員。一位交易員告訴英國《金融時報》（Financial Times）：「這令人沮喪，在市場上進行乾淨的交易變得更加困難。這是每天都會影響到你的事情。」（羅斯及史塔福，2012）。作為回應，當時占主導地位的外匯交易場所 EBS 在二〇〇九年修改了其撮合引擎，以便一旦進入，在所謂的 250 毫秒（四分之一秒）的最短報價有效期內無法取消訂單，大約是人類所能有的最快反應速度。

　　最短報價有效期（HFT 反對者經常提出的一項政策建議）似乎也使做市演算法面臨更大的被演算法摘取的風險。然而，受訪者 GM 說，「HFT 人員是有辦法避開它的……他們過去所做的就是將訂單簿完全置於架子下方——也就是說，不是以最高的買價，而是輸入較低的價格（並且以高於最佳賣價的價格出價）。如果市場走勢使得 HFT 演算法的訂單有可能被執行，那麼它可以在必要時立即取消它們，因為 250 毫秒很有可能已經過去了。「MQL（最短報價有效期）有點像公關，」GM 說。正如 EM 所說，這是一種「妥協」，「手動交易員抱怨那些人（自動交易員）總是比他們更聰明。」

這些措施都沒有消除外匯交易商在面對來自 HFT 公司的不公平競爭時的不滿，而且這種不滿在二〇一一年加劇，當時 EBS 不再為交易銀行所有，後者於二〇〇六年將其出售給總部位於倫敦的交易商間經紀商 ICAP——十進制化，將價格的最小漲幅減少了 10 倍。如第 4 章所述，Hotspot 等新交易場所已經這樣做了，而（正如股票交易中發生的那樣）歷史悠久的場所 EBS 和路透社為此正在失去業務，錯失交易是由於新場館之一「定價是我們內部的十分之一、十分之二或者十分之三」（受訪者 GM）。

然而，EBS 的十進制化有副作用（同樣在股票交易中），使 HFT 公司更容易削弱交易商。正如外匯交易商最初面臨路透社對電子交易的潛在主導地位時所產生的影響一樣（見第 4 章），一個交易商銀行聯盟成立，以建立一個新的交易場所，以與 EBS、路透社和其他現有的電子交易場所競爭。該財團最初的名稱是 Clean FX，然後是 FX Pure，表明其打算「接種速度優勢」並「創建一個公平的市場，在這個市場中，可以對沖外匯風險而不被 HFT 公司『徵稅』」〔泰勒（Taylor）2015〕。在交易商經紀商 Tradition 的協助下，該財團於二〇一三年四月推出了一個新的交易場所 ParFX。[24]ParFX 部分逆轉了十進制化（將價格的最小漲幅增加了五倍），並且與其他交易場所不同，在交易完成後，公司的實際名稱，而不僅僅是辨識編號會顯示給其交易對手知道。如果一家銀行經歷了 HFT 公司所謂的「有害行為」，那麼它不僅可以向 ParFX 投訴，而且或許也

能非常有效地向充當該公司贊助商的主要經紀銀行投訴。

ParFX 最有影響力的功能是隨機化。[25] 從平台上交易的公司伺服器發送給 ParFX 的伺服器的每條訊息被延遲執行，延遲的長度在最小 20 到最大 80 毫秒之間隨機變化。受訪者 FI 說，如果你在交易平台工作，HFT 公司總是要求你告訴他們平台的響應時間。「如果……你說它有差異，這就搞砸了他們的等式，」他說。ParFX 的隨機化延遲了新訂單和（在 HFT 做市方面至關重要）現有訂單的取消。推遲後者的目的是阻止交易公司在訂單簿中添加買價或賣價，然後「從市場上刪除該訂單，而沒有處理。就像將誘餌放入水中並在魚有機會咬住之前將其取出一樣。如果你持續快速地這麼做，這對魚其實不太公平？」（FI）。

ParFX 由幫助建立或大量參與 EBS 的銀行創建，強化了一種感覺，用受訪者 HB 的話來說，「EBS 的客戶反抗了，它失去了大量的市場份額……無數客戶。」甚至在 ParFX 推出之前，EBS——「承受來自銀行的壓力」〔周（Zhou）及奧利瓦里（Olivari），2013〕——也已經部分逆轉了十進制。二〇一三年八月，EBS 也引入了隨機化，儘管形式與 ParFX 不同：EBS 的撮合引擎將訂單（包括製造和獲利）捆綁在一起，然後以隨機順序執行它們。[26]「你需要確保市場上的所有參與者都有公平的機會獲得交易，」受訪者 HB 說，他是隨機化的支持者：「否則，不要假裝這是一個市場。」

路透社——當時的湯森・路透（Thomson Reuters）（在二

○○八年被加拿大媒體公司湯森收購之後）──採取了與 EBS 類似的措施，但它實施隨機化的方式明顯不同，但意義重大。[27] 受訪者 GR 向我描述路透社於二○一六年在其外匯交易系統添加了一個模組。該模組檢查正在交易的每個貨幣對的買入和賣出訂單，將它們分類為買入或賣出，並將它們添加到相應的緩衝區。[28] 進入空緩衝區的第一個訂單會啟動一個運行 3 毫秒（千分之三秒）的計時器，此時緩衝區將透過隨機順序向撮合引擎發送其包含的買價或賣價來清空。[29] 隨機化阻止最快的做市演算法總是排在隊伍的前端。

然而，重要的是，路透社模組不會將訂單取消放在緩衝區中，而是立即將它們發送到撮合引擎。這使得路透社模組（例如，不同於 ParFX 和 EBS 最初實施隨機化的方式）直接干預了製造和獲利演算法之間的交互作用──在股票交易術語中，這是一種非對稱減速帶的形式。延遲回吐而不延遲「取消」為做市演算法提供了實質性的保護。如果市場波動，他們有 3 毫秒（依 HFT 標準是很長的一段時間）的時間在被選中之前取消他們的陳舊報價。在模組設計的過程中，不拖延「取消」的提議在路透社內部引發熱議。反對該提案的人認為，它將模組變成了一種「最後一眼」的形式，這已經被視為一種有爭議的程序，而路透社平台從未採用過這種程序（受訪者 GR）。不延遲「取消」的捍衛人士爭辯說──最終成功了──他們提出的模組設計和最後一眼之間有顯著的差異。這兩種措施都保護製造演算法，但最後一眼提供了製造演算法可能可獲利的私人

訊息。該演算法可以拒絕根據其中一個報價執行的訂單,然後可能利用這點私有的訊息,也就是該訂單可能仍在市場上,但是未成交。

EBS 還直接干預了製造—獲利的交互,修改了其隨機化程序以保護製造者。(干預似乎是出自於擔心「獲利」演算法可能會使用即將開放、速度超快且非常昂貴的 Hibernia Networks 跨大西洋光纖電纜傳輸價格數據;參見德翠克斯赫(Detrixhe)與馬穆迪(Mamudi),2015。)最初,取消訂單的訊息與新訂單相同,會被輸入到 EBS 的批處理和隨機化程序中,但正如 EBS 的馬克‧布魯斯(Mark Bruce)告訴《歐洲貨幣》(Euromoney)雜誌那樣,這意味著「替更多的獲利者打開了一個窗口來對製造者進行套利,製造者成功取消報價的機率明顯降低」〔高登(Golden)2015〕。因此 EBS 停止對「取消」強加隨機延遲。EBS 還提供市商其數據源 EBS Ultra 的更快、更昂貴的版本。「讓 EBS 客戶達到某些流動性規則的標準(例如,做市),」Ultra feed 每 5 毫秒提更新一次訂單簿,而不是標準的 10 毫秒(國際結算銀行,2018: 6,註釋 6)。

減速帶:放慢回吐,保護製造

正如「最後一眼」、路透社模組和 EBS Ultra 的例子所示,保護做市演算法是外匯交易物質政治中恆久不變的主題。其他金融工具的交易中也有這種形式的物質政治,主要是股票,還

有期權（在本章末尾討論）和期貨。[30] 在我的採訪中沒有證據表明交易所會干預以保護製造，因為他們認為製造比獲利更具道德感。相反地，他們擔心的是「空螢幕」（受訪者 GI）——沒有買賣報價的訂單簿——這使得交易所對交易者和機構投資者而言毫無吸引力。不過，廣義上來看，他們的干預是政治性的。正是因為交易團體和企業之間在製造或獲利方面有一定程度的專業化，影響製造和獲利之間相互作用的交易所干預能替這些團體和公司帶來經濟層面的結果。

一種鼓勵製造的干預方式確實是有直接的經濟效益：交易所（尤其是在股票交易中）不向執行流動性訂單的公司收取費用，而是向支付小額款項——「回扣」。HFT 盛行的第一個電子交易場所島嶼支付回扣（見第 3 章）。「我們的系統需要流動性製造訂單，」深度參與島嶼交易的受訪者 AK 說，「這對我們來說相當重要，我們需要付錢給某人，將訂單置於系統上。[31] 隨著回扣變得越來越普遍，爭議也接踵而至，例如，批評者表示，這種款項通常是為經紀人所有，而不是轉給客戶，可能會影響經紀人該將客戶的訂單送往何處執行的決定（有關這個質疑，相關的證據請參閱巴塔里歐（Battalio）、科爾溫（Corwin）及傑寧斯（Jennings）（2016）。儘管如此，這種定價結構——獲利者收取費用，交易所付款給製造者——已主導了美國的股票交易。[32]

然而，人們越來越關注透過直接的物質干預來補足「製造」的經濟激勵措施。他們目前最主要的形式是減速帶。（我

所在領域的任何學者都樂見這點。布魯諾‧拉圖爾〔Bruno Latour〕是一位社會理論學家暨科學社會學家，對金融社會研究有巨大的間接影響，他用道路上的減速丘的例子來解釋什麼是物質政治。減速丘實際上並不是依靠道德禁令或法律處罰來減慢交通速度。）[33] 麥可‧路易士二○一四年的暢銷書《快閃大對決：一場華爾街起義》中強調了這點，並於圖 6.3 中展示了金融領域最著名的減速帶，是美國新證券交易所（IEX）安裝在其中一個股票交易數據中心（NY5）中的 38 英里長（61 公里長）光纜線圈。所有傳入 IEX 的訂單（以及來自 IEX 的所有市場數據）都必須透過這個線圈，該過程旨在將它們減慢 350 微秒。然而，IEX 的線圈是對製造和獲利演算法之間相互作用的一種不太明確的干預，因為它同時減慢了這兩種演算法。[34] 撰寫本書期間，該物質政治目前的爭議焦點是*不對稱*減速帶，就像上面描述的路透社模組一樣，對「獲利」演算法施加延遲，而不是透過「製造」演算法延遲取消訂單，因此保護後者不會被摘取。二○一六年，這樣的提議一開始是來自小規模、對於美國股市交易來說有點次要的 CSE。最初 SEC 的員工贊同這個提議，但共和黨委員邁克爾‧皮沃瓦爾（Michael Piwowar）反對該決定，隨後該決議便被擱置。二○一八年四月，芝加哥交易所被 NYSE 所有人洲際交易所收購，隨後關於非對稱減速帶的提議被撤回。

然而，這個問題仍然存在，因為美國證券交易所的三個「家族」（NYSE、那斯達克和芝加哥期權交易所或稱 CBOE）

圖 6.3：IEX 的原始線圈，現在在其位於世界交易中心 3 號辦公室的玻璃櫃中。作者的實地考察照片。

各自都擁有多間交易所——例如，CBOE 擁有四間——這給了他們一定的自由，可以只選擇他們經營的其中一個交易所，並嘗試修改其市場結構，希望藉由其物質交易安排來增加收入。

二〇一九年六月，CBOE 提議在紐澤西交易所之一 EDGA 安裝一個四毫秒的非對稱減速帶（SEC，2019a）。將獲利訂單的速度減慢 4 毫秒將讓演算法依賴來自芝加哥的光纖電纜，在被使用無線鏈接的獲利演算法摘取之前取消陳舊的買價或賣價，但超過了 1 毫秒的最大延遲，在 IEX 線圈的案例中，SEC 的規定可以被接受。

　　CBOE 尋求監管批准的方法相當有趣。它提議，即使 EDGA 訂單簿中的絕大多數買價和賣價將繼續由電子系統生成，但它們將以電子方式被標記為手動報價。這將剝奪他們受 Reg NMS 保護的訂單，這是目前管理美國股票交易的主要法規，但取消了後者的要求，即可以立即執行這些報價。[35]CBOE 提出的不對稱減速帶引起了強烈爭議。我的一位受訪者告訴我，一家大型交易公司的負責人已致電 CBOE 警告，若安裝了非對稱減速帶，該公司將停止在 CBOE 的任何交易所進行交易。這是道聽塗說，我沒有通話紀錄這樣的獨立證據，但我的受訪者認為這件事的發生表明了問題的敏感性。二〇二〇年二月，SEC 拒絕了 CBOE 的提議，認為該交易所沒有證明減慢獲利而不是製造與證券法中公平對待市場參與者的要求相一致（SEC 2020）。IEX 也於二〇一九年十二月向 SEC 提案，以補足目前的對稱減速帶，以提供實際上的非對稱減速帶，以保護「製造」訂單免受最常見的摘取的影響。撰寫期間，尚不清楚 IEX 的提案的命運。

　　讓我以期權為例結束關於減速帶的討論，期權是研究涵蓋

的一類金融工具，但在本書中沒有詳細討論。因為它們的多樣性，製造—獲利的交互在期權中特別突出。例如，雖然大多數公司只有單一類別的股份，但這些股份可能有數十種甚至數百種不同的期權。有看漲期權（買入期權）和看跌期權（賣出期權），有時還有更奇異的期權；不同的「履約價」（例如，看漲期權的履約價是行使看漲期權時購買股票的價格）；以及不同的到期日。二〇一八年，受訪者 OW 告訴我，在美國期權交易所交易的不同期權合約不少於 95 萬份。這些交易所希望做市商不僅為給定股票的一小部分期權報價，而且為所有期權報價，這使得做市演算法在市場價格變化時特別容易受到攻擊。他們可能需要取消成百上千個陳舊的買價或賣價，而獲利演算法可以藉由僅找到一個過時的買價或賣價來執行並獲利。

期權交易所，如受訪者 OY 告訴我的，「不希望大型做市商倒閉，這是肯定的，」這創造了共享激勵。「合作雙贏，」OY 說。也許期權交易所保護做市商的最重要方式是為做市商提供一個「清除端口」，這是一個連接交易所的專用連結，可以繞過它與公司之間的任何其他網路流量，因此非常快速。清除端口用於所謂的大規模取消，其中來自公司系統的單個訊息取消其在整個期權類別（例如，Apple 股票的所有期權）中的所有買價和賣價。根據給受訪者 OX 和 OY，雖然一般的取消通常是按順序執行，但批量取消通常是透過更改每個投標和報價中的單個二進制數字來實現，這使得它們無效而後不可執行，但比一系列普通取消要快得多。然後，撮合引擎可以完全

刪除訂單，而不會有在這樣做時某些訂單被剔除的風險。期權交易所還經常提供做市商自動批量取消（沒有來自公司系統的取消訊息），例如，如果執行特定數量的特定期權類別的買價或賣價，公司的系統沒有響應改變它的報價。這可以保護做市商免受潛在的災難性系統中斷。[36]

期權交易所也可以以隱晦的方式介入製造—回吐的互動。例如，有時透過交易所的計算機系統，製造和回吐訂單會被引導到不同的典型材料路徑中，回吐訂單的路徑速度較慢。「或許他們在新硬體上運行做市商的東西，他們運行其他一些訂單……舊硬體上的出入口，」OY 說。至少在過去，一些交易所實際上擁有不同的 API（應用程序編程接口）來下訂單和接受訂單。舉例來說，受訪者 AF 以一間交易所為例：

> 有個「報價」（例如製造）無法真正刪除的 API（即回吐），然後他們有個訂單 API 來移除回吐訂單，並且訂單 API 上有一個關係數據庫（負責記錄訂單），這需要 100 毫秒來序列化……天知道怎麼回事。

AF 表示，用於做市的「報價」API 比回吐者必須使用的訂單 API「快二十倍」。

諸如此類的問題是一個有用的提醒，即金融的物質政治不僅限於公開的爭議，像是圍繞 IEX 或 EDGA 的減速帶的爭議，也不限於監管機構的裁決，如 SEC。物質政治也可以在金融黑

盒子的內部運作中找到，也可以在交易所系統的特徵中找到，
這些特徵可能永遠不會公開，但仍然能夠是市場結構的重要層
面。

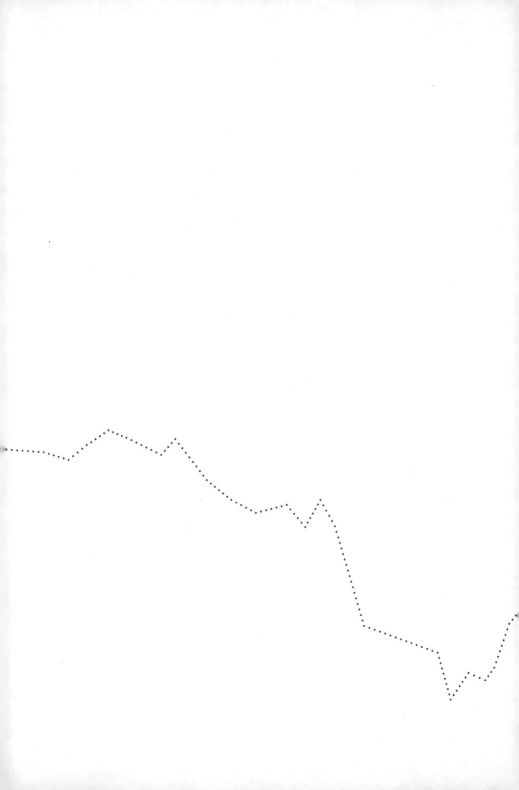

step 7

結語

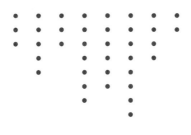

有贏家就有輸家，贏家因為有所收穫而努力保護它……
輸家因為失去而想要改變它。

一三八一年初夏，隨著英格蘭大部分地區因平民起義而動盪不安，聖奧爾本斯的市民衝進了本篤會修道院，該修道院院長是他們的封建領主。我們有幸與遙遠的過去相互聯繫，監督修道院抄寫員的僧侶和照明者編年史家托馬斯・沃爾辛厄姆（Thomas Walsingham）很可能就是古今之間的見證者。他記錄人群要求方丈讓他們擺脫農奴制，闖入方丈的監獄，釋放囚犯，然後走到靠近修道院的一個叫做起居室的房間。他們在那裡砸碎了房間的石地板，並將碎片帶走。[①]

　　早在五十年前即有了關於破碎地板的解釋。聖奧爾本斯當時的修道院院長成功地禁止市民用手碾磨穀物，而且，正如歷史學家馬克・布洛赫（Marc Bloch）所說，「整個城鎮的磨石都被帶到修道院……像是無數個獎盃一樣」（布洛赫，1967: 158）。起居室是用沒收來的磨石鋪成的，半個世紀後，人們仍然記得這點且恨意未消。在整個中世紀的歐洲，封建領主經常反對手磨器，並用風車或水車取而代之，因為如此他們便可以收取使用費。儘管涉及體力勞動，但他們的農奴和佃戶對手工磨石的偏好同樣由來已久。即使引入了蒸汽磨機，手工碾磨仍繼續進行。直到十九世紀末期，布洛赫指出，普魯士的村民仍在使用手磨機，儘管他們的地主不再有權阻止他們，但他們仍然「感到有義務……不讓陌生人看見」（布洛赫 1967: 159）。

市場結構的物質政治經濟

　　與穀物的碾磨相比，本書中討論的問題更為深奧。他們不決定，至少不是直接決定誰吃誰不吃。儘管如此，修士沒收聖奧爾本斯磨石是我所說的物質政治經濟學的一個鮮明例子。首先，沒收是對物質世界的重新排序。其次，這是一種政治行為。法律制度使沒收成為可能——當時的修道院院長「憑藉法律贏得了勝利」（布洛赫，1967: 158）——而封建領主所享有的權力和特權可能促成了這一結果，並阻止了對沒收的反抗。第三，沒收的經濟後果是對前幾章所說的市場結構的干預。如果封建領主可以將手磨器械移出莊園中，就可以確保他們的佃戶別無選擇，只能在領主的磨坊上磨穀物，「當然，要支付高昂報酬給領主和磨坊主，」因為「阻止領主在土地上建造其他水車、風車甚至馬車並不是一件很難的事情」（布洛赫，1967: 153）。

　　二〇一九年八月，《華爾街日報》的版面爆發了一場爭論，在局外人看來，這幾乎與砸碎起居室地板一樣令人困惑。那是由在 NYSE 數據中心的屋頂上安裝兩根直徑為一英尺的小型白色無線天線引起的爭議（奧西波維奇，2019a）。數據中心是一座實用的現代建築，而不是歷史地標，天線已獲得當地分區委員會的批准，且沒有任何反對票。[2] 紐澤西州的那個地區很富裕，正如第 5 章所述，其居民能夠影響他們附近的建築，但是——如該章所述——數據中心處於低窪地帶，因此從外部

幾乎是看不見的。甚至很難瞥見屋頂上的幾個小天線。

世界上最成功的 HFT 公司之一沃途（見第 1 章）以電話表達對天線的反對，然後是寄至美國股票交易監管機構 SEC 的信函。NYSE 數據中心屋頂上的新天線可以與數據中心地面現有桿子上的其他天線一起收發無線訊號；該桿子承載著與紐澤西州其他股票交易數據中心的通訊連結。從數據中心到該桿的直接無線鏈路將消除 260 公尺（約 850 英尺）的「光纖尾巴」——訊號必須通過光纖電纜傳輸而不是無線傳輸的距離——因此可以節省近半微秒的傳輸時間（一微秒是百萬分之一秒）。[3] 沃途的反對理由是，分區委員會的申請是為了讓「由 NYSE 選擇的單一通訊供應商使用天線」（沃途金融，2019b: 1）。正如《華爾街日報》的亞歷山大・奧西波維奇所說，沃途擔心「交易公司將不得不支付高額費用才能使用新的天線……這裡不會有任何更便宜的供應商可以提供相同的超高速服務，」該公司認為這是「不公平的」。奧西波維奇表示，如果沒有超快的速度，交易公司的演算法「將被競爭對手掠奪，這些競爭對手可以更快地針對市場動態信訊採取行動。」（奧西波維奇，2019a）。

事實上，NYSE 並沒有繼續使用屋頂天線來加速傳輸〔參見其寄至 SEC 的信：金恩（King）2020〕；目前尚不清楚沃途的反對意見是否在其中起作用。然而，這並沒有結束爭議。持續的爭議集中在數據中心場地內的電線桿的空間優勢上，該數據中心裝有 IDS（洲際交易所的數據服務附屬公司，NYSE 的

所有者，與大氣鐳射先驅 Anova Financial Networks 合作）使用的設備）傳輸市場數據並向交易公司出租帶寬，使他們在 NYSE 數據中心的計算機伺服器能夠與他們在其他數據中心的系統快速通訊。其他組織「無法接近」該桿（金恩，2020：5），而是必須將其設備放置在距離數據中心僅 200 多公尺（約 700 英尺）遠的數據中心場地外的桿子上。[④] 儘管兩個桿子之間的距離絕不是傳輸速度的唯一決定因子（參見第 5 章），但仍是一個重要因素。

現在看來，將較近的電桿連接到數據中心的電纜將被盤繞以消除其優勢，儘管在需要盤繞多少者方面仍存有分歧。即使是冠狀病毒肆虐的情況下，這種爭論也應該持續下去，這是前幾章討論的物質政治經濟問題的一個小而引人注目的顯現。當對交易的物質過程和基礎設施進行明確干預時，它們的政治經濟方面最為明顯，通常是為了保護做市演算法（例如沃途的演算法）不會被「回吐」演算法摘取。正如受訪者 AF 指出的一樣，此類干預會影響「誰賺了多少錢」，儘管沒有干預當然也會影響這一點。交易的物質安排還有其他方面也是政治性的，至少在廣義上來說是如此。以第 5 章中討論的（有時極具爭議的）問題為例，在交易所的數據饋送中報告相應交易之前，是否應該發送「成交」的訊息。在這樣的問題上，演算法以不同方式行事的不同公司會有不同的經濟利益，並且可以預期會有不同的偏好，而且這些問題可能會對市場結構產生意想不到的影響。回想受訪者 DI 的觀點，即提早接收成交訊息可以讓不

是最快的做市商仍然盈利，從而保有競爭力。更普遍地說，即使本質上純屬偶然的物質現象也會影響市場結構，例如實際上是偶然的事實（也在第 5 章中討論），直到二〇一〇年，公司擁有「黃金線」的──從芝加哥到紐澤西最快的光纖路線──主要是做市商。

市場結構的物質性超越了交易所的計算機系統或黃金線等交易技術。同樣重要的是清算和結算交易的系統──即登記、擔保、處理、轉移資金和所交易證券或其他資產的所有權。清算和結算通常作為平凡的後台行政事務而被忽視，但它們在確保「無可爭議地結束金融交易」方面發揮著重要作用（米羅等人，2005: 23）。因此，正如受訪者 CC 所說，「清算和市場捆綁在一起」。如果你無法進入市場的清算系統，就像無法進入第 4 章中所討論的類似島嶼的國債交易場所 Direct Match，那麼你實際上被排除在該市場之外。

最重要的是，什麼東西是透過結算和交割達到實質整合，以及它是如何操作的。前幾章討論過最清晰的例子是期貨和股票之間的差異，尤其是美股（其中，期貨交易所如：芝加哥商業交易所及歐洲期貨交易所通常擁有並控制自己的票據交換所，使新的交易所難以在已在其他交易所交易的產品中建立動能）。如第 3 章所述，一個單一集中、全國性且易於操作的美股結算交割系統極大地促進新交易所，如：島嶼的崛起。結算是每天必經的過程，雖平凡卻也扮演關鍵角色，在歐盟，各個國家政府甚至為了應該如何規劃結算而發生衝突。[5]

美國期貨及股票在清算方面的不同可以溯源到 1970 年代與政府系統的交互作用（該交互作用以安德魯・阿伯特的術語來說是「鉸鏈」）一個是期貨交易所，另一個則是證券交易所，就期貨而言，如第 2 章所述，鉸鏈在某種意義上非常具體，由此產生的改革受到期貨交易所的強烈影響。至於股票，如第 3 章所述，一九六〇年代後期的 "紙化交易危機" 促使國會議員參與實質上改革，而此改革並沒有受到證券交易所的密切影響。HFT 演算法在股票交易與期貨交易之間的巨大差異是與政治體系不同互動方式的結果之一。由於美國大部分的主要股票在多個交易所交易，快速取得其他交易所的相關資訊對 HFT 來說相當重要。相較之下，許多金融期貨只有在芝加哥商業交易所交易，因此，從其他數據中心得到的資訊流相對地不那麼重要，重要的是芝加哥商業交易所本身的數據流。

資訊政治

　　如同股票和期貨的對比，HFT 會因為不同情況而有不同的實質操作，有時這些操作是政治性的，不論是狹義的政治系統發展所帶來的操作，或者，更廣泛地說，不同行為者的立場、權力、地位或經濟資源會影響操作的差異。例如：考慮到資訊可用度的整體問題。當受訪者 BT 被問到早期的 HFT 公司 ATD 如何開發提供演算法交易的數學模型時，他的回答如下：

就好像有人把某些遊戲棋子放在桌上，這些遊戲棋子就是我所擁有的數據，我來看看總共有幾種可能使用他們的方式。這裡有一些新的資料饋給特性……我們在多個交易所進行不同的交易。然後我們有更多的棋子（更多的「訊號」）去重新排列（修改模型），再來是資料的完整度[電子委託簿中出價和報價的更完整數據，而不是只有最佳買價和賣價]而這個的複雜程度就更加難以想像了。

BT 的回覆恰好提到了兩件事，首先，HFT 演算法所採用的資訊確實對買價或賣價決策有實質幫助（資料饋給特性），即使其重要性在它的形式為數位而非實體。用工程師的術語來說，HFT 演算法處理的實際上是一個或一組訊號。其次，資訊的可用度也就是遊戲棋子，在歷史上是多變的，BT 在其長久的職業生涯中見證了逐漸豐富的數據資料。

令人驚訝的是，訊號高頻演算法的存在和可用性（如表 3.2 和 4.4 中列出的，或 BT 在上述回覆舉出的例子）某種程度上來說是規章和／或市場結構競爭的結果，別說我誇大其詞，雖然並不是所有訊號的情形都是如此，[6] 但美國股票 HFT 中使用的三種主要訊號類別都是如此：期貨領先（第 2 章事件探討的結論）以及上述 BT 提及的兩個種類（「碎片化」或某些在多個交易所交易的股票所產生的訊號；第 3 章所討論透過委託簿逐漸開放訂單狀態的合理過程所得到的訊號）這三種過去衝突結

果的訊號可以說已經固定在美國股票交易這個大型科技系統，我們可以說他們是被物化的政治經濟學。

同樣需要注意的是，有些遊戲棋子可以放在桌上，但卻沒有：如同資訊可以形成一組重要的交易訊號，但對交易所保密。紐約證券交易所的舊紙本委託簿（圖3.1）中記錄了股票（或證券）經紀人的名字和公司名稱縮寫，就是紙本委託簿和現代電子委託簿（圖1.5和6.1）的關鍵區別。電子委託簿（通行於交易股票及期貨的交易所和國債及外匯的電子交易經紀商）則為不記名。雖然交易所的電腦系統會記錄哪間公司提交了哪些交易，但此記錄並未囊括交易公司建構委託簿複本所更新的訊息流。即使是公司匿名的識別碼或交易帳戶通常不會在此類交易所傳播。

因此，沒有一個明確的方法能判定某系列的訂單是否都來自同一間公司或同一個演算法。（如第6章所述，在實務上，交易公司有時可以針對委託簿進行部分去匿名化，但這樣做需要利用人工或精密的機器對交易模式進行透徹的審查，人工的方式也許是透過與其他交易公司員工的非正式對話中蒐集情報。）

正如第1章所強調，這裡所提倡的實體政治經濟學是去補充其他金融觀點，而非取代它。就像我們通常會關注我們覺得標準的或人文的現象，匿名性就是關注標準現象很重要的一個議題範例。至少在股票和期貨的交易中，委託簿的匿名性已經變成一種標準現象。例如：二〇一七年時，那斯達克股票交易

所以高額價格向市場參與者出售兩套不在其標準數據源中傳播訊息的專業數據產品，而引起爭議。其中一個流通的專業數據是那斯達克的 Pathfinders 服務，它宣稱可以讓使用者即時知道那些精明的投資者在股票市場裡面玩什麼把戲。（那斯達克，OMX 2009: 1）

Pathfinders 的數據饋送服務透過使用那斯達克交易數據持續監控著市場參與者的買賣，以辨別針對特定證券積極買賣大量股份的「開拓者」，並預期長期股價是否上漲或下跌，那斯達克並未透露開拓者的身份，而是透過看漲與看跌股票的開拓者人數和開拓者買入與賣出的股票總數來記錄這群人的觀點。（OMX 2009:2）

儘管 Pathfinders 的數據饋送服務是保持匿名且僅提供統計資訊，但投資者試圖以分批下單的方式來掩蓋他們就是大投資者的事實〔史塔克蘭（Stockland）2017〕，而形成來自同一家公司的連續訂單仍飽受批評。那斯達克說：「最近有些客人對產品所提供的訊息類型提出問題」雖然那斯達克公司不認為使用者的擔憂是合理的，但公司仍撤回了有爭議的產品，理由是其收入低且升級成本不符合效益。[7]（SEC，2017: 5）

Pathfinders 造成的爭論說明電子委託簿的規範使資訊揭露與否達到了平衡，此平衡以及它所採用的具體形式（重複第 1 章的觀點，實質性和文化密不可分）同樣因市場而異。在股票和期貨交易中，訂單通常保持匿名，相比之下，在專業的外匯交易中，無法完全保持匿名，主要是缺少成熟的中央結算系

統，我們在第 4 章探討過原因。事實上，股票和期貨交易中對匿名的規範偏好有時候和外匯交易相反，其中「放棄名稱」（交易後去匿名化）就是值得稱讚的表現。

> 受訪者 FI 表示：我們擁有全面公開的交易資訊，我們不僅拋棄交易經紀商和主要 [經紀商] 銀行的名稱，還有客戶名稱……。我們的想法是如果您需要交易外匯且您在進行系統交易時表示負責，那麼您在交易資訊中拋棄您的名字應該沒有問題。

　　在外匯的交易場所中可能可以在每次交易後獲得對手的識別碼，這是其他市場無法做的事情。特別是，他們通常可以明確的知道和特定的對手交易讓他們賠錢。如第 4 章所述，在外匯交易中，如果參與者發現此事，尤其是大型且具影響力的銀行，可以要求交易場所的行政人員更改系統設定，使具「侵略性」的交易對手失去交易能力，至少對特定的交易參與者來說是如此。（侵略性的和惡意的這兩個具有規範力的字詞彙通常被用於此類投訴。）如果可以像某些外匯交易場所，在交易後獲得對手的名稱而不只是識別碼，受害的市場參與者可以聯繫此涉嫌惡意交易之公司的主要經紀銀行，並要求銀行處分其客戶。此種制裁具有一定效力，因為通常外匯交易缺乏集中結算的功能意味著 HFT 公司只能透過主要經紀銀行使用專業交易的機制。

演算法的功能與限制

「訊號」及其他形式資訊（像是交易對手的識別碼或名稱）的可用性與交易演算法如何表現和演算法應用的限制高度相關。這些也是政治議題，不論是廣泛的政治意義或是狹義的政治制度而言都影響著這些功能和限制。舉例來說，綜合在外匯市場中拒絕交易、將參與者從交易場所驅逐的威脅以及授予做市演算法「最後一眼」特權（見第 6 章）的結果，使得演算法作用被嚴重地限制住。在外匯市場中，順利地實行較簡單的 HFT 策略已變得困難，因此，隨之而來的是採取與傾向 HFT 做市的策略開始批量性的消失。

外匯交易和現有企業（像是大銀行）在監控和約束 HFT 發揮作用，而詐騙就是這些作用在本書所討論之所有市場中一個關鍵的約束，但換個角度來看，他也是這個在自動化市場中最簡單的賺錢方式。如第 6 章所述，如果計畫順利進行，詐騙（以其基本面來說）將使大量出價或報價，在它們執行之前被取消，而導致 HFT 演算法或其他演算法的啟動並預測價格的變動，執行詐騙者下的其他較小的訂單。

儘管詐欺行為經常在某種情況下被寬恕〔（阿諾迪）2016〕，但市場監管機構逐漸對此犯罪行為加重處罰，而詐欺行為在美國會面臨刑事訴訟且至少被判處監禁。受訪者 BM 說：刑事訴訟的產生，使得交易所無法對詐欺行為睜一隻眼閉一隻眼，畢竟如果因為交易所的放任而導致詐欺者入獄，那就

太尷尬了。在嚴懲犯罪的市場，例如：美國股票與期貨的交易市場，交易所配置了自動化系統偵測詐欺行為。受訪者 BM 告訴我：系統可以快速偵測到簡單且傳統的詐欺活動（如第 6 章所提到的例子）；受訪者 CJ 說到：但是此種活動並未消失，受訪者 BM 說到：它只是換個模式。老練的詐欺者為了不引起懷疑會在委託簿的紀錄上保持平衡，會用多張小訂單（可能是從不同交易帳戶下單）而非下小量的大訂單，也會為了躲避交易所的自動偵測系統，他們會在不同的交易所下單，這樣就沒有人知道他們的犯罪行為。

幌騙的動機無所不在，端看市場是否有決心偵查並嚴懲。我們很少聽到關於詐騙者被索賠或因為外匯交易被處罰，但這不代表那些市場中很少或沒有詐欺行為。以國債為例：其監管權被瓜分給 SEC（證券交易委員會）、FINRA（金融業監管局）[8]、財政部及其市場代理人紐約聯邦儲備銀行。監管權被瓜分導致權力劃分不明確，因此，不知道由哪個權責單位負責懲處。

> 作者：你在現金債券中（舉報幌騙）？
> 受訪者 BM：尚未取回款項且沒有抓到。

針對幌騙做出不同層面的監控和處罰只是其中一個約束的例子且會影響演算法的運作。那些運作直接受到交易所（或是其他交易場所）的平台及伺服器限制。從這個角度看來，美股

的狀況顯得特別有趣，由於政府把股票交易的規範建置於交易所的軟體中，該軟體將會決定從演算法或人工收到的訂單會放入委託簿，或者被視為無效而將訂單取消。如第 6 章所述，這使得一種特殊訂單，也就是跨市場掃盤單，成為 HFT 成功或失敗的關鍵，例如：幫助做市演算法在時間優先的排序中達到有利位置以執行訂單。這在第 6 章有提到，我們就不要為了這種訂單在這耽擱了，但這裡值得強調的是在規範和政治程序催生下，此種訂單類別被賦予重要的地位。

如第 6 章所述，跨市場掃盤單是市場監管機構（證券交易委員會）為了平衡兩個互相衝突的優先權而設計的：首先，為了促進交易所和其他交易場所的競爭，其次，在不使用全國統一限價委託簿的情形下（此種方法已被證券交易委員會視為政治上不可行），確保美股交易的條理性。我們在第 6 章已解釋過，證券交易委員會於二〇〇五發佈的 NMS 法規（全國市場系統法規：美股交易當前監管框架的核心）目的在於保護訂單。舉例來說，當股票在其他交易所有更好價錢時，禁止在這個交易所購買股票。設計跨市場掃盤單的根本理由是為了促進大規模交易的需求，例如：機構投資人的需求，同時，維持對訂單的保護。

訂單保護原來是（並且可能再次成為）一個政治問題。美國證券交易委員會的五位領導委員透過總統提名適當人選，並由參議院批准且隸屬於同一個政黨的委員席次不得超過三位，而實際上，五位委員由兩名民主黨成員、兩民共和黨成員和其

中同一黨派的總統擔任主席的情況很常見。二〇〇五年，小布希總統執政時，委員們在訂單保護議題上產生黨派意見分歧，辛西婭·格拉斯曼（Cynthia Glassman）和保羅·阿特斯金（Paul Atkins）兩位共和黨員認為訂單保護是不必要的措施且強制執行可能造成市場參與者的傷害（以受訪者 EZ 的論點為例：與其規範訂單的建立過程，不如對其放鬆管制，沒有人在執行最佳信託任務時會忽略垂手可得的好價錢。）然而，他們的兩個民主黨同事羅埃爾·坎伯斯（Roel Campos）和哈維·哥德史密特（Harvey Goldschmid）支持訂單保護。全國市場系統法規之所以被採用是因為在二〇〇五年四月六日時，美國證券交易委員會主席也是華爾街的大人物威廉·唐納森（William Donaldson）（他是由小布希任命的共和黨人，EZ 形容他是：「相當高貴……且他不是一個支持放鬆管制的人」）的決定性投票，他打破黨派界線支持訂單保護和全國市場系統法規。

訂單保護獲得了美國證券交易委員會成員的大力支持，即使有些支持者沒有預料到這個政策會持續執行長久的時間。如監管者（受訪者 EZ）所說：「全國市場系統法規是擺脫紐約（證券交易所）佔據人工市場的途徑，在那裡他們封鎖了所有的電子競價」通過監管要求去使用耗時的跨市場交易系統。一旦電子競價完全到位，RZ 說：「美國證券交易委員會成員認為我們大概可以在三年內擺脫穿價交易（訂單保護）規則，因為它已經可以功成身退了」。然而，出於廣義上的政治原因，全

國市場系統法規仍在原地打轉，即便問題不是出自於政黨政治，要從根本改變它是非常困難的，在每個全國市場系統議題上，這是一場零和遊戲。

有贏家就有輸家，贏家因為有所收穫而努力保護它（全國市場系統法規和訂單保護）輸家因為失去而想要改變它。然後，有一群美國證券交易委員會委員，不是太忙，就是不夠瞭解它，以致於沒有信心參與這場殘酷的混戰。

即便川普總統當選促使美國政局劇變，對全國市場系統和其訂單保護法規的影響仍相當有限，美國證券交易委員會當初所提議的改變，也僅僅影響了法規的其他層面。[⑨]

如同 HFT 的訊號被編入美股交易的技術系統，全國市場系統的訂單保護規則也被置於交易所的伺服器中，這些伺服器會自動取消可能（提供它們可用的資訊）和規則相互衝突的訂單。跨市場掃盤單的重要性在於它們一定程度上規避了對演算法行為的大規模限制，演算法可以使用電子標記去標記訂單，跨市場掃盤單再由此讓相關伺服器處理之前被取消的訂單。但如同第 6 章所述，不是所有演算法都可以使用跨市場掃盤單標記，而如果不能使用標記的話，可能會是一個嚴重的損失。[⑩]

監管者、政客、遊說團體

HFT 受政府管制的影響是多層面的，尤其在美股交易中最明顯，如前面所述，訂單保護規則被植入交易所的伺服器中。

在美國和歐洲，股票交易某種程度來說是不尋常的，原因是金融法規鼓勵交易場所之間的競爭，這種競爭被認為有助於迫使交易所採用對 HFT 友善的介面功能及費用結構，也符合米歇爾‧傅柯（Michel Foucault）所理解的新自由主義，新自由主義強調競爭「絕對不是自然賦予的，競爭是市場的本質，只有透過積極的治理才會產生競爭」〔傅柯（Foucault）2008 120-121〕；因此，監管者鼓勵競爭可能是預料中的事。然而，在交易市場結構中，積極治理的範圍比眾人預期的還要有限。如第 4 章所討論，政府機構願意在主權債券交易中，保持初級市場交易商結構的完整，同樣地，也致力將股票交易市場中鼓勵交易所間競爭的措施，應用於期貨交易市場。[11] 傅柯對「治理」的觀點超越了直接管制，而是包括自我技術（內在的自律和「創業家」自我的建構）、知識（尤其和人口相關的知識）和技術程序等。在前幾章考核的事件中，國家機構是否促使競爭活動是個很重要的因素。[12]

　　即便美股交易市場有強大的監管機構─美國證券交易委員會支撐，但如果僅將法規視為對市場結構的自主外部影響，那就錯了。[13] 曾擔任美國證券交易委員會官員的受訪者向我們陳述該機構如何受到金融部門遊說，如何被金融危機和醜聞的餘波影響，如何受到來自政治當局間歇性關注的衝擊，如受訪者 RF 所說：「證券交易委員會在重大議題上取得進展的能力確實需要……至少需要某些 [金融] 部門的支持」。一九七〇年代，在使用單一的全國集中限價委託簿（CLOB）的提案辯論中，

僅有少部分金融部門支持 CLOB 的使用，誠如先前所提，美國證券交易委員會最終沒有將 CLOB 所帶來的巨大改變強加於市場結構上，前監管者 RI 表示：『這場關於 CLOB 的辯論讓我失去了晉升機會』他是這個頗具爭議系統的支持者。時任美國證券交易委員會的主席告訴 RI：他接到金融部門主管的來電，且被告知 RI 的升遷無望。

全國市場系統法規和集中限價委託簿形成了有趣的對比。受訪者 RY 說：在起草全國市場系統法規時，政客們受到金融部門極力遊說，使得美國證券交易委員會面臨來自某些國會議員的巨大壓力，我們因而被迫表明立場。

不過，全國市場系統法規和集中限價委託簿的不同之處在於金融部門在全國市場系統法規上的意見較為分歧，這給了美國證券交易委員會極大的決策自由。[14] 有很長一段時間（雷根總統的任期），來自美國證券交易委員會的受訪者說他們感到無法大範圍地干預市場結構，在我過去所有研究中，沒有跡象顯示美國證券交易委員會被金融部門的利益所吸引。

一個明智的做法是不在字面上過度解讀監管機構改變市場的提議，我採訪過的美國證券交易委員會官員告訴我，他們知道提出一個變革策略若會激起金融部門強烈反對（因此，最終將不會實施），就會使相關當局有望做出更溫和的改變，而 CLOB 的提案就是依循此模式，它某種程度提高了策略的可行性，例如：始於一九七五年的 "整合交易資訊" 旨在提供註冊交易所中，股票交易的最高出價和最低買價（於一九七八年發

行，由整合報價系統普及），為交易數據的單一來源，並將市場上的交易價格透明化。對於那些只熟悉股票交易的人來說，這種系統似乎是正常且無法避免的存在，應該也對整個金融市場來說都是最基本的。值得注意的是，近半世紀以來，即便公佈了美股交易價格及交易規模，針對美國國債的交易仍沒有相應的發布系統，引發交易商的不滿，他們認為這會造成他們在對沖和平倉交易的困難。[15]

我最喜歡的監管者政治策略是我所想像的星號之戰（我特別喜歡它的原因在於它凸顯了單調乏味的金融經濟學），戰鬥的背景變成了美國證券交易委員會的訂單處理規則，這對於HFT的興起（以及那斯達克市場結構的存亡）非常重要，他們使島嶼和其他電子交易場所在一九九〇年代建立價格機制，通常由HFT演算法設置的價格成為那斯達克螢幕看板上清晰可見的數據。制定這些核心制度的前監管者RH告訴我，他避開金融部門對美國證券交易委員會處理市場干預的反對立場的方法為：「如果我想要達到這個目的」（做一個小手勢）「我就提出這個建議」（比出一個更大的手勢）。

星號之戰始於那斯達克的最小增量價格（一開始是一美元的八分之一，後來是十六分之一）與新興電子場所增量之間的差異，以島嶼來說是一美元的二百五十六分之一，這毫無疑問意味著，新興電子場所的價格須配合那斯達克做四捨五入，而他們的價格通常僅比那斯達克官方交易商高出一點，在島嶼這個案例中通常是一美元的二百五十六分之一，這也是其價格的

最小單位。

　　受訪者 RH 提議——他的第二個手部動作所表明的巨大變化，儘管這種變化在外人看來並不大——是當一個新電子場所的報價四捨五入以顯示在那斯達克螢幕上時，應該添加一個星號來表示捨入成整數。他承認他的心思並不在這項提案上。這是個「糟糕的想法，」但它「分散注意力」並「消耗了房間內的大量空氣」。星號會促使市場參與者在新場地上尋找稍微好一點的價格，而這很容易成為他們的一種廣告形式，因此在位者強烈反對。正如另一位受訪者 RZ 所說，「那斯達克……表示……我們不能忍受星號。」SEC 最終放棄了強加星號，但是——至少在 RH 看來——因為現任者的注意力都放在反對星號上，SEC 更容易實現自己的主要目標：將新電子交易場所的價格顯示在那斯達克的螢幕上。

　　至少在與本書相關的情節中，正式政治體系對金融監管的參與有兩種截然不同的類型。第一種似乎普遍存在，當政治人物受到特定金融利益集團的遊說，進而尋求對監管機構施加壓力時，就會發生這種情況。第二種情況較罕見，但有時也非常重要，發生在有危機或醜聞時，其影響足夠廣泛，以至於國會議員可以期望更廣泛的政治回報（而不僅僅是競選獻金），因為他們被視為金融體系的改革者。「國會有興趣，」受訪者 RY 說，「對他們選民有利益而言。」這種是對演算法交易的發展影響最深的事件發生於一九六〇年代晚期的「文書工作危機」和以及由此導致的股票經紀人破產，大批一般市民也面臨了失

去大筆財富的威脅，為此國會努力改革，最終促成了一九七五年的證券法修正案，這仍然是賦予 SEC 法律權力的立法框架的主要部分。

近乎災難性的二〇〇八年銀行業危機促使國會再次發奮改革，但這些努力並未在本書描述的事件中發揮重要作用，因為它們的最大影響是發揮於我研究過的市場之一，但這裡沒有討論（以防止本書變得過於複雜）：利率交換，迄今為止，實踐 HFT 的努力基本上沒有成功。[16] 然而，二〇〇八年之後的國會改革在法律上盡了很大的努力打擊幌騙行為。從表面上看，這令人費解，因為幌騙在危機中並沒有發揮明顯的作用，但國會廣泛參與改革可以為監管機構在不相關的問題上採取行動創造政治機會。正如受訪者 SD 向我描述的那樣，CFTC 幫助起草了龐大的二〇一〇年《多德—弗蘭克華爾街改革和消費者保護法》（Dodd-Frank Wall Street Reform and Consumer Protection Act），並且認為其打擊幌騙行為的法律權力過於有限——CFTC 抓住了這個機會在該法案中明確禁止期貨市場的幌騙行為。我採訪的律師一致認為，《多德—弗蘭克法案》的這一部分大大促進了對幌騙者的刑事起訴，因此在很大程度上應為打擊這一活動負責。

此外，政治體係可能會產生結構性影響，而不是直接取決於遊說努力、受危機和醜聞推動的政治家的臨時參與，或監管機構偶爾的精明政治策略。對於本書中討論的發展，最重要的是國會委員會的結構，尤其是參議院支持 SEC（負責股票和其

他證券）和商品委員會、以及 CFTC（負責期貨交易）之間對美國金融市場的監管分歧。如第 2 章所述，將 SEC 和 CFTC 合併（或者甚至是簡單地重組它們的職權，以便將股指期貨的監管轉移到股票監管機構 SEC）的提議總是失敗，即使是來自通常相當具影響力的財政部。CME 一直強調其在一九七〇和一九八〇年代的主要人物里歐‧梅拉梅德所倡導的與華盛頓的緊密聯繫。但最終主要的結構性因素似乎是 CFTC 屬於強大的參議院農業委員會的管轄範圍，該委員會（完全無關乎其成員和政黨關係的變化）似乎始終不願意失去其權力。正如第 2 章所討論的那樣，監管制度的差異似乎至少在一定程度上構成了 HFT 演算法交易股票所使用的歷史上最重要（並且仍然是至關重要的）「訊號」基礎：「期貨當頭」。

世俗政治、世俗經濟學

然而，應該強調的是，政治體系明確介入金融市場結構問題並不是常態。我們可以說市場結構的政治通常是「地方性的」，不一定是空間上的，但從某種意義上來看，該政治中的參與者主要——也許完全是——相關市場的參與者。[17] 在本書討論的所有市場中都可以找到這種地方政治的一種常見形式，即在現有者和挑戰者之間持續爭奪位置。（社會科學讀者會想到第 1 章中討論的場地論，這裡恰恰強調了市場的這一方面。）這種爭吵往往集中在對外人不透明的問題上，例如跳動點大小

（最小價格單位）或者市場清算系統的權限。

換句話說，處於危急關頭的世俗地方金融政治往往，也許可說通常，它的世俗經濟學往往是平淡無奇（但總的來說，是實質性的）得在賺錢。重複一遍，這就是為什麼我將星號之爭——關於是否替價格加上四捨五入後的標籤的激烈鬥爭——看作是一個寓言。它集中在價格差異上，許多情況下，價格差異不到 0.5 美分，但那斯達克的交易商無疑將星號視為對例行賺錢的危險要脅。

我已經在第 1 章中描繪了 HFT 經濟學的平凡本質。HFT 的利潤率通常很低。我的採訪內容顯示，成功的交易利潤通常是單一個跳動點（以美國股票為例，每股 1 美分），即使是最成功的 HFT 演算法也不會一直成功。由於大多數 HFT 的交易規模很小——例如通常只涉及 100 股——這使得每筆交易的平均利潤在極端情況下並不顯著。HFT 只有在交易量非常大的情況下才能獲利。因此，參與 HFT 的人必須將注意力放在最普通的經濟問題上——交易的費用和其他成本、技術和通訊連結的成本、清算所涉及的費用等等——因為這些成本很容易就超過交易的微薄總收入。對於競爭形式完全不同的學術界研究者來說，這種問題對 HFT 公司發生的事情的影響有多大，此點很容易被忽略。我最早的一位 HFT 受訪者令我印象深刻，因為他散發出某種安靜寂的絕望。採訪時我以為他只是受迫於時間壓力，但不久之後他的公司就倒閉了，我現在懷疑當時訪問時，已經開始入不敷出了。

我訪問過的一家成功的 HFT 公司有一項政策，即所有新員工（包括博士）都必須在此公司開始他們的職業生涯，從事通常處於較低地位的運營活動，其中包括監控和管理提交、執行和記錄訂單和清算交易——這種經驗可以幫助新員工不僅了解交易的潛在利潤，還了解其日常所需成本。這些成本的結構可以深刻影響 HFT。例如，在大多數交易所，費用是分層的；公司交易越多，費率就越低。正如幾位受訪者所解釋的那樣，因此即使沒有預期利潤，HFT 演算法也可以進行交易。正如相關人士所說，「從頭開始」（在無盈利但不虧損的情況下進行交易）可能是一個有用的結果。它可以使公司的總交易量保持在足夠高的水平，以符合較低費率的等級。

　　讓我重複一遍，「平凡」並不意味著微不足道。即使是像費用分層這樣簡單的事情也是重要的。在許多市場中，HFT 公司——從前扮演挑戰者的角色——現在已經成為了老牌企業，而分級費用可能會成為新一代挑戰者的障礙，因為老牌企業的交易規模意味著不僅它的資源更多，同時間每筆交易的成本也更低。在某些情況下，確實，規模大小可以勝過不太嚴重的速度劣勢。[18] 此外，即使是少量的錢，總共相加起來也是相當可觀的。經濟學家艾瑞克・布迪許（Eric Budish）、羅賓・李（Robin Lee）和約翰・希姆（John Shim）計算出，在美國股票交易中，二〇一五年，他們所謂的「套利租金」在當相關訊號發生重大變化時，在製造和回吐演算法之間的競爭中所涉及的資金介於 3.1 到 37 億美元（2019: 40）。[19] 阿基利納、布迪許

和歐尼爾（O'Neill）使用不同的方法各自工作，計算出全球股票市場的年度「獎金」總額約為 50 億美元（阿基利納等人，2020: 4）。[20] 目前沒有對其他類別的金融工具進行等效的估算，其中我的採訪內容表示這種速度競賽很常見——期貨、國庫券、上市期權和（可能在較小程度上）外——但每年全球所有類型的金融資產可能遠遠超過 50 億美元。

美國股票交易中每年 3.1 至 37 億美元的速度競賽獎金大約是美國股票中 HFT 的年利潤總額的三倍（參見梅耶、布拉克以及芮尼森，2018），這凸顯了另一個 HFT 世俗經濟學的重要層面。透過我的採訪內容，可以清楚地看出 HFT 公司的總交易收入實際上是這些公司、交易所以及 HFT 公司所需的技術、通訊連結和其他服務的供應商分享的。美國股票交易所的收入——這些交易所藉由出售有關其訂單簿變化的快速數據、出租交叉連接電纜和可以傳輸這些數據和演算法訂單的無線連結而獲得的收益，以及（如果交易所擁有或租賃他們的數據中心）在這些數據中心出租空間以允許交易公司的伺服器盡可能接近交易所的撮合引擎——二〇一五年為 6.75 至 7.9 億美元，二〇一八年為 8.74 億至 10.24 億美元（布迪許等人，2019: 40）。這些類型的成本水平是我的一些 HFT 受訪者大聲抱怨的一個問題，他們指出，主要是他們的總體活動產生了他們必須支付的數據，而交易所反過來大力捍衛他們的收費。這種全面的分歧可能是在特定爭議的背景下發生的，例如本章開頭討論的關於電線桿和屋頂天線的爭議。

交易所透過出售快速數據和乘載數據的電纜的權限（有時還有無線連結）獲得的收入反過來又限制了交易所可能引入的第 6 章中描述的非對稱減速帶，甚至可能更加支持了艾瑞克‧布迪許及其同事提出的市場結構變化（布迪許、克蘭頓以及希姆，2015；布迪許、李以及希姆，2019）。他們提議從連續交易轉向非常頻繁但離散的拍賣（可能是每毫秒都進行的頻繁程度；甚至是每 50 微秒），其基本原理在註釋中討論。[21] 這兩種措施很可能會減少對高速的鼓勵和／或需求，但這樣做也可能減少交易所的收入。因此，此類措施僅在外匯交易中成為主流（在該交易中，銀行系統普遍緩慢，但仍然具有影響力）。

　　在股票和期貨交易中，關於不對稱減速帶的認真考量迄今為止主要限於對全球金融不重要的交易所和／或產品。然而，這種限制應該不是永久性的。本書（尤其是第 3 章）展示了如何在交易方法（HFT）和具有特定物質和經濟配置的交易所之間形成相互加強的「鉸鏈」——使用第 1 章中介紹的術語。我的採訪內容清楚顯示，某些大小和規模的自動化做市公司在經濟上不能或不願追求超高速。這種交易方式和交易所之間是否有類似的鉸鏈，包括不對稱減速帶、第 6 章中描述的路透社自己的模組版本，甚至是布迪許式的頻繁批量拍賣？現在說還為時過早，但也不能將之排除。原始鉸鏈的一種表現是 HFT 公司建立或投資 HFT 友好的交易場所。在我最近的採訪中，我發現兩家不喜歡 HFT 速度競賽的自動化做市公司，類似於投資了具有減輕這種競賽的實質性特徵或規則的交易場所。（其

中一個場所是新的歐洲交易所 Aquis，它沒有減速帶——受訪者 EA 向我指出，在歐洲的「最佳執行」規則下可能存在問題——但採取了更簡單的路線：它完全禁止自營交易公司的演算法「回吐」。）交易公司，甚至某種意義上的演算法，都不會簡單地適應現有環境。它們能夠改變這些環境，鼓勵其發展成它們能好好適應的樣貌。

交易的物質安排不僅對交易者很重要。很有可能，前幾章討論的交易轉型的早期階段也為金融市場的「最終投資者」節省了大量資金——換句話說，為養老基金、共同基金、保險公司以及最終從投資中獲得收入和資本收益的個人節省了大量資金。在其他條件相同的情況下，這種節省成本有望帶來經濟效益和改善福利。（需要「其他相等」的附帶條件，因為交易變得更便宜會產生更多的影響。例如，最終投資者或管理其資產的人可能會藉由進行更多交易來做出回應。更廣泛地說，更便宜的交易可能會鼓吹人們執著於短期收益，這可能會產生不利的社會經濟後果，但這超出了本書的範圍。）以美國股票交易為例，交易場所之間的競爭加劇，費用大幅下降，標準的最低價格漲幅從八分之一美元降至一分錢，使新的自動化做市公司能夠大大減少之前做市商購買股票的最高價格和他們出售股票的最低價格之間的巨大價差。這樣的改變——發生於一九九〇年代末和二〇〇〇年代初——幾乎肯定會降低交易成本；例如，可參見安傑、哈里斯和史帕特估算成本的時間軸（2013：23）。

然而，交易成本持續下降的程度尚不清楚。例如，在安傑、哈里斯和史帕特的數據中，二〇〇六年之後成本沒有持續下降。也許，正如布迪許和他的同事所暗示的那樣，HFT 速度競賽的成本增加至少有些部分抵消了成本撙節，從而讓訊息技術持續不斷獲得大幅度的改善（布迪許等人，2015: 1555 及 1593-4）。我不清楚關於這個問題的決定性數據，但這肯定是一個重要的數據。

　　當然，很難避免以速度競賽為核心的金融體系在速度技術上過度花費，從而浪費社會資源。如第 5 章所述，即使是一些以這些競賽為基礎的企業也意識到了這一點。例如，令人驚訝的是，儘管沃途是一家非常成功的 HFT 公司，但也寫信給 SEC 怨這兩種新天線，建議遏制無線速度競賽：

> 也許是時候提供數據中心與數據中心固定的延遲傳輸時間數字了。所有供應商都可以擁有連接主要數據中心的成對固定無線延遲電路，並為該權限支付相同的費用……在公司以非延遲為由進行競爭時，與其花錢去除下一微秒，不如將錢花在其他地方。（沃途金融，2019b: 4）

　　然而，必須指出的是，金融體系中還有其他形式的浪費，例如高薪投資經理和其他中介機構對有時價值可疑的服務收取過高的費用，而這幾乎肯定比速度競賽的成本高得多。〔見阿

賈利耶（Arjaliès）、格蘭特、哈迪（Hardie）、麥肯錫與斯維特洛娃（Snetlova）2017〕。關於金融體系目前的組織方式，還有許多其他重要問題需要考量，包括它是否會激勵公司的高階管理人員做一些在短期內提高公司股價的事情，即使這些事情對公司、員工、公眾或環境而言，從長遠看來是有害的。但正如剛才所討論的，速度競賽的成本並非微不足道。此外，一般的經濟推論，以及布迪許等人提出的模型（布迪許等人，2015）建議這些成本最終該由最終的投資者承擔。尤其是做市商需要設定買入價和賣出價，使得價差（最高買入價和最低賣出價之間的差額）足以彌補他們的費用和他們被摘取時的損失。而點差是最終投資者的成本。尤其是做市商需要設定買價和賣價，使價差（最高買價和最低賣價之間的差額）足以彌補他們的費用和他們被摘取時的損失，而價差即是最終投資者的成本。

我所做的研究既不是為了確定 HFT 是否有利經濟，也不是為了提出政策建議（這兩個目標都需要不同的方法），而是像布迪許頻繁提出批量拍賣或第 6 章中審查的路透社模組之類的建議，確實讓我覺得減輕 HFT 的雙倍速度競賽是值得考慮的方法：使演算法排在隊列前面的競賽，以及製造演算法和回吐演算法試圖摘取過時的報價之間的競賽。[22] 相對而言，不對稱減速帶只是減慢了回吐演算法以減緩兩項競賽中的後者，而對前者的影響較少。[23] 我也同情那些，比如受訪者 AF，他們對明確的不對稱干預感到不安，再次引用他的話，影響「誰賺了

多少錢」。布迪許的提議尤其具有優勢，即它不是一種有利於某一類市場參與者的公開干預，即使它成功了，也應該會大大減少藉由摘取賺取的收入。

從點亮市場到雙邊關係

HFT 兩項競賽的成本是種激勵專門從事做市商的公司或交易集團的方式——即使在 HFT 做市中——將重點從參與者所謂的「點亮」市場（即參與者可見的市場）轉移為私人的交易安排。雙邊的「系統內化」關係——HFT 公司不僅在匿名的公開市場上運營，還直接從身份已知的客戶那裡購買股票和向其出售股票——在歐洲股票交易中獲得了動力（卡夫，2019）。這種雙邊關係也形成了一種方式，HFT 公司可以透過這種方式與現有的外匯和國庫券交易大銀行共存，而不是直接挑戰對方。與 HFT 公司的雙邊關係對交易商來說很有吸引力，因為這是他們在與客戶交易時卸下頭寸的一種方式（卸下頭寸以前發生在 EBS、路透社、eSpeed 和 BrokerTec 等活躍的交易商間市場），而 HFT 公司則是能夠為交易商提供更好的價格，因為與在更多公開市場上被摘取的風險相比，他們面臨的風險要小得多。

沒有被選中的恐懼部分是由於交易商的系統通常比 HFT 公司的系統慢，同時也因為在這些雙邊安排中任何一方的過度獲利都被明確遏制。（回想一下第 4 章中受訪者 CA 的傑出言論，

他的 HFT 公司的演算法「如果我們賺取太多利潤，就會鎖定（自動關閉）。換句話說，我們將停止與高盛交易，因為我們賺了太多。）像我這樣的經濟社會學家當然很高興在當今超快的電子市場中發現這樣的交易安排，參與者故意避免賺取太多利潤！然而，這種理智的欣喜是有代價的。正如金融記者吉莉安・泰特（Gillian Tett）所說，「基於公共市場的二十世紀民主資本主義願景」正在消去（泰特，2019）。這樣的消退有很多方面，但其中——尚未引起注意——可能是這些市場逐漸被更不透明的私人雙邊關係網路給取代。與股票交易中的「黑池」一樣，這些雙邊關係中的價格基本上來自更公開的市場，因此這種安排的價差可能會危及它們所依賴的價格。[24]

難約束的物質性

這本書強調了金融的「物質政治」。然而，我們不應該過度簡化政治，認為它只涉及主動的、有意識的人類，取決於被動的物質安排而產生衝突。[25] 例如，將金融的大型技術系統單純視為人類意圖產生的結果、或者完全受人類掌控，兩者都是不對的。這樣的系統可以顯現出設計和打造它們的人沒有預期到、也不願見到的行為。因此，即使是用以干預系統的設計（例如，布迪許和他的同事提出的頻繁拍賣）也應該被謹慎對待。對大型複雜系統的任何干預都會產生意想不到的效果，因此一開始最好以有限、可逆的實驗形式進行此類干預。

目前為止，交易大型技術系統最廣為人知的難約束的物質性是「閃電崩盤」：一瞬間、大量、迅速逆轉的價格走勢。發生此類情形時，最初被懷疑的對象是 HFT（或者可能是更普遍的演算法交易）。最戲劇性的崩盤事件發生於二〇一〇年下午兩點四十分。美國股價暴跌 6%。幾分鐘內出現如此大的跌幅確實不尋常，但到了下午三點時大致上已經逆轉。然而，隨之而來的是一些個別股票表觀價格的巨大波動。例如，全球諮詢公司埃森哲（Accenture）的股價原本一直在 40.50 美元左右，但跌至 1 美分。相比之下，蘋果的交易價格一直是 250 美元左右，突然躍升至 100,000 美元（CFTC/SEC 2010: 83 和 86）。

應該不可能找出導致二〇一〇年這樣的閃電崩盤的單一原因（可能需要同時存在多種因素才會發生這樣的事件），並且——儘管進行了徹底的官方調查（CFTC/SEC 2010）——仍然沒有明確、達成共識的解釋。觸發的事件似乎是一個簡單的執行演算法（不是 HFT 演算法）的操作，該演算法在 CME 的數據中心快速大規模地出售標準普爾 500 股指期貨，當時仍然存放在第 5 章中描述的數據中心 Cermak 中。但東岸股票交易數據中心爆發的嚴重混亂很難輕易被解釋為這個觸發的結果。CFTC 和 SEC 官方調查人員以及阿德里奇、格倫費斯特（Grundfest）和勞格林（2017）在五月六日對交易者的採訪表明，當天下午流入股票交易公司系統的數據流大多未通過自動數據完整性檢查，導致這些系統要不是自行關閉，就是被人類主管關閉。看似正常定價的訂單因此從訂單簿中被清空，結果

是傳入的市場訂單——僅以最佳可行價格買入或賣出的訂單——有時會以異常極端的價格執行，例如 1 美分或 99,999.99 美元。

失敗的數據完整性檢查似乎加劇了大規模、快速、演算法銷售的後果，這似乎是觸發因素。阿德里奇和他的同事報告說，一個股票交易場所在向構建官方綜合磁帶的系統報告 SPY（交易所交易基金，正如第 2 章所討論的那樣，在經濟上幾乎相當於閃電崩盤開始的標準普爾 500 指數期貨合約的股票）中的交易時碰到了延遲。HFT 公司不依賴相對較慢的官方數據進行交易，但他們確實將從交易所購買的較快的直接數據用於數據完整性檢查。在價格已經快速下跌的情況下，將磁帶上最新和過時的 SPY 價格合併導致 SPY 價格出現明顯的急劇波動，這樣的震盪並不存在於私人數據饋送。阿德里奇等人（2017）認為，正是這種差異導致數據完整性檢查失敗。SPY 是其他股票交易的重要指示——特別是，我的受訪者報告，對於那些沒辦法、或是選擇不支付高額價錢給直接來自芝加哥的最快期貨數據的公司——以及若未能通過 SPY 的數據完整性檢查，將導致自動股票交易系統大規模關閉，以及在沒有這些系統的情況下，將會發生混亂的交易。倘若真是如此，這是一個引人入勝的例子，說明個人謹慎、受規則約束的行為（檢查數據完整性是謹慎的）會產生潛在的破壞性、不守規矩的集體動盪。

在撰寫本文時，即使在二〇二〇年三月與疫情肆虐有關的瘋狂交易期間，也沒有再發生過與二〇一〇年閃電崩盤一樣嚴

重的美國股票交易中斷情況。奧西波維奇（2020）將股票市場基礎設施的穩固性歸因於閃電崩盤後對其的極大關注，特別是 SEC 二〇一四年的 Reg SCI（監管系統合規性和完整性）。⑳二〇一四年十月十五日上午九點三十三分，一個不同的市場——美國國庫券市場——遭遇了一個與閃電崩盤大體上相當類似、但沒有閃電崩盤那麼嚴重的事件：短暫的價格上漲（以美國國庫券的標準來看非常劇烈），而後再次迅速逆轉，整個情況發生在十二分鐘內。美國國庫券交易商市場的訂單簿並沒有像二〇一〇年的股票等價物那樣被清空，但前所未有的飆升震動了監管機構。沒有明確的觸發因素，例如特定的大筆交易，但有個有趣的初步證據顯示相互加強的演算法「接受」交易，訊息最有可能是由識別價格趨勢的模型所提供，因此是於價格上漲時買入，價格下跌時賣出。㉗有一些證據與這種機制相符合——演算法「模仿它們的競爭對手」〔柏奇（2016: 371）；另見柏奇（2020）〕並影響彼此的交易——二〇一〇年的閃電崩盤也是如此；見 CFTC/SEC（2010: 48 及 56）。

與二〇一〇年一樣，針對二〇一四年美國國庫券價格飆升的官方徹底調查並沒有得出結論，調查人員承認「在這麼短的時間內推動如此交易量的動態仍然是懸而未決的問題」（財政部等，2015: 33）。二〇二〇年三月國庫券市場也遭遇嚴重的干擾，但關鍵的壓力來源並不是自動交易本身。相反地，資金受限的交易商無法吸收平倉交易頭寸所要求的和／或急於籌集現金的客戶所尋求的大量美國國庫券銷售。紐約聯邦儲備銀行

不得不進行干預以改變這個情況，透過直接從交易商那裡購買大量美國國庫券來減少交易商持有的美國國庫券〔施林普夫、申（Shin）與蘇什科 2020: 5〕，特別是在三月十三日星期五，有特定的壓力的這一週的最後一天。

二〇一〇和二〇一四年的「閃電」事件雖然來得突然，但發生在人類可感知的時間尺度上，並且涉及了大幅價格波動。也有證據表明，更快、更微小──儘管仍然相當突然──價格波動的數量要多得多。物理學家尼爾‧強森（Neil Johnson）及其同事提出了「超越人類響應時間的新機器生態」，認為這些事件可能是由演算法「群體」內的相互作用引起的（強森等人，2013: 1）。我的一位受訪者提出了一種貌似可行的機制，側重於所謂的容量參與演算法之間的交互作用。這些是執行演算法，旨在透過將塊分成與整體波動成比例的較小部分來買賣一塊股票（或其他金融工具）相關股票的交易量。

在你有（假設）四種此類演算法參與購買訂單前這樣沒問題，因此每當其中一種執行交易時，其他幾種也會跟進執行交易，這會導致第一個執行，股票會一直 "zhwoom"（價格急升），直到他們全部完成 [已經購買了預期的股票總數]，然後它會再次 "pffft"（價格急跌），對吧？（受訪者 AD）

AD 表示，為了利用這種交互作用，實際上沒有必要「等待它發生」。「我們可以進入市場，我們可以假裝是這些（成交量參與）演算法之一，相互交易，然後其他人都會看到這種行為，接著就會跳進去，對吧？（此種策略被稱為動量點火策

略。）然而，對交易演算法之間這種通用交互模式的研究仍處於起步階段。哥本哈根商學院的克里斯蒂安・柏奇（Christian Borch）及其同事所追求的最有可行性的方法是將交易者的實地調查結果納入軟體動因，然後研究這些動因在模擬金融市場中的行為（見柏奇，2020: 251- 253）。

然而，特定股票或其他金融工具的價格偶爾會突然波動，有兩個明確的原因。第一個原因明顯較常見，只是人為錯誤（有時稱為「胖手指」錯誤），在將價格的必要參數，尤其是訂單的總大小輸入到執行演算法中時出錯。與本書更相關，但較少見的是第二個原因：HFT 或其他自動交易系統的嚴重技術故障。在第 3 章中，我們看到了此類問題（程序中單個字符錯誤的結果）如何導致自動交易台面臨經濟損失，如果所涉及的人類交易員沒有迅速注意到問題並關閉相關自動交易系統，可能會導致災難性的後果。（如第 3 章所述，速度競賽是個重要的背景因素，因為它導致 ATD 取消了自動風險控制，而該控制以前會在錯誤演算法引起人類監督者注意之前就停止它的交易）。受訪者 BK 告訴我一個類似的事件，其中一家 HFT 公司是他的客戶，「遇到了軟體問題，他們的軟體有點瘋狂，並在所有外匯平台上進行交易。同時也在每個平台上最大化他們的信用額度。」此事件最引人注目的是，它不僅導致 HFT 公司的巨額損失，而且還替其主要經紀人、一家大型銀行帶來了損失，規模如此之大——如果 BK 所述的事件與專門的媒體上所涵蓋的事件相符——導致銀行不再是外匯主要經紀商。[28] 此類

損失中最嚴重的一次發生於二〇一二年八月一日上午可怕的四十五分鐘內，事發於騎士資本集團（Knight Capital，本身不是HFT 公司，儘管它確實有大量電子做市業務）。由於 NYSE 推出了一個執行普通公眾訂單的新系統，其系統由於差錯並未完全完成，且騎士的八台訂單路由、股票交易計算機伺服器都沒有換掉舊的軟體。不幸地，騎士的新軟體重新使用了之前啟動舊系統的電子「旗幟」，所以當新軟體上線時，舊系統仍然實際存在於該伺服器上，雖無意被開啟，但追蹤其交易頭寸的功能已經停用。騎士的員工花了四十五分鐘才找出問題並關閉錯誤的系統，當時該系統已經建立了 66.5 億美元的交易頭寸，導致騎士面臨了 4.6 億美元的災難性損失。[29] 由於 HFT 公司Getco 的緊急收購，該公司才能倖免於破產。

抖動

儘管如此，並非所有不受約束的物質性都是壞事。計算機系統中有一種最通俗的不受約束的形式——例如處理來自交易公司的訂單並執行這些訂單的交易系統——便是「抖動」：執行相同或類似操作時的隨機或準隨機波動。[30] 抖動矛盾的地方在於，雖然它被廣泛認為是技術缺陷，但交易所系統中的抖動可能有利於競爭。正如通訊供應商麥凱兄弟的史蒂芬·泰奇（泰奇，2016）所說，「抖動是一種均衡器」。相對於交易所系統中的抖動而言，速度優勢的影響有限。如果有足夠的抖動，

第二快的公司——也許是第六快的，甚至是第十快的公司——應該經常會「獲得交易」以維持業務，並可能獲得足夠的收入來進行所需的投資以迎頭趕上速度。

軟體開發人員與工程師已經做出相當大的努力，大多都有成功減少抖動。最戲劇性的例子是 CME。二〇一二、一三年我剛開始訪問 CME 的 HFT 交易員時，他們並不滿意系統。比如說，其中一間公司在二〇一二年三月說，另一家公司的往返時間（其收到市場數據與根據該數據發送新訂單或取消現有訂單之間的時間差）是一毫秒，而他的公司是 0.9 毫秒。倘若「CME 端可能產生的隨機（處理時間）差異是 10 毫秒……」受訪者 AJ 說，「如果我降到 0.9 有什麼關係？」然而，從那時起，CME 的系統已經被整個重新設計。如第 5 章談到，它們現在涵蓋了 FPGAs（現場可程式化邏輯閘陣列，在該章節中描述）。FPGAs 不僅速度快，而且具有高度確定性，這意味著它們鮮少會有抖動。自從 CME 重新設計後，我於二〇一二、一三年似乎不再聽到關於抖動的抱怨。此外，CME 的情況只有在減少抖動程度這方面相當傑出；在 HFT 公司活躍的整個市場中，它似乎已經大幅下降。

速度競賽的問題不僅在於成本高昂，而且（隨著交易系統的確定性越來越高），它可能會有一個或多個始終如一的贏家。一間或是少數幾間公司，幾乎都是對圖表 3.2 和 4.4 中列出的簡單訊號最快做出反應的公司，始終如一都能佔上風。在我研究 HFT 業務的這幾年裡，這個過程可能是整合 HFT 業務

的一個因素。由於合併而消失的 HFT 公司包括了 Getco、
Chopper、Infinium、Teza、RGM Advisors 以及 Sun Trading，
另外還有一些鮮為人知的名字。的確，新成員已經出現，但據
我所知，只有 Headlands Technologies 和 XTX Markets 這兩家
公司接近已消失公司的規模。美國股市的 HFT 整合尤其引人
注目。二〇一九年，《金融時報》報導指出，只有沃途和
Citadel 兩家公司「占了美國每日交易量的 40% 左右」（史塔福
德，2019b）。該報沒有列出其消息來源，因此該數字可能有
被誇大，但如果現在只有兩家公司負責五分之二的交易量，不
僅是美國股票中的 HFT，而是所有美國股票，那肯定是值得注
意的交易。如果確定性系統中的速度競賽導致了這樣的結果，
那麼這就是考慮對當前的實質性交易安排進行根本性改變的另
一個原因。

其他的物質政治經濟

當然，HFT 有一些非常具體的面向。我曾表明它的物質性
是愛因斯坦式的，即在這個世界的物質性，光速是一個約束條
件，時間以十億分之一秒為單位。在這個世界中，非常具體的
空間位置至關重要，並且技術系統被設計以及調整，以消除每
一毫微秒可避免的延遲。我想不出任何其他經濟領域具有這些
特定特徵，至少都沒有完全成形。

我一直都採用物質政治經濟學的方法，重點關注物質世界

的制度、替代制度的可能性、這些制度中原先的政治本質成為現實，以及這些問題的經濟後果。這些顯然包括了一般的經濟後果，例如仲介機構從其他市場參與者那裡收取費用和其他個別小額（但總體上是大額）資金的能力。物質政治經濟學方法僅適用於具有愛因斯坦物質性的 HFT，還是也可能適用於經濟生活的其他領域？我認為它更具有普遍適用性，並希望透過簡要討論一個絕對適用的領域以及我認為另一個可能適用該方法的領域（但需要進一步研究是如何適用）來結束本書。

物質政治經濟學明確適用的領域是去中心化的加密貨幣，例如比特幣和以太坊。（像 Facebook 提出的 Libra 這樣的加密貨幣情況並不相同，如果它被推出了，最初至少將是以集中的方式運行；我不建議在這裡討論這些貨幣。）最明顯地使物質政治經濟學適用的問題是如何鼓勵加密貨幣的至少一部分用戶檢查每筆交易的有效性（包括檢查彼此檢查的有效性）並將其不可逆轉地添加到區塊鏈。化名中本聰（Satoshi Nakamoto）的比特幣發明者為其採用的解決方案被稱為工作量證明。大約每十分鐘、一整天、每一天，被稱為比特幣礦工的人（我喜歡這個綽號的物質性）競爭成為第一個找到小於某個目標二進制數字的交易塊雜湊的人（雜湊是透過預定演算法進行的加密轉換）。獲勝者的獎勵是一定數量的新創建的比特幣。自二〇二〇年五月以來，獎金是 6.25 顆比特幣，在撰寫本文時價值約60,000.31 美元。[31]

中本聰最初的願景似乎是任何比特幣用戶都可以成為礦

工，只需在筆記型電腦或其他普通電腦系統上安裝必要的軟體即可。實際上這裡所提到的類比和碾磨穀物很接近：願景本質上就是手工碾磨。比特幣的水和風車變成了 ASIC，即專用集成電路，是專為比特幣挖礦等特定目的而設計的矽芯片。為此，挖礦 ASIC 比普通計算機高效得多。比特幣沒有像聖奧爾本斯那樣的修道院院長壟斷比特幣 ASICs——儘管其中有一個占主導地位的設計者，即擁有約 90% 市場份額的中國公司 Bitmain〔劉（Liu）和麥莫羅（McMorrow）2019〕，並且使用 Bitmain ASIC 的礦工確實傾向於組織在非常大的礦池中——但一直以來都對加密貨幣世界轉向 ASIC 深感不滿。事實上，比特幣的主要競爭對手以太坊在該領域的設計上有個術語名為 ASIC 抗性。以太坊的雜湊演算法被設計來使發展 ASICs 變得困難，ASICs 在相當於比特幣挖礦的以太坊中，比普通計算機高效得多。

試圖使加密貨幣具有 ASIC 抗性是典型的物質政治經濟學，讓人想起（正如我所說的）反對手工研磨，即便是以太坊的例子，這樣的努力也並未完全成功。高效的以太坊 ASIC 已經開發，儘管它們還沒有像比特幣等價物那樣全面席捲布告欄。加密貨幣物質政治的另一個層面是關於環境。比特幣挖礦在二〇二〇年六月初的全球耗電量大約是 4.5 吉瓦，相當於一整個小國的總耗電量。[32]（例如，正如德弗里斯（2018: 804）指出的那樣，愛爾蘭的電力消耗約為 3.1 吉瓦。）二〇二〇年六月初，比特幣的交易平均每天約 300,000 筆，這意味著每筆

比特幣交易消耗約 360 千瓦時，相當於讓 2 千瓦的家用電暖爐全速運行超過一週。[33] 大部分（但不是全部）電力來自可再生能源。例如，內蒙古高原沙漠（該活動的主要地點）的比特幣礦很有可能至少有一部分是由那裡廉價、豐富的煤炭發電提供動力。

然而，即便比特幣深奧難解，與之相比更為深奧的是主流數位經濟：谷歌、Facebook、亞馬遜，以及它們龐大的中國同類產品等等。例如，Facebook 報告表示，來到二〇二〇年六月，超過 30 億人（佔地球人口的近 40%）正在使用其系統（包括了 WhatsApp、Messenger 以及 Instagram）。[34] 正是由於數位經濟中涉及的用戶數量和數據量，該經濟的主要參與者必須配置物質巨型系統。例如，谷歌在全球運營 21 個巨大的數據中心，Facebook 則是有 15 間。[35] 受訪者 DH 表示，谷歌的關鍵能力是的自動化管理其龐大的機器裝配，以便可以識別和避免伺服器物理方面的故障，同時維持必要的計算以及——尤其是——記憶體存取速的度足夠快，用戶不才會遇到惱人的延遲問題。Facebook 肯定也擁有類似的能力。這種大型系統的自動化管理是一項不同於 HFT 的物質任務——人類用戶可以輕易容忍大約一秒的延遲，但在 HFT 中，其中的百萬分之一可能足以致命——但同等重要，因為從這些系統的龐大規模來看，要求並不比 HFT 低。

此外，當今數位世界的大部分地區都有一個永遠存在的世俗經濟，即線上廣告。當然了，廣告是谷歌和 Facebook 的主

要收入來源。與他們不同的是，亞馬遜直接大規模銷售產品和服務，不過廣告也同等重要。更廣泛地說，在更廣大社會中的重要活動——最明顯的是嚴肅的新聞業——已經開始強烈依賴線上廣告的收入。數位經濟的巨頭，尤其是谷歌，對廣告生態系統中對他們影響最大的部分行使了相當大的影響力，但對於規模較小、中心程度較低的公司，情況並非如此，例如《衛報》等報紙和紐約時報。就像在金融領域一樣，線上廣告通常涉及多層中介，而廣告中介似乎能夠比金融中的等價物獲得更大比例的資金流。例如，二〇一六年，《衛報》藉由在自己的網站上購買廣告版面做了實驗，發現在最壞的情況下，它所支付的費用中只有 30% 成為了報紙的收入。〔皮金（Pidgeon）2016〕。《衛報》之後的經驗較好〔戴維斯（Davies）2018〕，但最近針對英國線上廣告的一項研究表明，當不屬於數位經濟巨頭的出版商在公開市場上出售廣告版面時，通常只會獲得廣告客戶所支付的大約 60%，剩下的 40% 則被用在支付費用和其他款項給中介商〔阿茲黑德（Adshead）、佛希斯（Forsyth）、伍德以及韋爾金森（Wilkinson），2019: 13〕。

　　線上廣告不斷變化的物質性很可能與其選擇豐富的中介這方面有關。大多數公司都需要廣告代理來製作電視廣告（或任何複雜的平面廣告），但投放該廣告是一項相對簡單、不著急的商業交易。在早期，線上廣告通常也相對簡單。過去公司常常事先協商在特定網頁上刊登廣告的權利。今日，在所謂的實時競價中，每個單獨的搜尋動作、向特定用戶展示其他廣告機

會，以及對用戶的了解（她／他的位置、性別、年齡層、愛好、搜尋紀錄等）都可以觸發單獨的、客製化的自動拍賣，對機會的價值至關重要。當用戶的瀏覽器和電腦、手機或其他設備與網站和應用程序交互運作時，這些訊息通常是透過 cookie（純文字型檔案）、像素和其他物質機制被搜集起來。[36] 在這數以百萬計的拍賣中，每一次的競價通常必須在大約 120 毫秒內提交，這遠遠超出了人工出價者的能力。

因此，廣告商要不是尋求中介機構昂貴的幫助來瀏覽線上廣告世界，就是乾脆讓該領域的巨頭谷歌和 Facebook 為他們執行廣告活動，這樣做並不奇怪。（在網路廣告中，供需往往相當接近。例如，Facebook 的系統通常會代表廣告商做出是否在其平台上競標廣告機會以及競標多少的決定，谷歌的系統也經常如此。）在歐盟的《歐盟一般資料保護規範》（European Union's General Data Protec-tion Regulation）和環繞諮詢公司劍橋分析公司（Cambridge Analytica）的醜聞（其中很明顯，數千萬 Facebook 用戶在他們不知情的情況資訊被獲取）之後，用戶與早期實時競標相比，該領域的公司之間的數據流動少了許多。然而，雖然這可以改善隱私問題，但也可能進一步更加鞏固擁有可觀數據的單一大公司已經相當可觀的市場力量（CMA，2019）。

使人震驚的是，網路廣告的複雜、快速發展、物質領域——重複一遍，它是大部分日常數位經濟的基礎——似乎只有內部人士才能理解。我們若想更加理解，則必須打開黑盒

子，喚起一個科學技術社會研究中一個古老但仍能引起共鳴的口號：它需要揭示通常隱藏在不可見之處的內部機制。本書試圖替 HFT 做到這一點，我希望，在這個過程中能表現出物質政治經濟的思想是揭示內部機制的有用方法——儘管經常模糊不清，但往往存在深刻的衝突，並且在塑造當今的金融市場方面已經發揮、並且持續發揮關鍵作用。就算稍微一瞥加密貨幣的世界也清楚地表明，有時它也是激烈得物質政治的領域。鑑於網路廣告的普及程度，其內部運作仍然非常不透明。是時候讓物質政治經濟學的探照燈照耀那個世界了。

附錄

HFT 文獻

截至目前為止，有關 HFT 最著名的書籍是麥可‧路易士（Michael Lewis）二〇一四年的《快閃大對決：一場華爾街起義》，它結合了一流的、對 HFT 及其所謂的「掠奪性策略」充滿敵意的報導（例如他關於鋪設新的、直接的芝加哥—紐澤西光纖電纜的章節，於第 5 章描述）（路易士，2014: 172）。[①] 其他關於 HFT 受歡迎的書籍還有派特森（2012）和史坦納（2012）。前者特別生動，它包含了針對島嶼的討論，很好地敘述了它出現的環境。沃恩（Vaughan）（2020）生動地描繪了第 6 章中討論的那種幌騙行為，並詳細介紹了最著名的訴訟，即倫敦期貨交易員納文德‧辛格‧薩拉（Navinder Singh Sarao）的背景。還有許多 HFT 的「操作方法」指南，但沒有一本有真正詳細的內容。最好的或許是德賓（Durbin）（2010）的著作。

大約自二〇一〇年起，金融經濟學家開始撰寫大量關於 HFT 的期刊文章和工作論文。該文獻的一個主要早期目標是確

定 HFT 和其他形式的演算法交易對市場的影響，尤其是在美國。例如，請參見英國前瞻計劃（UK's Foresight Programme）二〇一二年的評論（主要基於這份早期文獻），該評論描繪了其所稱的基於計算機的交易降低了交易成本並提高了效率和流動性的廣泛積極的畫面——儘管後續的警告可能是「週期性流動性不足的可能性更」——並且「沒有直接證據」表明 HFT 增加了市場波動〔英國科學政府辦公室（UK Government Office for Science）2012: 11-12〕。一些基礎研究（例如被廣泛引用的博嘉爾德，2010）確實顯示 HFT 的存在實際上可以降低波動性。[2] 最近關於金融經濟學中演算法交易的研究既更清楚地將 HFT 與其他形式的演算法交易區分開來，也更側重於 HFT 中做市策略和流動性吸收策略之間的中心差異。亞伯特‧曼克維爾德於二〇一六年針對逐步發展的文獻（如果讀者希望更詳細地探索這些文獻，可以進一步參閱）提出有用評論，其中發現「HFT 做市降低了交易成本」，但也表明「HFT 是能夠預測」並藉由通常被稱為子訂單的流動中獲利，這些子訂單是由將機構投資者的大訂單分解成小部分的執行演算法生成。在這種情況下，這種盈利將增加這些投資者的交易成本（曼克維爾德，2016: 19 及 11-12）。

　　有三筆 HFT 金融經濟學的文獻尤其影響了我的研究。其一是在前幾章中多次提到的艾瑞克‧布迪許以及其同事（布迪許等人，2015、2019；阿奎利納等人，2020）關於 HFT 做市和 HFT 流動性吸收之間相互作用的工作，由此產生 HFT 中的速

度競賽，交易所透過對快速數據和傳輸它們的物質手段收取高額費用來收取租金的能力，以及這些速度競賽的總體成本（最終由最終投資者承擔）。第二是英國前瞻計劃委託最早的 HFT 研究人員之一強納森・博嘉爾德（Jonathan Brogaard）所撰寫的報告。在報告中，他借鑑了更廣泛的金融經濟學文獻——我猜參考了與 HFT 交易員的談話內容——討論了 HFT 中可能使用的訊息類型以及該活動盈利能力的可能來源（博嘉爾德，2011）。該報告幫助我制定了一系列提示，在我早期的採訪中特別有用，使我能夠讓受訪者談論 HFT 演算法採用的不同類別的「訊號」。第三是曼克維爾德（2013）的另一篇文章，它利用專有數據來檢查大型 HFT 做市公司的交易。他的研究表明，該公司極具吸引力的買價和賣價促成了新的「島嶼式」歐洲電子股票交易場所 Chi-X，其作為對歷史悠久的現有證券交易所的挑戰者而蓬勃發展（見第 3 章）。曼克維爾德的分析幫助我理解了我的美國受訪者告訴我的類似過程的內容，我習得這些過程形成了一個安德魯・阿伯特所說的不同領域、不同生態、不同交易所的交易之間的「鉸鏈」（參見第 1 章）。

儘管本書的研究因此借鑑了金融經濟學，但它當然不是針對該專業的貢獻，而是對被稱為金融社會研究的更鬆散、更具社會學的領域的貢獻。該領域的兩種文獻特別與之相關。第一種是法比安・穆尼耶薩、蘇珊・史考特（Susan Scott）、尤瓦爾・米羅（Yuval Millo）、胡安・帕博羅・帕多—蓋拉（Juan Pablo Pardo-Guerra）、戴文・甘迺迪（Devin Kennedy）和其

他人關於從手動交易轉向電子交易的研究，包括關於這種轉變的背景脈絡，比方說華特·馬特利（Walter Mattli）所做的相關研究。[3] 例如，穆尼耶薩做了特別深入的研究（尤其是在穆尼耶薩，2003），針對這種轉變如何在巴黎交易所發揮作用。他的研究開創性地專注於交易自動化的不同方式，包括交易所搓合引擎中實施的演算法如何優先排序和執行買賣，從而將供需結合起來，特別是在生成交易日最重要的價格時所交易股票的收盤價，這對衍生品合約、指數基金等來說很重要。再舉一個例子，帕多—蓋拉（2019）深入介紹了英國股票交易的自動化，基本上這本書中略過了這一點，他還討論了美國的關鍵事件，特別也包含我在第 3 章也有談到的事件：一九七〇年代圍繞單一全國性電子訂單簿組織股票交易的提議引發的爭議。[4]

金融的社會研究產生了許多關於交易實踐的精細的、民族誌方面的研究，例如克諾爾—塞蒂納和布魯格（2002a&b）、扎勒姆（2006）、佩列達（Preda，2013 及 2017）和貝恩扎（2019）。大多數此類工作都集中在面對面交易或人類進行的電子交易上。然而，與本書直接相關的金融社會研究的第二個研究領域則越來越多直接關注 HFT 的工作。最廣泛的是哥本哈根商學院的克里斯蒂安·柏奇及其團隊的研究，其中包括安—克莉絲蒂娜·蘭格（Ann-Christina Lange）（在該主題上做了特別出色的實地調查），現在還包括了薄熙民（Bo Hee Min）、克莉絲蒂安·邦多·漢森（Kristian Bondo Hansen）、丹尼爾·蘇利勒斯（Daniel Souleles）、尼可拉斯·斯克爾—吉

斯林（Nicholas Skar- Gislinge）、邦卡・庫馬爾（Pankaj Kumar）以及薩加利・大衛（Zachary David）。例如，他們研究了 HFT 交易員和早期在池中交易的前輩們在市場中的肢體接觸以及情緒管理有哪些異同（柏奇、漢森以及蘭格，2015；柏奇與蘭格，2017）。與我的實地調查一樣，他們也發現男性在最接近交易的角色中占主導地位——「到目前為止，我們還沒有遇到過一位女性 HFT 交易員」（柏奇等人，2015：1094）——並且，如第 1 章所述，他們還發現一些公司的分區非常嚴格。例如，在蘭格研究的主要公司中，她發現大多數交易員「孤立地坐在辦公桌前，在某些情況下，甚至被牆壁隔開。我參訪的大多數 HFT 交易者都在他們的螢幕上裝了過濾片，因此只有直接面對螢幕才能看到他們的代碼」（蘭格，2016：237）。[⑤] 蘇利勒斯（2019）將諸如此類的見解描述為金融界中更吸引人、更通俗的「無知的貢獻」。然而，如第 7 章所述，該群體的所有工作中最新穎的部分是他們致力於利用他們的實地工作開發金融市場中的個體為本模擬，這將顯示交易演算法如何相互作用（柏奇於 2020 年預測的目標）。[⑥]

　　另一位進行過廣泛實地調查的研究人員是 HFT 交易員羅伯特・賽弗特（Robert Seyfert）。在賽弗特（2016）中，他展示了市場數據中的異常序列（例如短時間內異常大量的快速取消買價和賣價）如何被不同的參與者群體以不同的方式解釋，這些人是身在他所謂的不同認知制度內。HFT 的批判者可以將此類事件視為操縱性的「報價塞單」，可能意在減緩交易所的系

統或混淆競爭的交易公司〔關於報價塞單，請參見，例如，馬特利（2019: 139-140）〕，而交易者自己經常這種情況是由技術故障引起的。[7] 馬克‧蘭列特（Marc Lenglet）和奈森‧庫布斯（Nathan Coombs）調查了政府監管機構的規則和要求與演算法交易的實質性實踐之間經常無法相符的問題，蘭列特借鑒了在大型經紀商工作（以及隨後的採訪）中獲得的民族誌見解，以及庫布斯研究了德國於二〇一三年以訪談為基調的《高頻交易及其監管政策探討》（Hochfrequenzhandelsgesetz）中管轄 HFT 的法律（蘭列特，2011；蘭列特輯莫爾，2016；庫布斯，2016）。然而，所有這些學者中最唯物主義者——從這個意義上說最接近本書所採用的方法——是亞歷山大‧勞莫尼耶，他對 HFT 的微波連結的精確路徑進行了非凡的研究，尤其是在歐洲；參見勞莫尼耶（2019）和他的部落格 https://snipernmahwah.wordpress.com/，HFT 人員廣泛關注此網站。上文的第 5 章特別引用了他的工作。

全書註

step 1

① 平德（Pinder，1993）。

② 店鋪後方是島嶼（Island）搭建的電視攝影棚，過去雅虎財經在這裡錄製線上節目（受訪者 BW）。鑲板的底座看起來像水泥，「但實際上是上了漆的海綿橡膠，一隻手就能將它拔起。它是用黏的固定上建築物表面的」（二〇一二年九月一日，喬許·萊文發給作者的電郵）。

③ 在更早期，另一個破解終端密鑰的機器設備由 Timber Hill（起初為期權交易事務所）所設計，用以自動在那斯達克（Nasdaq）發布賣價與買價，同樣也用來規避不得直接連接到那斯達克系統的禁令；史坦納（Steiner）（2012:11-17）。欲了解那斯達克規則的具體原理，請見第 3 章節的註釋 11。

④ HFT 的這個定義，呼應了與受訪者 BU 針對該論點的有益討論。

⑤ 另一個重要的演算法類型是為統計套利者所應用，他們試圖從價格波動的模式中獲利，這種模式進行的時間尺度較長（數分鐘、數小時、數日甚至更久），而非如 HFT 一般聚焦於短期的波動。統計套利在一九八〇年代首次被大規模操作，但最初涉及的買賣並非完全自動化，不過現今大多都已自動化了。葛雷格·祖克曼（Greg Zuckerman）（2019）近期出版的書籍生動地描繪了其中一間最著名的統計套利公司，文藝復興科技公司（Renaissance Technologies）。

⑥ 如韋斯伯格（2016）所述，散戶經紀人的標準程序是要向批發商發送「有銷路的」訂單（這些訂單會立即進入處理程序），抵達交易所後，只有少數幾筆訂單不可銷售。美國證券交易制度禁止批發商執行任何一筆價格低於任一間交易所最佳買價或賣價的訂單，因此批發商提出的通常

都是最優價格：優於交易所提供的價格。針對零售訂單，HFT 公司都是以這種方式直接進行交易，因 與在交易所執行相比，此種方式需承擔的風險較低。第 6 章節提到的術語，零售訂單流，這類訂單很少會「超出」或「刻意選擇」某個 HFT 演算法。因此與零售者交易是可靠的，更恰當的說法是，是可以獲利的。

⑦ 沃途金融（2019:23）；史塔福德（Stafford）與布拉克（Bullock）（2017）；布拉克（2019b）。

⑧ 舉實際數字為例，二〇一三年十二月底，沃途共有一百五十一位員工（沃途金融 2014:5）。

⑨ 在有隔間的公司中，交易組很樂意被這樣劃分，即便是同公司的職員，也不希望別人透過「他們的」想法獲利。嚴格劃分範圍的其他原因還有：避免模仿彼此團隊引起的集中風險、說服交易所和管理者允許各組的演算法能夠互相進行交易。這樣的內部交易經常偶然發生，正常情況下是不被允許的，因為如此可以人為製造出「假價格」。

⑩ 不可能所有的電子交易平台都是經註冊批准的交易所；比方說，島嶼從來都不是間交易所。除了本書中幾個特別重要的部分，其他類似交易所的會場我都簡單稱為「交易所」。

⑪ 證券訊息處理器的數據傳送專線（正式的「證券買賣匯總紀錄帶」）訊息量暴增，其不只紀錄了股票，還包括期權，後者的性質會創造大規模的訊息量。二〇一九年五月三十日下午三時，Exegy 計算了所有美國證券及期貨交易所直接輸出的訊息量，最高峰來到每秒鐘四千一百七十萬筆訊息。請見 http://www.marketdatapeaks.net/rates/usa/，二〇二〇年五月十九日到訪該網站。

⑫ 在這些細節中，最重要的是「真空中的光速為固定常數」此項假設，而沒有訊號的傳播速度能快過光速。其他方面應用狹義相對論的必要性目前受限於以下事實：進行 HFT 的數據中心都是設置於單一個特定球體表面上的固定位置，也就是我們的地球（見愛因斯坦（1920），特別詳見第 2 章；q.v. 安吉爾（2011））。然而，似乎可以這麼想像，一群低地軌道衛星開始被用於 HFT 的長距離數據傳輸（麥肯錫，2019c），但考慮到衛星速度的狹義相對論效應，它們的時鐘需要被重新調整。勞克林（Lauglin）、阿奎爾（Aguirre）以及格倫費斯特（Grundfest）（2014:284）指出，假如 HFT 持續以相同的方式提升速度，即便是在地面上進行的 HFT，最終可能也需要將廣義相對論的作用——「時鐘根據不同所在地的

重力場，運行的速率也會有所不同」——納入考量。

⑬ 期貨交易所 Eurex 於二〇一八年九月中提出技術展示報告——另一名受訪者爽快地提供我報告的投影片內容——Eurex 測出的反應速度快至 82 奈秒。撰寫本書期間，此為準公開紀錄中最快的速度。儘管如此，我的受訪者表示 42 奈秒（對芝加哥商品交易所數據中心內的交易公司系統來說；見第 2 章），完全可行，儘管計量間隔如此短暫的時間所需的技術難度相當高。

⑭ 訊號直接穿透地球、而非在表面傳輸速度會更快：勞克林等人（2014:296）計算出如此可以替重要的芝加哥一紐澤西連結節省 3 微秒。然而，實現這樣的傳輸方式需要相當的技術且費用非常高昂。

⑮ 關於後現代性時空的縮小，最經典的討論是哈維（Harvey，1989）。魯克（Zook）和格羅特（Grote）（2017）借鑒 HFT 的文獻，探討了全球金融中他們所稱的「微觀地理」。之後第 5 章節將較著重於以字面內容來理解微觀地理，藉由討論所謂的「光纖尾巴」來做解釋，而非他們所做之成果。

⑯ HFT 公司的演算法是其更大系統的一部分，很難明確推斷一則 HFT 演算法是由後者的哪些層面所組成。這也是歐洲試圖規範 HFT 演算法所面臨的一個棘手且實際的難題。見庫布斯（Coombs，2016）。

⑰ 針對行動者網路理論，最傑出的解釋應該是出自拉圖爾（Latour，2005），而在將此觀點延伸到經濟生活方面，做得最多的學者是米歇爾·卡隆（Michel Callon），其中最著名的內容出自於卡隆（1998）的序章。

⑱ 《資本論》第一卷被視作我現在所說的物質政治經濟，見麥肯錫（1984）。然而，值得一提的是，在我看來物質政治經濟會被社會學家稱為中觀層次方法，而馬克思主義傳統上是屬宏觀層面，強調諸如封建主義和資本主義等的整體生產模式。更多有關物質性的文獻，請見杜利許（Dourish, 2017：特別為第 2 章）。杜利許的著作本身就是對該文獻的有益貢獻。

⑲ 以實際經驗為根據的相關文獻，請見麥肯錫與威吉曼（Wajcman）（1995與 1999）。

⑳ 見麥肯錫（2019d）。

㉑ 相關例子可見布迪厄（1984、1996 與 1997）；弗利格斯坦（2001）；弗利格斯坦與麥亞當（McAdam，2012）；克魯茨（Kluttz）與弗利格斯坦（2016）以及阿伯特（2005、另一未註明出版日期）。克魯茨及弗利格斯

坦將「場地」定義為一種有結構、參與者相互定位的中觀層次領域。（中觀層次領域是不包含整體社會，僅涵蓋一個小群體間的交流。）領域內有「攸關利害的事情」（通常是特定領域內的事物）、獲取資源的不同方式、「業內的規則」以及在結構上更為有利（以及較不利）的處境。其中有合作、競爭和衝突，最後一點至少有可能會對業內規則提出質疑（克魯茨與弗利格斯坦，2016: 185）。同樣地，阿伯特的「生態」是類似於場地的「社會關係集合……最好是藉由多個要素之間的相互作用來理解其間是相互制約抑或競爭，」就跟場地的執行者一樣（阿伯特，2005: 248）。儘管和弗利格斯坦的場地不同，阿伯特對於生態的定義並非明確的中觀層面，但幾乎所有實際的例子都確實屬於中觀層面，同時間他的立場也與布迪厄場地論的版本有明確的劃分，阿伯特的「相互連結的生態」與弗利格斯坦和麥亞當的「深深嵌入場地系統的場地」之間是否有顯著的差異，此點並不明確（克魯茨與弗利格斯坦，2016: 186）。麥肯錫（2018b）從一個比本書更精確的領域／生態角度分析了 HFT 的發展，特別是美國股票這塊。

㉒ 有關先前阿伯特將「有連結的生態」應用於金融規範的資訊，請見希布魯克（Seabrokke）、青谷（Tsingou）（2009）以及杜‧蓋伊、米羅（Millo）與塔克（Tuck）（2012: 1090-93）。

㉓ 我所說的金融的「世俗」政治經濟並非霍布森（Hobson）和希布魯克所提倡的「日常國際政治經濟」，和他們完全有理由關注的底層百分之九十的行 並不相同（2007: 12）。我所關注的交易員、商人等都屬精英人士；相對於霍布森和希布魯克，我的論點是，這些精英人士平凡的行為以及那些行為所帶動的經濟結果，大多時候都被忽略了。有關經濟生活世俗層面的有益討論，請見尼藍（Neyland）、厄倫斯坦（Ehrenstein）與米莉雅伊娃（Milyaeva）（2018）以及《文化經濟誌》（Journal of Cultural）的特刊（11[5]，2018 年十月）。值得一提的是，原先使用「世俗」這個詞是為了將一個現象定義為物質世界的一個層面，而非精神的領域。倘若當今這個用法還存在於日常，我所說的整個觀點就可以簡單稱為「世俗政治經濟」，即始這可能無法刺激本書的銷售量。

㉔ 參與者所說的「市場結構」類似金融經濟學家〔1976 年加曼（Garman）之後〕口中的「市場微觀結構」──換句話說，「投資者的潛在需求最終轉化為價格與數量的過程」〔馬德哈萬（Madhavan），2000: 205〕──是第 3 章開頭將簡單介紹的一個研究領域。關於金融市場微觀結構的經濟

學文獻相當有價值，但很大部分都被「去政治化」：雖然文獻的撰寫者無疑知道市場結構中經常有激烈的衝突，但這類衝突，尤其攸關政治層面，偶爾才會成為他們分析與關注的焦點。其中的例外是經濟學家安傑洛・里瓦（Angelo Riva）和其同事針對法國金融市場不斷變化的結構所做的令人印象深刻的歷史研究〔參見奧克爾（Hautcoeur）與里瓦，2012〕。

㉕ 另一個例外是大多數的交易都允許參與者提交「隱藏」訂單（訂單簿中沒有顯示）或者「冰山」訂單（只有顯示部分內容）。等待執行的指令中，交易所的撮合引擎通常都會將隱藏的訂單置於可見的訂單之後。

㉖ 據受訪者所述，非常重要的一點是，根據統級結果，HFT 交易通常幾乎是各自獨立，從而使大數法則發揮效用。這代表的是，即便交易的獲利相當微小，就算有虧損的日子，也可能會被忽略。眾所皆知的是，沃途於公開募股之前的四年裡，只有一天是虧損的（沃途金融，2014: 3; 見勞克林，2014）。

㉗ 我之所以寫「大致上看來」，是因為除了在交易所進行交易外，HFT 提供越來越多「執行服務」給零售經紀人（詳見上述），抱括機構投資者與銀行等等，而那些服務經常是交易所之間相互競爭，讓原本可能流向某交易所的訂單改往他處。

㉘ 十五年前，菲爾・米羅斯基（Phil Mirowski）讓我留下了深刻印象，是有關當時交易所「非互助化」的過程：交易所從由成員所擁有的實體轉變成了上市公司。

㉙ 菲力彭（2019: 210-213）用新的數據更新了他於二〇一五年發表的文章，但形式保持不變。

㉚ 中介機構的單位成本是中介服務的總金額扣除掉服務費用。為了計算中介費，菲力彭（2015）將四大金融相關的金額全部相加：銀行賬戶以及類似的「安全」的存款的總金額；借給公司的錢以及市場賦予其股票的價值；借給家庭的錢；企業併購和收購的總價值。他將整個金融中介機構的收益和員工的薪資相加：銀行、投資管理公司、保險公司（其中經調整的活動，如健康、建築和汽車保險，並不算是金融中介），以及私募股權公司等等。圖表 1.6 的下排文字是菲力彭估算的單位成本，有根據中介任務的難度整體變化的水平做出調整。舉例來說，明智得投資新企業涉及了更多篩選以及監管，因此本質上來說要比收購具有長期業績紀錄的老牌公司的股票更加昂貴。

㉛ 例如，可參見湯瑪斯克維奇—德維（Tomaskovic-Devey）和林（Lin）（2011），兩人計算了一九八〇至二〇〇八年間金融部門的實際收益和員工薪資之間的差異，以及算出了假若每位員工的薪資、整體勞動人口中的財務份額，以及總體收益在美國經濟中的份額在一九四八至一九八〇年間維持在相同的水平，或者如那幾十年間所見只有非常緩慢的提升的話，那麼就能得出實際收益和員工薪資的總數。顯然這絕不是無可置疑的進行方式，但結果相當驚人（兩者的差異高達 5.8 兆至 6.6 兆美元）。有關金融部門對英國日漸加劇的不平等現象的影響與研究，請參見貝爾（Bell）與范瑞寧（Van Reenen）（2013）；有關法國的案例，請見哥德喬（2012 及 2013）。

㉜ 如堅恩·伯克所述，從科學與技術研究的角度針對租金做出激進的分析後，由於過程曲折，經濟學中租金的定義傾向於用一種隱晦地規範方式將市場程序自然化並將租金概念化〔伯奇（Birch）2020: 18〕。雖然對於沃夫的定義而言，此點不一定正確，但後者無疑能夠幫助非專業人士了解經濟學家使用此術語時背後的含義。

㉝ BD 在創辦新的 HFT 公司時學到這點：「確切來說，我們面試了數百人，這些人會走到白板前詳述一些他們對於研究和計算的想法，且認為這些想法相當重要，同時間他們果然也放棄了一些我們過去在（BD 前一間 HFT 公司的名稱）使用的慣例。真的非常棒。」

㉞ 總體來看，所有類別的受訪者中（不只是 HFT 交易員），其中 35 位訪談兩次、6 位三次、3 位四次，有一位接受了五次訪問、2 位六次，還有一位是七次、2 位九次。雖然大多的訪談是一對一進行，但有三十四次是同時訪談 2 人、十二次是 3 人、三次是 4 人，以及有一次是同時訪問 5 個人。

㉟ 如上討論過，演算法的做市承襲了人類角色長期建立起來的合理性，這可能讓我更易於接觸到這方面的專家，但我也懷疑在流動性創造中，某個特定的「秘方」扮演了更卓越的角色。

㊱ 將受訪者分類，令我很難決定是否該將自動交易期權做市公司的職員視為 HFT 交易員。一些這類的公司——特別是總部位於阿姆斯特丹的公司——也有執行本書中所描述的「經典的」HFT，例如股票，甚至沒有這麼做的期權做市公司也將速度置於首位，並大量使用了和 HFT 公司相同的技術。然而，期權公司的職員經常強調，他們並不認為期權做市等同於 HFT。（對他們而言，「高頻交易」大多指的是第 6 章節中描述的「流動性回吐」策略，必須保護自身的演算法。）我決定在表格 1.1 向這種自

我認知表達尊敬，將不執行「經典」HFT 的期權做市人員分類為「其他演算法交易形式的執行者」，這項分類也包括了，例如，統計套利者。

㊲ 比如，博嘉爾德、亨德肖及萊爾頓（2014: 2300-2302）表示，HFT 的演算法在那斯達克「獲取流動性」（執行已經存在於訂單簿中的訂單）以對訂單簿的不平衡做出反應，舉例來說，當多數股票的出價（以全國最佳出價）高於賣價（以全國最佳賣價）時買入。這種不平衡是一種我稱之為「訂單簿變化」訊號種類；見第 3 章。

㊳ 梅拉梅德與塔瑪爾金（Tamarkin）（1996）；梅拉梅德（2009）；史密斯（1996）；威登（2002）；康明斯（2016）。

.... **step 2** ....

① 關於賭博和合法投資或交易之間的差異，相當有用的文化歷史可見德·戈德（de Goede, 2005）。也可見普瑞達（Preda, 2009）。

② 以下網址 https://www.youtube.com/watch?v=dBpAZ-ST5Ow 可以看到伊曼紐爾發言的影片，讀取於二〇一九年四月六日。

③ 法隆（Fallon, 1998: 247）；美國參議院農林委員會（1974: 27）。

④ 社會學家安德魯·阿伯特使用了術語「結紮」（約束之意）來形容同時間創立或是重新塑造一份職業——例如，一個監管機構——以及此職業有權管轄的任務（阿伯特 2005: 248）。

⑤ CME 歐洲美元交易員萊恩·卡爾森（Ryan Carlson）紀錄了期貨交易池內的手勢語言，並表示套利出現於池子開始進行金融期貨的一九七〇年代，經常會提供非常短暫的套利機會，例如藉由買入貨幣期貨以及出售基準貨幣來賺取幾乎沒有風險的利潤。這樣的機會消逝得太快，沒法將此交易記錄寫在紙上讓執行者帶到池子內。見 https://tradingpithistory.com，從中擷取了以下 arb 主要特色的摘要。

⑥ 如卡爾森記載，價格顯示在「距離身體一臂之遙的位置，數量則出現在臉部附近……數量一到九顯示在下巴左右的位置，十以上則是在額頭位置。」（https://tradingpithistory.com/hand-signals/basics/，二〇一九年五月三日到訪。）

⑦ 換句話說，經紀人迫切需要以一個尾數是 5 的價格賣出十份期貨合約。

⑧ 見格雷辛（Greising）與摩爾斯（Morse）（1991）。十年後，芝加哥的池子內仍在爭論違規行為的嚴重程度。「他們逮到許多人做金賽的證據，」其中一位受訪者於二〇〇〇年十一月告訴我。（「金賽（Ginsey）——我在

芝加哥的池子內第一次聽到這個術語，而我的受訪者也不知道起源為何——關乎一種默契，有時是使用手部動作，藉由以一個價格成交半份交易，另外一半則以另一個經允許的價格來完成，如此規避掉價格的最低單位。」然而，這位交易員並沒有否認當中還有更嚴重的弊端：「他們（FBI 探員）無疑有辦法查到大量醜聞，但他們不知道該從何查起。」

⑨ 見巴瑞特（Barrett）與史考特（Scott）（2004）的分析，了解全球時區問題如何形塑期貨朝向電子交易這項轉變。

⑩ 梅拉梅德與塔瑪爾金（1996: 337-39）；梅拉梅德的訪談，2012。

⑪ 梅拉梅德的訪問，2012；克勞福德（1994）。

⑫ 參閱歐若拉系統的專利申請：貝爾登（Belden）等人（1990）。

⑬ 看樣子，當使用者被執行的訂單中包含了對手的識別圖示時，Globex 系統會傳來「成交」的訊息〔希克斯（Hicks）1998: 291〕，因此後者並非完全匿名。受訪者 BB 告訴我這個作法於二〇〇五年左右停止，但我不確定日期；BD 覺得可能可能在更早之前就停止了。

⑭ 例如，LIFFE 於一九八九年推出自動池交易系統——正如其名——試圖複製池子，儘管其視覺介面比歐若拉的更為簡易，且並沒有直接想攻佔全球的野心。一位使用它的受訪者（AR）表示，這是一個封閉的網路，「只能在 M25（環繞大倫敦的高速公路）內使用。」通常它只是被用來補足池子，但偶爾也會取得成功，比方說在一九九〇年十月五日這個週五傍晚被大量使用，當 LIFFE 的池子準備關閉時，英國財政部突然宣布英國正在加入歐洲匯率機制（基拿斯頓，1997: 213）。一九九〇年代晚期的替代品，LIFFE Connect，並沒有打算模仿 LIFFE 的交易池，如下所說，該替代品於一九九〇至二〇〇〇年間關閉。

⑮ 梅拉梅德（2009）；梅拉梅德訪談（2012）。

⑯ 此項目在 HFT 公司 Jump Trading 的簡史中有介紹，此簡史在研究初期能在公司網站上找到：http://www.jumptrading.com /about/history.aspx，二〇一二年二月十六日造訪。

⑰ http://www.jumptrading.com/about/history.aspx，二〇一二年二月十六日造訪。

⑱ 見米羅、穆尼耶薩、帕努爾吉亞（Panourgias）與史考特（2005）。

⑲ 卡爾森的言論可參見 https://tradingpithistory.com/2016/09/mechanizing%20-the-mercs-eurodollar-pit/，二〇一九年五月六日到訪。

⑳ 見克瓦勒等人（1987: 1309）及布迪許等人（2015: 1570-71）。

㉑ ETFs 的歷史，請見魯金斯（Ruggins）（2017）。

㉒ 有關經濟計量學證據，見勞格林（Laughlin）、阿奎爾（Aguirre）與格倫費斯特（2014），布迪許等人（2015），以及什基爾科（Shkilko）與索克洛夫（Sokolov）（2016）。

㉓ 受訪者 BQ 和 BV 報告了某種雙向關係，SPY 有時領導 ES。阿德里奇（Aldrich）和李（2018）提出了一個有趣的模型，說明為什麼有時會出現這種情況，並得到二〇一四年數據中的計量經濟學證據的支持；進一步討論請見以下附註 65。

㉔ 據受訪者報告，CME 的系統對訂單簿進行了「盒裝運送」的改變（集合所有後才接著發送定期更新），而非像島嶼以及之後的股票交易系統那樣一個接一個送出訂單（第 3 章將討論）。

㉕ 雖然隨機的延遲並非交易所系統設計師的本意，但仍會影響到市場結構；見第 6 章與第 7 章。CME 與二〇一四年之前大量的「抖動」（隨機或是準隨機延遲）在第 6 章中有個術語名為「對稱性」——它沒有選擇性地保護做市演算法——但似乎為大間公司提供了系統性優勢。他們有能力購買多個交易時段，因此得以將訂單或是取消訂單指令發送至不同的「大門」（詳見第 5 章），如此便能看出哪一個處理訊息的速度更快。在這個「大門賭盤」的遊戲中）（受訪者 CS 的說法），更大的公司得以買到更多「籌碼」。

㉖ 有關受訪者對美國國庫券的看法與計量經濟學的證據相符，請見布蘭特（Brant）、卡瓦耶次（Kavajecz）與昂德伍德（Underwood）（2007）。我知道在外匯方面沒有相同的研究。

㉗ 阿德里奇和李（2018）所關注的第三個因素相當於期貨與股票交易中「跳動點（tick）」（最低價格漲幅）的相對大小以及類似交易套利跳動點大小的結果。ES 的跳動點比 SPY 大二·五倍，這會影響到一個市場影響另一個市場的關鍵機制：一個市場中的做市演算法的出價或報價被執行，然後該演算法試圖透過在另一個市場「獲取流動性」（見第 6 章）來對沖由此產生的風險（並可能獲得套利利潤）。若 ES 有變動但 SPY 還沒有動作，這個形式的交易更有獲利的可能，並會將價格的變化自 ES 傳送至SPY。然而，SPY 較小的跳動點代表的是它在相同形式的交易獲利前就可以變動。但請注意，跳動點大小的差異明顯是技術因素，但事實上也是個政治經濟問題。在其他條件相同的情況下（通常並非如此），做市交易員更傾向大的跳動點，因為他們能透過最高買價和最低賣價之間的價

差獲利，在許多市場中，由於競爭關係因而會將差異限制在單個跳動點上。在股票交易中，如第 3 章所述，作為一項政策問題，美國證券交易委員會有意將股票交易的跳動點大小從之前的 16 美元（6.25 美分）降低至 1 美分。CFTC 較少干預，從未試圖對期貨市場中的跳動點大小做出這樣的改變，而那些跳動點通常都很大。

㉘ 根據奧斯朋維奇（Osipovich）與維格斯沃夫（Wigglesworth）（2019），ES 訂單簿中的交易量在二〇一八、一九年大幅下滑，並且在二〇二〇年三月動盪的交易中數量也很低（弗洛德，2020）。「期貨的流動性明顯低於過往，」二〇一八年十月受訪者 OX 這麼說。以前，「只要一有消息，人們第一件事便是去交易期貨……若我們動作夠快，就能夠發現我們可以重新為我們的期權重新定價。」據 OX 所說，更頻繁的事情是，流動性創造者會立即在股指齊全市場採取行動。股指期貨流動性下降的原因不明。流動性通常會在市場壓力下惡化，但似乎不會隨著壓力緩解而恢復，這可能代表了一些結構方面的改變。做市演算法很有可能在股指期貨交易中變得脆弱，因而被流動性創造演算法取而代之（見第 6 章）。

㉙ 史塔福德（2017）與梅耶（2015）。

㉚ 受訪者告訴我，股指期貨經常會導致歐洲和美國相應的 ETF 以及相關股票的價格變動，但歐洲國家沒有類似於 CFTC/SEC 這樣的分開監管。（我唯一聽說過的歐洲「期貨當頭」例外是瑞士，我聽說那邊的模式完全不一樣，因為有一小部分的大型、高流動性的股票主導了股市。）然而，沒有分權監管的情況下，存在於歐洲的「期貨當頭」並不是反對美國分歧監管的一個令人信服的論點，因為，就我所知，歐洲的新金融期貨交易所似乎從一開始就採用了與他們正在效仿的美國交易所類似的保證金制度，從而在歐洲的期貨交易中建立了與股票相同的槓桿優勢。據我所知，歐洲監管機構從未質疑過我所懷疑的金融工具交易的技術性層面。

.... **step 3** ....

① 懷特康在這個領域的工作，請見柯恩（Cohen）、梅爾（Maier）、史瓦茲與懷特康（1981）。

② ATD 用來預測股價的最初版本的方程式中，方程式的係數僅是懷特康的合理推測，而非統計的估計結果，因為那些結果都接受迴歸分析中。

③ 一九六七年十二月，第一位女性，妙麗葉兒・西伯特（Muriel Siebert）成為 NYSE 成員，但交易大廳仍舊——如我參訪時所發現的那樣，大部分

仍維持原樣──主要是男性（關於西伯特，請見匿名，2013）。

④ 限額訂單是以特定價格買入股票，或以相同或高於特定價格的價錢賣出股票的訂單。對於 CLOB 相關的爭議，請見帕多－蓋拉（2019: 248-300）、甘迺迪（Kennedy, 2017: 905-907），以及麥肯錫（2018b: 1660-1666）。

⑤ 想要有一瞥簿子的能力，請見 SEC（1963: 第二部分，77）。

⑥ 救我所知，同時期的只有另一個電子交易系統，或者稍微早於 Instinet。其中一間美國地區型交易所，太平洋證券交易所（Pacific Stock Exchange），在舊金山與洛杉磯有交易大廳，於一九六九年發行了一個名為 Scorex 的系統。相關的早期歷史不明，但到了一九八〇年它允許以綜合報價系統上報出的最佳價格以電子方式執行小額訂單，此系統在美國證券交易所傳播最佳的買價與賣價；見塞利格曼（Seligman, 1982: 531）。

⑦ 亞當斯、貝倫斯、普斯提尼克與基爾摩（Gilmore）（1971: 1）。Instinet 的起源，見帕多－蓋拉（2019: 228-235）。

⑧ 最初，根據受訪者 GN 所稱，Instinet 的用戶只能看到最佳（即最高價格）賣價及最佳（最低價格）買價，他將這種限制歸因於監管機構施加的規範，最終反映了傳統金融中介機構所希望的限制公開的訊息。「你提供越多訊息，」GN 說，「每一筆交易能賺到的錢就越少。」之後──我的數據中沒有明確的更改日期──Instinet 終端顯示了每一支股票的完整訂單簿。

⑨ Instinet 確實繼續讓機構投資者能夠將他們的訂單標記為「I-ONLY」，只允許其他機構投資者看到它們（Instinet 1988：12）。

⑩ 我從阿斯波斯（Aspers, 2007）那裡借用了「固定角色」這個術語，但應用的方式略有不同。對阿斯波斯而言，固定角色市場指的是有些人只負責出售，購買也是由特定的人負責。在我所討論的固定角色色金融市場，任何人都能進行買與賣，但做法受到了限制。

⑪ NASD 的一項規則禁止做市商安裝自動化系統來更新他們的報價，以反映其他做市商報價的變化。根據一九九〇年代任職 NASD 的受訪者 EZ 所說，其基本原理是阻止做市商透過自動「淡化」他們的買價和／或賣價來逃避他們的責任，意即改變他們的報價讓那些交易永遠不會被執行。

⑫ 第一次這樣的 SOES 交易操作〔由鄧倫（Donlan, 1988）詳細描述〕在強制執行國有企業命令後的四個月內啟動並運行。

⑬ 由於那斯達克主要是為了促進電話交易而設計的，因此不可能匿名。有

在螢幕上顯示訂單的公司和透過 SOES 發送訂單的公司都是可識別的，他們的電話號碼都很容易查找，實際上，那斯達克的交易商都知道個人「強盜」領導人的身分。

⑭ 威廉・提姆皮那若（William Timpinaro）等人；SEC，2 F.3d 453（美國上訴法院，1993）。

⑮ 這種「土匪」推論一般的形式是如此，餅且都可洛利，之後哈里斯及舒爾茲（1998）的定量分析證實了這一點。

⑯ 二〇一一年十月，我與萊文共進了一次非常愉快的午餐，但他更喜歡透過電子郵件回答問題而非面對面的訪談。我和同事胡安・帕博羅・帕多一蓋拉分兩批向他發送了這些問題，他在一月和二〇一二年五月回覆了信件。萊文還提供我們他寫的電子郵件語料庫，為《Weird》上有關島嶼的文章提供相關資訊（布雷克，1999）。

⑰ 來自萊文的電子郵件，二〇一二年一月二十七日；布雷克（1999）。希特隆的角色主要是他和萊文合資企業的業務方面，但他做了一些早期的程式設計，萊文證實了他發揮的影響力：「我所做的一切幾乎都是……我們長久而深刻的爭論形塑並引領了一切」（來自萊文的電子郵件，二〇一二年五月二十一日）。

⑱ 在使用駭客精神這個詞時，安德森主要指的是駭客次文化的一個特定方面——不屑於金錢獎勵——但我認為這個詞用在島嶼所指的意思更為廣泛。安德森表示：「關於金錢，駭客精神主旨為『我凌駕於金錢之上，』」但不像許多案例是「他們這麼做是因為覺得很酷，」他發現萊文的例子相當真誠不造作：「我會說，『喬許，這是你的獎金支票，』然後他會：『噢，給那些人吧。』」（「那些人」是指替萊文分擔了大部分程式設計重擔的設計師們；萊文記給作者的電郵，二〇一二年九月一日。）

⑲ 見 https://colin-scott.github.io/personal_website/research/interactive_latency.html，對於一級「快取記憶體的速度」，以一九九六年的技術計算出大約是二十三毫微秒（二〇二〇年，一月二十一日造訪。）我非常感謝受訪者 AF 告訴我這個網站，對於對數據處理技術的實質性感興趣的人來說，這是一個很好的資源。

⑳ 「兩段式提交」是系統將訊息寫入磁碟或其他形式的記憶體中，並接收訊息確認訊息已寫入的過程。

㉑ 亨德肖、瓊斯（Jones）與曼克維爾德（Menkveld）（2011: 13）。如他們所述，若三十秒後沒有發布手動更新，NYSE 的計算機系統便會送出更

新。

㉒ 關於美國股票清算與結算的歷史，沃克夫（Wolkoff）與韋納（Werner）（2010）中相當有用的資料。

㉓ 正因為早在一九九〇年代晚期就建立了用於股票交易清算和結算的中心化系統，ECN 和 HFT 公司在將它們的系統與技術人員不熟悉的「舊大型計算機軟體以及……非連續且快不快速的大批次處理程序」連結在一起時遇到不少困難（受訪者 AF）。然而，這些困難比第 4 章所討論的主權債券交易中更深層面的問題更容易解決，主權債券交易的實踐過程中，HFT 公司或新的交易場所除非透過大交易商才能進入相關的清算系統。

㉔ 如第 1 章所述，在同為交易股票的「黑池」中看不見訂單簿；事實上，訂單簿的不可見性正是它們被稱為黑池的原因。然而，這些被視為特殊類別的交易場所（且對象通常都很可疑）指出一項事實，即開放訂單簿已然成為常態。有關黑池的歷史，請見麥肯錫（2019d）。

㉕ OTC 是 over-the-counter 的縮寫，是指交易雙方透過直接談判進行的交易。

·········· **step 4** ··········

① 數 據 來 自 https://www.sifma.org/resources/research/us-treasury-securities-statistics/，二〇二〇年五月二十五日造訪。

② 我寫「本質上」是因為一個大而有價值的客戶確實有能力與交易商就價格進行談判。

③ 關於歐洲股票交易直接進入市場的規定，請見朗格萊（Lenglet）與莫爾（2016）。許多機構投資公司似乎對於直接進入市場相當謹慎，有時是出於相當平凡的原因：害怕出錯，例如在應該賣出的時候買入，反之亦然（受訪者 IA）。若一名經紀交易商公司代表他們進行交易但犯了這種錯誤，則必須自費彌補損失。

④ 一九六〇年最初的初級市場交易商名單可見：https://www.newyorkfed.org/markets/primarydealers，二〇一九年一月二十七日造訪。

⑤ 與公司債券的公開報告不同，美國國債交易的 TRACE 報告對監管機構來說是私有的（僅發布匯總數據），並且報告只需在一天內進行，而不是像公司債券那樣需要十五分鐘。

⑥ 我所知道的唯一一個歐洲主權債券 HFT 發生在義大利證券交易所，規模相對較小，該交易所發行了「政府債券」。可以像股票一樣……集中結算」（受訪者 CR）。然而，交易是由交易商間市場的價格發出通知，有時

必須透過電話緩慢地收集，這對於 HFT 來說很奇怪。

⑦ 政府當然會干預外匯交易以影響匯率（儘管比過去少），但此類干預通常是在現有市場結構內進行的。過去十年中，政府監管機構也開始偵查並懲罰特定的外匯交易中所謂的「市場濫用」，但並未試圖干預該交易的整體組織方式。

⑧ 反對意見是，路透社想要租用的不僅僅是供自己使用的線路，還有供「第三方」（即銀行）使用的線路，此侵犯了電信供應商的領域，使其本身成為了供應商。最終，在一九七七年，如果路透社同意支付附加費用，相關的歐洲組織歐洲郵電委員會（Comité Européen des Postes et Télécommunications）被說服允許第三方使用。

⑨ 對於這項研究，參見克諾爾—塞蒂納和布魯格（2002a 及 2002b）。

⑩ 與該時代的其他電子交易系統（例如 Instinet 和 Globex）一樣，一些用戶也透過第 3 章所述的螢幕擷取來躲避針對「非人類事物」的規則，Clackatron 的輸入似乎是在此過程中生成的。

⑪ 克諾爾—塞蒂納（2007: 713、718-721）討論了交易者如何將 EBS 和對話交易相互交織。

⑫ 外匯價格的傳統漲幅是「pip」（「點數百分比」）。例如，如果匯率從 1.1850 移動到 1.1851，那就是一個點的移動。十進制是更改成最小價格漲幅為十分之一點的。

⑬ 如上所述，有關回購及其政治經濟學，請參閱加博（2016）。布蘭特、卡瓦耶次與昂德伍德（2007）發現回購融資的成本似乎會影響國庫券期貨市場是否領先國庫券市場，反之亦然。

.... **step 5** ....

① 機架此詞彙繼承自美國電信，即使在今天，機架尺寸通常也以英寸而不是公分來計算。一個標準機架為寬 19 英寸（48.26 公分），高 1.75 英寸，典型機架或「機櫃」高度為 42 個機架（73.5 英寸或 1.87 公尺）。現在似乎可以實現每個機架大約 15 千瓦的功率密度。請參閱 https://en.wikipedia.org/wiki/19-inch_rack 及 https://www.datacenters.com/news/understanding-the-interplay-between-data-center-power-consumption-data-center-en，均於二〇一九年十一月 二十六日造訪。

② 如果收到的訂單是「立即或取消」（見第 6 章），則會被直接取消而不是添加到訂單簿中。

③ 如第 1 章所述，大多數交易所允許用戶的系統提交「隱藏」訂單（這些訂單不會透過市場數據發布系統傳播給其他用戶；此類訂單通常排在電子隊列中可見訂單之後才被執行）以及「冰山」訂單，除了傳播外，有部分是隱藏的。

④ 如第 2 章所述，舊系統（例如 CME 的 Globex 的原始版本）在設計時考量到了人類用戶，通常將多次更新匯總到訂單簿的定期「快照」中，我的 HFT 受訪者不喜歡這種做法。（例如，這使得 HFT 公司的系統很難準確追蹤其訂單在執行隊列中的位置。）逐漸地，這種做法已被文中「島嶼形式」的流程給取代。

⑤ T-1（Transmission System 1）是 1962 年 AT & T 的原始數位傳輸規格，後來被光纖傳輸的 T-2 及擁有更大傳輸量的 T-3 所取代。

⑥ 一位受訪者 TO 告訴我，金線的一個重要組成部分是一根舊電纜，是幾年前由開創性的網際網路服務供應商 UUNET 鋪設。他告訴我，電纜的傳輸能力是有限的，為了省錢，UUNET 只是將它埋在土壤中，而不是像通常的做法那樣將其鋪設在管道中，但它的路線使它比其他替代方案更快。但是，對此我沒法找到獨立的證據。

⑦ 事實上，由於位置非常重要，Spread 似乎出價了超過 100,000 美元，且並非業主要求。

⑧ 正如第 4 章結尾所指出的，第二層用戶支付了較低的費用，所經歷的傳輸時間比首要用戶慢了大約千分之一秒。「實際上有一個機櫃，光纖只是在裡頭來回不停繞行，一直繞行到增加了一毫秒……的延遲（受訪者 TO）。

⑨ 有關光纜用玻璃纖維製造的生動描述，請參見克勞福德（2019）。雖然折射率效應是光脈衝在光纜中比在真空中移動得更慢的主要原因，但這些脈衝也會在光纖壁內反射很多很多次（這在光學中被稱為全內反射，以及由此產生的低衰減水平使得光纖可以在不放大的情況下傳輸相當長的距離的光訊號）。儘管從光纖壁反彈本身並不會減慢脈衝的速度，但這意味著（即使光纖的纖芯可能小於 10 微米──百萬分之一米──厚）這些脈衝所遵循的路徑並不是一條完全直線。感謝葛雷格‧勞格林澄清了這一點。

⑩ 在勞莫尼耶（2019）的插頁中有一張皮洛索夫路線的地圖。向南延伸到匹茲堡的一個原因是，將網路擴展到華盛頓特區會更容易，那裡是發布對金融交易至關重要的宏觀經濟數據的地方。「這不是出於各種商業原

因，」皮洛索夫說，但其他公司確實建立了從華盛頓到芝加哥和紐澤西的連結。

⑪ 皮洛索夫告訴我，除了那些再利用的 Long Lines 天線（非常重）之外，他的天線比這更輕，大約是 150 磅。

⑫ 二〇一八年，Anova Financial Networks（本章稍後將討論其在紐澤西州的毫米波和激光鏈路）從芝加哥收購並改進了現有的微波連結。專業通信供應商 Scientel Solutions 似乎也在建設一個全新的連結，若是這樣，其客戶的身份仍然不明。

⑬ 在曼寧（Manning，2009: 特別是 51-52 和 155-172）中討論了波導和其他常見的導致微波衰弱的原因。同樣是個問題、但較容易導正的是「多徑傳播」（曼寧，2009: 171-172）。正如泰奇所說，當你不止一次「接收到同一波」時，因為湖面的反射或大氣的分層，就會發生這種情況，泰奇說，由於這些多波將「在一個點上積極性地相互作用（干擾），並在另一個點上相互破壞」，泰奇說，可以藉由使用兩個帶有自動控制系統、可以「選擇最好的訊號」的天線（在同一個塔上，但相隔一定距離）都接收訊號來避免這個問題。但是，此解決方案確實會增加延遲。

⑭ BATS 是第 3 章中提到的電子股票交易場所，由 HFT 公司 Tradebot 於二〇〇五年成立，最初在 NJ2 設有撮合引擎，但現在是在 NY5。

⑮ 在羅爾德·達爾（Roald Dahl）的童書《查理和巧克力工廠》（Charlie and the Chocolate Factory）（達爾，1964）中，工廠老闆威利·旺卡（Willy Wonka）在巧克力棒中藏了五張金獎券。那些發現它們的人可以參觀一直以來相當神秘的工廠，並在他們的餘生中獲得免費巧克力。找到第五張票的窮小子查理成為了旺卡的繼承人。

⑯ 正如佩西可向我解釋的那樣，這種切換是位元組的級別（一個位元組是一個由 8 個二進制數字組成的訊息單元）。因此，混合系統可以透過雷射和毫米波發送部分數據包（更大的結構化數據單位）。

⑰ 「香農極限」以麻省理工學院電氣工程師和數學家克勞德·香農（Claude Shannon）的名字命名，他在訊息論和通訊頻道容量方面做了著名的相當重要的工作。

⑱ 參見泰奇（2018）。更長的跳躍是可能的，因為 LMDS 在頻譜上比 E 波段低，因此受雨水的影響較小。相關區域內沒有其他可能會干擾 LMDS 的麥凱訊號，這使得在最佳的測地線位置安裝天線變得更加容易。我寫「準公共」是因為這些交換數據源是商業產品。

⑲ 例如，二〇一九年，與那斯達克系統的基本每秒 1Gb（十億位元）連接的成本為每月 2,500 美元，而 40Gb 連接的成本為每月 20,000 美元（見 http:// nasdaqtrader.com/Trader.aspx?id=PriceListTrading2，於二〇一九年四月十四日造訪。）

⑳ 見 https://meanderful.blogspot.com/2018/01/the-accidental-hft-firm.html。

㉑ 封包或消息的「校對和」是一個特殊的資料欄位，它包含封包中其他二進制數字的算術函數。接收系統透過計算它接收到的數字的相同函數來檢查在傳輸這些數字時發生的錯誤。

㉒ 在二〇二〇年三月新冠病毒引發的市場動盪中，Eurex 延遲了對其成員公司使用「丟棄」IP 位址的要求，並且在撰寫本文時尚未重新採行。正如受訪者 GR 指出的那樣，該要求可能只是部分解決方案，因為在將傳入消息轉發到訂單大門之前交易所系統中的交換機可能仍會超載。

㉓ 藉由設計專用集成電路或 ASIC，可能有辦法獲得進一步的速度優勢，ASIC 是一種矽芯片，其中執行特定計算的電路是永久硬固線的。不過，我的訪談內容只透露了有關使用 ASIC 的傳聞。這可能是因為使用它們的人不想透露事實，但也可能是因為 HFT 演算法需要經常更改，而 ASIC 的設計和製造是一個緩慢且昂貴的過程。一種可能的情況（但我無法確認）是 HFT 公司使用 ASIC 進行「饋送處理」（處理交易所數據饋送，其格式相當穩定），同時仍使用可重新編程的 FPGA 進行交易。

········· **step 6** ·········

① 這些行動中的前兩個有時會觸發「自行成交」預防規則，這（如本章稍後討論的那樣）會導致演算法的操作透過公司的另一個演算法取消現有訂單，而不是促成提交新的買價或賣價。

② 很難讓 HFT 受訪者談論他們演算法如何與執行演算法交互作用。這個話題很敏感，因為有人指責 HFT 演算法「嗅出」並利用執行演算法（參見，例如，路易士，2014），但交易者通常也很難明確地知道他們的演算法與誰或用什麼進行交易。在本章所描述的中心機制中——做市演算法的「過時」報價的「摘掉」——困難度較低，因為通常只有另一種 HFT 演算法的速度才能成功摘取出一個 HFT 做市演算法。

③ 回想一下，在一九九〇年代初期，那斯達克交易商如何避免八分之一奇數的報價，進而使價差經常高達 25 美分（第 3 章）。

④ 並非所有 HFT 公司都想估算理論值。因此，受訪者 AI、AQ、AU 和 BP

報告說，他們的演算法的預測方式沒有採用這種形式。

⑤ 在少數市場（例如 CME 的歐洲美元期貨）中，撮合演算法是「按照比例」的：按照訂單簿中可執行的買價或賣價的大小按比例分配執行。另一個複雜問題是在交易所的計算機系統中準確記錄訂單到達時間的位置：例如，在撮合引擎或系統外圍，如訂單大門。

⑥ 獲得有利的隊伍位置的另一個策略是「羽化」（受訪者 GH）包含多個價格水平的訂單的訂單簿。例如，在圖 6.1 的訂單簿中，演算法可能不僅會出價購買 29.49 美元，還會出價購買 29.48 美元、29.47 美元、29.46 美元、29.45 美元等等。如果價格上漲，這顯然無濟於事，但如果價格下跌，則 29.48 美元（例如）可能成為最高買價，因此該價格預先存在的買價可能成為時間優先隊伍中的最前端。在 HFT 中，至少有一家引領領先的做市公司和（如本章稍後討論的）外匯交易場所肯定會採用羽化策略——在多個價格水平上輸入買價與賣價。計算機系統會阻止訂單被取消，且會持續一段時間（最短報價期限）。例如，受訪者 BM 的期貨交易公司也試圖透過在並非最佳價格的水平下訂單，然後隨著價格變動仔細追蹤情況，從而在避免以極快速度為代價的同時，獲得有利的隊伍位置。然而，羽化比市場上同等的公司擁有更多訂單，而那些公司只需競相加入新產生的級別即擁有訂單。因此存在一種風險，如果價格劇烈波動（可能是因為有關所交易金融工具的新聞，或者因為「市場影響交易」，本章後面將描述的大規模「橫掃」或「重擊」），可能會導致嚴重的損失，儘管擁有能夠快速取消訂單的快速技術降低了這種風險。另一種風險較小但技術要求仍然很高的策略是讓演算法不在多個價格水平發布上買價和賣價，而只在通常被稱為「第二級」的價格上進行。在圖 6.1 所示的訂單簿中，這將涉及 29.48 美元的買價和 29.51 美元的賣價。同樣地，希望價格是以這樣的方式變動，即原先的第二級變成最高買入價或最低賣出價，然後演算法的訂單位於隊列的前面。據 BM 報導，這種策略在期貨交易中被廣泛採用，一旦價格變化使其成為第二級，就會引發一場加入該水平的競賽。這場比賽使得這種策略在技術上要求很高。（BM 還指出，「當競爭進入第二級時，這些訂單仍然希望市場在它們變得良好之前讓它們遠離一些跳動點。」如果它立即返回，「即使訂單很快被置於隊中，但很可能依舊沒有很高的優先級，因為它會被放置在許多其他合約之後。」）

⑦ 在 Reg NMS 之前，交易所上市股票的穿價交易被禁止，但對該禁令的監管並不嚴格。這項禁令仰賴於交易專家或是交易所相信自己被穿價交易

時所提出的投訴；成功投訴的結果只是肇事者支付適度的賠償金給該專家或交易所。穿價交易似乎是由群島演算法的投訴者「The Whiner」自動處理的主要投訴類型；見第3章。群島作為ECN而不是註冊的交易所，原本不會受到穿價交易的保護，但在二〇〇〇年它購買了太平洋證券交易所的股票交易許可證，這意味著其上市的報價應該保護庫存免受穿價交易影響。

⑧ 請參閱下一章，了解為什麼公司希望避免意外「回吐」。

⑨ 跨越價差是「回吐」的另一個術語，它隱晦地強調（在其他條件相同的情況下）回吐比製造更昂貴。例如，在圖6.1的訂單簿中，「回吐」的最低的買價為29.50美元，而「製造」的買價為29.49美元或者更低。

⑩ 根據二〇一〇年的數據，據馬德哈萬（2012）報告，28%的美國股票交易和21%的交易所基金交易有採用ISO；麥金尼什（McInish）、阿普森（Upson）和伍德（Wood）（2012）報告，在標準普爾500指數股票交易中使用ISO的機率更高（40～45%）。

⑪ 二〇一五年九月，Latour Trading LLC（據我所知與理論家布魯諾·拉圖爾（Bruno Latour）沒有關係，但它是美國主要的HFT公司Tower Research的子公司——由法國興業銀行的一名前交易員領導，因此是「la Tour」或「Latour」）與SEC達成了800萬美元的和解協議，原因是在這些層面似乎完全不符合Reg NMS的規定。參見 https://www.sec.gov/news/pressrelease/2015-221.html，於二〇一九年七月二十九日訪問。

⑫ 二〇一八年，Anova金融網（本章稍後將討論其在紐澤西州的毫米波和雷射鏈路）在芝加哥得到並且改進了現有的微波連結。專業通訊供應商Scientel Solutions似乎也在建設一個全新的連結，若真如此，其客戶的身分仍不明。

⑬ 如阿基利納、布迪許以及歐尼爾所指出，為了能夠識別競賽，不僅需要檢測「獲勝」演算法的動作，也需偵測「失敗」演算法的動作，後者的動作「不會因為失敗而影響訂單簿的狀態」（阿基利納等人，2020: 3；於原文中強調），這使得它們不可見於訂單數據中。相關失敗操作旨在「回吐」立即或取消訂單因訂單簿中不再有可以執行的訂單而被取消，以及取消因已經被執行而失敗的「製造」訂單。有關他們的方法的細節，請見阿基利納等人（2020: 14-23）。

⑭ 這兩種競賽是交織在一起的，因為（如本章前面所述）隊伍尾端的訂單比前面的訂單更有可能被摘取。

⑮ 隨機森林技術是由加州大學伯克利萊分校的里歐‧布雷曼（Leo Breiman）所開發（布雷曼，2001）。

⑯ 他提及的污名案例是「你想做的只有整天套利現金和期貨」這則看法，換句話說，就是利用國庫券和國庫券期貨之間的短期價格差異。

⑰ 哈里斯（2003: 248-50）清楚得描述了報價配對（及其風險）。

⑱ 當然，HFT 演算法已經隨著時間的推移而改進，以降低被幌騙的風險。雖然受訪者沒有詳細說明這些防禦措施，但我懷疑現在最簡單的幌騙形式（例如文本中的示例）通常不會欺騙複雜的 HFT 演算法。

⑲ 參見如拜倫（Baron）、博嘉爾德及基里連科（Kirilenko）（2012）；哈格斯特羅莫（Hagströmer）及諾登（Nordén）（2013）；貝諾斯（Benos）及薩加德（Sagade）（2016）。例如，貝諾斯和薩加德使用監管數據將 LSE 的 HFT 參與者分類為「被動」（製造商）、「中立」或「激進」（回吐者）。「激進的 HFT 在 82% 的時間裡接收流動性，而被動者只有 11% 的時間這樣做」（2016: 63）。

⑳ 如前所述，做市演算法可以而且確實會在無意間「回吐」。當快速做市演算法根據訊號更改其報價時，它很可能（除非它使用「是僅發布日間掃架」訂單）挑選較慢的做市商的陳舊報價。「你引用了別人的報價……你輸入你的雙邊買價以及尋求賣價，它碰巧與其他人的雙邊買價和賣價相疊……你……獲利（受訪者 OJ）。

㉑ 曼克維爾德（Menkveld，2013）的計量經濟學研究間接證實了該公司的交易比例確實很低，該研究在文獻附錄中有提到並且與第 3 章提到的 Chi-X 相關。正如那部分所指出的，我的受訪者對 Chi-X 的評價使曼克維爾德關注的 HFT 公司很有可能就是這裡討論的公司。曼克維爾德表示：「它的絕大多數交易都是「被動的」（即製造），泛歐交易所為 78.1%，Chi-X 為 78.0%」（2013L 730）。

㉒ 「Tri arb」或三角套利是利用短暫不一致的價格模式，例如，將美元兌換成日元、日元兌換成歐元，以及將歐元兌換成美元藉此獲利。

㉓ 詳見 http://barclaysdfslastlooksettlement.com，二○二○年五月三十一日造訪。

㉔ 二○一九年十月十六日造訪的 http://edhoworka.com/a-brief-history-of-hft 上有一個有用的年表，我在這裡參閱了外匯交易場所的最新發展。

㉕ 在二○一二年十二月《金融時報》的一篇文章中，經濟學家賴瑞‧哈里斯（Larry Harris）認為「將所有訂單的處理延遲到 0 到 10 毫秒之間的一

個很小的隨機時間段內」將有助於保持交易公司之間的競爭（哈里斯，2012）。然而，我的採訪並沒有明確顯示，在外匯交易中引入隨機化是由哈里斯的文章促成的。

㉖ 每個批次都包含在 3 ～ 4 毫秒內到達的訂單〔塔柏（Tabb）2016〕。

㉗ 路透社於二〇一八年更名為路孚特（Refinitiv），二〇二〇年撰寫本書時，它是 LSE 商定但尚未完成的收購對象。

㉘ 不同價格的「製造」訂單有單獨的緩衝區。

㉙ 隨機化是按公司進行的：來自同一公司的緩衝區中的所有訂單都被分組，並且在演算法移動到隨機排序的公司列表中的下一家公司提交的訂單之前，只執行其中一個訂單。其基本原理是防止公司透過以立即或取消訂單的形式提交大量相同的訂單副本來避免隨機化並增加其希望執行的訂單的執行機會。見梅爾頓（2017）。

㉚ 二〇一九年五月，洲際交易所（ICE）獲得商品期貨交易委員會的許可，可以安裝減速帶，將黃金和白銀期貨的「回吐」訂單減慢 3 毫秒（史塔福，2019a）。值得注意的是，這些期貨的交易由 CME 主導，ICE 似乎將減速帶視為鼓勵做市商建立流動性的一種方式，以幫助其在這些期貨的交易。

㉛ 如第 3 章所述，根據島嶼訂單簿中的訂單執行交易的人類交易員或演算法，對交易的每股股票收取了 25 美分的費用（畢埃思、畢西耶赫以及史帕特，2003: 6），而交易員或演算法最初下訂單時，島嶼支付了每股十分之一美分的費用。最初，島嶼提供了「訂單輸入回扣」給發送訂單的交易所的人，喬許・萊文（Josh Levine）告訴我，這樣一來，就可以激勵他們努力研發技術來實施和支持技術互連。根據萊文關於「即時性價格」（交易者簡單地接受現有買價或賣價的成本）和「流動性價格」（發布交易的交易者的成本）的見解，回扣結構後來更改為上述提到的結構，交易者在訂單簿中發布買價或賣價的成本，從而給了其他交易者金融市場意義上的隱晦的選擇權：接受該買價或賣價是權利而非義務（萊文發給作者的電子郵件，二〇一二年五月二十一日；於原文中強調）。

㉜ 這種支付結構最重要的例外是「逆向」交易所（那斯達克的 BX；EDGA，最初由 Direct Edge 建立 ECN；以及 BYX，由 BATS 推出），它們付款給回吐者，也向製造者收款。這樣的交易所可能會吸引想要以更便宜的價格獲利的回吐者（或代表他們行事的經紀人）。有人擔心這可能使逆向交易所的製造者能夠從機構投資者那裡收集有關經紀人正在執行

的訂單的有用早期訊息，但我並沒有證據證明這一點。受訪者 AF 向我表示，逆向交易對市場結構的最重要影響可能只是它們透過固定的最低價格上漲 1 美分來放鬆對美國股票交易的限制，至少在這種情況下足夠成熟的公司能夠跨交易所進行戰略性營運〔另見趙（Chao）、姚（Yao）及葉（Ye）2019〕。費用或是回扣具有略微提高或降低購買或銷售的有效價格的效果。藉由選擇在支付回扣給回吐者的逆向交易所上發布買價與賣價，做市公司因此可以（以支付該交易所的費用為代價）事實上略微改善傳統交易所的等效報價，這可以（AF 筆記）使其在這些交易所的隊伍位置變得不那麼重要。

㉝ 「這是一個簡單的例子……強制司機在校園內減速的減速丘……駕駛的目的因為減速丘而從『減速以免危及學生』轉變成『減速並保護您的汽車懸吊系統』……第一個目的觀乎道德……第二個則是純粹的自私和反射行為」（拉圖爾，1999: 187）。

㉞ 線圈主要是抑制特定形式的獲利。IE 上的很多交易都是中點配對，即在所有美國交易所的最高買入價和最低賣出價的中點完成交易。如果一個獲利演算法檢測到 IEX 系統計算的中點已經過時，它可能會有利可圖地「回吐」。但是，通知 IEX 計算中點的數據饋送不會透過線圈，因此會在線圈出現任何回吐訂單之前更新中點。

㉟ Reg NMS 的一個主要政治經濟層面是將訂單保護限制為「立即和自動」可執行的訂單（SEC 2005: 37620），從而除去了僅在交易大廳可用的報價的保護，例如 NYSE。然而，Reg NMS 並沒有定義何謂「立即」——在二〇〇五年，這似乎沒有必要——但關於 IEX 減速帶的爭議迫使 SEC 必須這樣做。

㊱ 保護做市商的舊措施包括報價鎖定計時器。這些將「回吐」訂單的執行延遲了一段時間（四分之一秒似乎很常見，但 OY 表示有時長達三秒），以便讓做市演算法有時間取消報價。然而，這些計時器似乎不再被使用。受訪者 AF 表示，快速和複雜的期權做市公司對報價鎖定計時器感到很失望，因為它們的演算法更新的報價經常被延遲，直到較慢的市場出現「讓開」的記號，即取消先前存在的買價和賣價的存在意味著更新的報價已觸發報價鎖定計時器。OY 報告說，引入報價鎖定計時器的最初原因是為了鼓勵前場內交易員以電子方式進行市場交易，但隨著電子做市系統變得更快、更複雜，計時器最終被認為是不必要的。

① 沃爾辛厄姆的手稿記述由湯瑪斯・萊利（Thomas Riley）編輯，以沃爾辛厄姆的名義出版（1869: 尤其參見 293 和 309）。另見歐曼（Oman）（1906: 93–94）和布洛赫（Bloch）（1935）；後者在布洛赫（1967: 136–168; 尤其見 158）中被翻譯成英文。

② 請參閱沃途金融（2019b）所附的分區文件。

③ 我從麥凱兄弟（2020: 3）估算出光纖尾巴節省的時間。

④ 對於爭議，請參閱給 SEC 的評論信，可參見 https://www.sec.gov/comments/sr-nyse-2020-05/srnyse202005.htm，造訪時間為二○二○年六月一日。同樣地，我透過麥凱兄弟（2020）進行距離測量。

⑤ 歐盟 MiFID II（新金融市場工具指令）自 2018 年 1 月起實施，包括將終結期貨清算內垂直封閉系統之具爭議性的新開放平台監管結算規則，由於英國脫歐，這些規則被延至二○二○年七月。根據二○一九年十二月的傳聞，在德國擔任歐盟理事會主席國期間，德國財政部（歐洲主要期貨交易所 Eurex 的主辦方）將於規則生效前再審並修正其合理性〔威爾克斯（Wilkes）2019〕且規則被允許推遲至二○二一年七月執行，但這可能僅僅是因為新冠狀病毒的大流行致使其延後，尚不清楚是否為傳聞的壓力發揮了作用。

⑥ 例如：股票的價格變化或與被交易工具價格相關的其他金融工具，這類訊號最多只能 在相當微弱的程度上顯示為競爭的結果。然而，這種關聯性通常起源於公司被劃分為經濟部門，而市場參與者認為同一部門的公司會暴露在共同風險或者有相似機會。關於公司分類的社會學分析，請參閱 Zuckerman（1999 年及 2000 年）以及 Beunza 和 Garud（2007）的學術文章。

⑦ 目前仍無法得知 Pathfinders 客人如此稀少的原因，以 HFT 的標準來說，那斯達克系統在識別這種探路者的滾動時間間隔太長（一分鐘，五分鐘，六十分鐘），且通知使用者探路者總體活動的數據饋送訊息過於緩慢（在資訊調度上，每一分鐘間隔一秒，直到結束。Nasdaq，OMX 2009）推測可能是因為這些特徵導致 HFT 公司失去對 Pathfinders 的興趣。

⑧ FINRA- 美國金融業監管局，成立於 2007 年，合併了美國證券商協會和紐約證券交易所獨立的自律監管功能。

⑨ 2020 年 2 月，美國證券交易委員會提議授權供應商競爭市場數據的官方整合交易資訊，除了原本的最高出價和最低買價擴大為包含五個次優價

格水準，見以下網頁 https://www.sec.gov/news/press-release/2020-34

⑩ 儘管跨市場掃盤單是一個最鮮明的例子，交易所也提供其他專業類型的訂單以幫助演算法在全國市場系統法規的訂單保護規則框架內爭取優勢（尤其是有利的佇列位置），導致了複雜的結果。麥金塔電腦（2014）計算出美國證券交易所提供總計 133 種不同類型的訂單，這些訂單通常又可以被重新組合，創造了一個更大的複合訂單天地。

⑪ 歐盟的新金融市場工具指令中的管理期貨清算規則為主要例外，見上文註釋。

⑫ 關於治理，請參考傅柯（1991）的論述，值得關注的是，雖然金融市場參與者確實經常擁護自由市場並支持競爭的觀點，但這些觀點並不會轉化成破壞參與者既得利益的措施。只能說，庸俗的金融政治經濟學很容易勝過意識型態。

⑬ 有大量關於金融監管影響的文獻，作者包括：哥德巴赫（Goldbach）（2015），慕吉（Mügge）（2006），帕里利亞利以及楊（Pagliari and Young）（2006），希曼（2014），希曼與勒普特（2017），和楊（2015）。我承認，本書的研究並不是以任何系統化的方式檢視這些影響，而是我開始從 HFT 和其發展（包括失敗的措施，如：中央限價委託簿）的重要性回顧，尋求這些措施形成的過程。

⑭ 受訪者說：在全國市場系統法規之前受益於訂單保護制度的紐約證券交易所希望保留它，但沒有受惠於此制度的那斯達克則不希望它延長。

⑮ 自二〇一七年七月起，國債買賣需向金融業監管局（FINRA）呈報，FINRA 則保密買賣資料，於二〇二〇年三月，FINRA 開始提供每週統計數據。

⑯ 二〇一〇年的《多德—弗蘭克法案》（Dodd-Frank Act）大力推動將掉期交易納入中央清算，並讓它們在類似交易所的掉期執行設施或 SEF 上進行交易〔齊格勒（Ziegler）及伍德利（Woolley），2016〕。幾家 HFT 公司的受訪者告訴我，他們因此預計掉期交易將變得更加「像期貨」，並且已經或正在計劃將 HFT 擴展到掉期交易。然而，這些受訪者表示，監管困難和現有企業的抵制在很大程度上保留了分叉的交易商—客戶和交易商間市場。儘管這似乎不是主要因素，但鑑於上述對匿名性的討論，值得注意的是，掉期交易中盛行的交易後「放棄名稱」——即去匿名化——可能已經使對沖基金和其他投資管理公司等客戶不願參與更適合 HFT 的交易商間市場。他們可能害怕對沖基金經理對芮尼森（Rennison，2014:

17）所說的報復，如果他們被發現直接在這些市場進行交易，他們依賴的交易商會受到報復。在專注於 HFT 的公司中，只有芝加哥大型對沖基金 Citadel 在掉期交易中佔有重要地位，而擁有大量資本基礎和資產管理部門的 Citadel 並不是典型的 HFT 公司。

⑰ 面對面的交易所，例如 NYSE、CME 和 CBT 曾經是空間上的地方政治場所，尤其是在交易者所涉及的問題（例如向電子期貨交易的轉變）方面有時會產生強烈的分歧。股份化（交易所向上市公司的轉變）和交易大廳的衰落或關閉在很大程度上（儘管不是完全）消除了這種空間的局部維度。

⑱ 一位受訪者告訴我，曾經他工作的 HFT 公司「擁有所有連接到 Arca 的 FIX 端口」。（FIX 是一種「冗長」的電子協議，因此比島嶼簡潔的 Ouch 速度要慢，但仍被廣泛用於金融領域。Arca，前身為 Archipelago，是第 3 章所述 ECN，二〇〇五年被 NYSE 收購。）他說，「端口」的主導地位意味著他公司的系統「對內部的……個人，因為他們掌控了如此多的交易帶寬。」一家速度更快但無法負擔那麼多端口的公司可以「在第一次訂單上」擊敗它，但它在後期訂單中的成功將受到其進入的交易所更有限帶寬的限制。所以他的公司仍然可以在總體上擊敗競爭對手。

⑲ 布迪許等人。（2019）沒有直接計算「套利租金」，而是以他們更直接的衡量標準（但仍是估計值）中推斷出美國證券交易所三大「家族」的「速度技術收入」，使用遊戲─交易公司之間以及這些公司與交易所之間相互作用的理論模型。

⑳ 阿基利納等人的關鍵方法創新詳見第 6 章註釋 13。（2020）。

㉑ 每百萬分之五十秒進行一次拍賣可能對減緩交易的速度競賽起到任何作用，這似乎令人難以置信，但請記住，正如第 5 章所述，三個相互競爭的超快芝加哥─紐澤西微波連結現在的速度只有一微秒的差異（或很快就會有所不同），而且 HFT 其他方面的速度優勢現在以毫微秒為單位。在這樣的時間尺度上，50 微秒是很長的時間。設想一種在紐澤西數據中心進行股票交易的演算法，並想像它擁有抵達芝加哥的最快連結。在當今的物質安排下──交易可以隨時發生──當股指期貨價格變動時，該演算法將始終具有優勢。根據布迪許的提議（即使是最常見的 50 微秒形式），具決定性的一微秒速度優勢的可能性只有五十分之一。其餘時間，一微秒的速度優勢作用有限，因為許多較慢的交易演算法將能夠在拍賣開始前趕上。（沒有微波連結的交易公司可以在麥凱兄弟連結上租用帶

寬，麥凱為超快速的三人組之一。）但是請注意，正如受訪者 CJ 向我指出的那樣，從速度競爭轉向價格競爭的可能性在許多受到限制的市場中是有限的（市場中最高買價和最低賣價之間的正常價差是被允許的最小價格漲幅）。如前所述，跳動點大小的選擇是普通政治經濟學的一個例子，是市場組織的一個明顯細節，實際上在經濟上是很重要的。

㉒ 沃途建議的固定、相等的無線傳輸時間只是針對這些速度競賽的具體表現，而不是其根本原因。

㉓ 正如受訪者 OX 和 OY 向我指出的那樣，受到減速帶的保護而不會被摘取，這確實在一定程度上減少了訂單位於隊列後面的演算法所面臨的劣勢，而這也正是許多摘取的地方。

㉔ 如前所述（見第 1 章），黑池是一個私人交易場所，參與者看不到訂單簿。

㉕ 正如熟悉該方法的讀者所了解的那樣，這將是一種完全不同於行動者網路理論的理解，行動者網路理論是對物質政治的分析關注的重要資源。

㉖ 二〇一〇年閃電崩盤之後，監管機構還實施了更嚴格的「斷路器」（在極端價格波動後暫停股票交易，旨在讓人們可以做一些事情，例如檢查是否有任何可能解釋這些波動的消息，並讓他們有重新校準和／或重新啟動演算法交易系統的時間），但無法確定二〇二〇年三月這些斷路器在整個市場內被觸發四次，以及「在一些動蕩的日子被觸發了數百次」（Osipovich 2020）──在多大程度上發揮了保護自動化市場的作用。

㉗ 財政部等。（2015: 23、24，以及圖表 3.5 及 3.6）。

㉘ 我的受訪者沒有提到 HFT 公司或主要經紀商，但這一事件與導致荷蘭合作銀行於二〇一四年五月關閉其外匯主經紀商業務的事件非常相似〔薩萊（Szalay），2014〕。

㉙ 我對這一事件的描述內取自 SEC 的調查（SEC，2013a）。

㉚ 我寫「準隨機」是因為將這種波動視為僅是由於物理世界的隨機方層面引起的太狹隘了，例如電子的熱誘導煽動。更廣泛地說，抖動是系統架構師既不希望也無法完全控制，甚至可能無法完全理解的速度波動。

㉛ 有關更完整、我希望仍然可以參訪的比特幣挖礦介紹，請參閱麥肯錫（2019e）。我所知道的關於比特幣的最佳技術來源是納瑞雅南（Narayanan）等人。（2016）。

㉜ 我的計算是依照德弗里斯（de Vries，2018）的方法。它從對比特幣網路總哈希率的估計開始（反過來，從目標的難度和找到被稱為隨機數

（nonce）的任意參數所花費的平均時間得出（現今通常是兩個隨機數；麥肯錫，2019e）生成達到目標的區塊哈希），並假設所有挖礦都是使用效能最先進的設備完成的，並且也假設沒有用在冷卻方面的電力消耗。這兩個假設意味著該估計值應被視為總耗電量的下限。我在二〇二〇年六月五日造訪的網站 https://www.blockchain.com/charts/hash-rate 粗略計算了比特幣網路的波動總哈希率（1 億 TH/s）。（terahash 或 TH 是比特幣哈希演算法的數千億應用。）我採用的高效設備的例子是比特大陸的 S17e，我假設它是按照公司的規格（60TH/s 的哈希率和 2.7 kW 的功耗）執行，二〇二〇年六月一日造訪網站 https:// m.bitmain.com。

㉝ 自 https://www.blockchain.com/charts/n -transactions 獲德每日交易數量，造訪時間為二〇二〇年六月十日。

㉞ 參見 https://newsroom.fb.com/company-info/，二〇二〇年六月五日造訪。

㉟ 參見 https://www.google.com/about/datacenters/locations/，二〇二〇年六月五日造訪，以及 https://engineering.fb.com/data-center-engineering/data-centers-2018/，二〇一九年十一月三日造訪。

㊱ Cookie 是存放在造訪網站的人的手機、平板或電腦瀏覽器（以及硬碟或內存芯片上）中的小型文本文件，由網站所有者的系統存取（或者，若是第三方 cookie，由另一家公司存取）。這些 cookies 包含在用戶瀏覽器向網站發出的後續請求訊息中，從而作為用戶瀏覽的記錄。有關 cookie 及其在線上廣告中的作用的出色分析，請參閱米列特（Mellet）與博韋薩奇（Beauvisage）（2019）。在廣告中，像素是廣告的一個微小的透明元件，當該設備加載廣告時，它會被複製到用戶的電腦、智慧型手機等設備中，然後將訊息傳輸回廣告商和／或數據收集公司。

.... **附錄** ....

① 有關前 HFT 交易員針對《快閃大對決：一場華爾街起義》的評論，請見科瓦克（2014）。

② 亨德肖、瓊斯與曼克維爾德（2011）是早期研究的一個很好的例子——從整體上檢查演算法交易，而不是專門檢查 HFT，他們使用 NYSE 的電子訊息流量作為演算法交易水平的代表。他們藉由檢查一系列本質上屬於外源事件的影響來規避交易者透過演算法而不是手動進行交易的決策的內生性問題：NYSE 在二〇〇三年分階段實施了一系列提前計劃好的步驟，自動傳輸 NYSE 訂單簿中給定股票的最佳買價和賣價的變化。由此

產生的更快速的數據傳輸增加了推出所涵蓋股票的演算法交易的吸引力。（價格的變化以前是由專家的職員手動輸入，如第 3 章所述，他們在繁忙時間很難以跟上進度。）他們發現，演算法交易「提高了流動性並增強了報價的訊息量」（亨德肖等人，2011: 1）。

③ 參見，例如穆尼耶薩（2000a&b、2003、2005、2007 以及 2011）、史考特與巴瑞特（2005）、巴瑞特與史考特（2004）、帕多一蓋拉（2010 及 2019）、卡斯特爾（Castelle）、米羅、貝恩扎與魯賓（2016）、甘迺迪（2017）、馬特利（2018 及 2019）。

④ 可以在戈蘭姆（Gorham）和辛（Singh）中找到有關電子市場歷史的更普遍有用的資料，而非「金融的社會研究」（2009）。

⑤ 例如，有趣的是，蘭格和柏奇（2014: 11）採訪的兩位交易員確定了我認為只在第 5 章關注的機制之一，即使是交易所（尤其是 CME）最快的數據饋送，也有「成交」訊息比相應交易訊息更早到達的趨勢。

⑥ 參見項目網站：http://info.cbs.dk/algofinance/，二〇二〇年六月六日造訪。

⑦ 在我的幫助下，受訪者 BT 確定了此類事件的合理原因。他說，他的 HFT 公司的演算法可能會發現自己「正好處於特定決策的限制和某種突如的翻轉」，以一個價格下訂單，然後幾乎立即取消訂單，並以略有不同價格的訂單取而代之。這確實會導致相關交易場所提出警告，但英國電信表示，要對演算法進行編程使它們不這樣做的門檻非常高。

光速交易
超高速演算法如何改變金融市場？

唐納‧麥肯錫 Donald MacKenzie 著
蕭季瑄 譯

TRADING AT THE SPEED OF LIGHT
How Ultrafast Algorithms Are Transforming Financial Markets
By Donald MacKenzie
© 2021 by Princeton University Press
All rights reserved.

Complex Chinese translation copyright 2023 by Briefing Press, a Division of AND Publishing Ltd.
Published by arrangement with Bardon-Chinese Media Agency
博達著作權代理有限公司

大寫出版
書系〈Catch on! 知道的書〉 HC0106
著者　　　唐納‧麥肯錫
譯者　　　蕭季瑄
行銷企畫　王綬晨、邱紹溢、陳詩婷、曾曉玲、曾志傑、廖倚萱
大寫出版　鄭俊平
發行人　　蘇拾平

發行　　　大雁文化事業股份有限公司
　　　　　台北市復興北路 333 號 11 樓之 4
　　　　　24 小時傳真服務（02）27181258
　　　　　讀者服務信箱 E-mail: andbooks@andbooks.com.tw
　　　　　歡迎光臨大雁出版基地官網:www.andbooks.com.tw

初版一刷 2023 年 2 月
ISBN 978-957-9689-93-9
定價 699 元

國家圖書館出版品預行編目（CIP）資料

光速交易：超高速演算法如何改變金融市場？
唐納‧麥肯錫（Donald MacKenzie）著；蕭季瑄譯
初版｜臺北市：大寫出版社出版 P 大雁文化事業股份有限公司發行，2023.02
392 面；15×21 公分（Catch on! 知道的書：HC0106）
譯自：Trading at the speed of light : how ultrafast algorithms are transforming financial markets.
ISBN 978-957-9689-93-9（平裝）
1.CST：投資分析　2.CST：電腦程式　3.CST：演算法
563.5029　　111021187